西安交通大学人文社会科学学术著作出版基金资助
中央高校基本科研业务费专项资金资助
(Supported by "the Fundamental Research Funds for the Central Universities")

垄断行业改革的博弈与激励性规制改革的路径研究

张 帆 著

西安交通大学出版社
XI'AN JIAOTONG UNIVERSITY PRESS
国家一级出版社
全国百佳图书出版单位

图书在版编目(CIP)数据

垄断行业改革的博弈与激励性规制改革的路径研究 / 张帆著. — 西安 ：西安交通大学出版社，2022.12
ISBN 978-7-5693-2836-3

Ⅰ. ①垄… Ⅱ. ①张… Ⅲ. ①垄断行业-经济体制改革-研究-中国 Ⅳ. ①F121.3

中国版本图书馆 CIP 数据核字(2022)第 195150 号

书　　名 垄断行业改革的博弈与激励性规制改革的路径研究
LONGDUAN HANGYE GAIGE DE BOYI YU JILIXING GUIZHI GAIGE DE LUJING YANJIU
著　　者 张　帆
责任编辑 史菲菲
责任校对 王建洪
装帧设计 伍　胜

出版发行 西安交通大学出版社
（西安市兴庆南路 1 号　邮政编码 710048）
网　　址 http://www.xjtupress.com
电　　话 (029)82668357　82667874(市场营销中心)
(029)82668315(总编办)
传　　真 (029)82668280
印　　刷 西安五星印刷有限公司

开　　本 720mm×1000mm　1/16　**印张** 14.875　**字数** 292 千字
版次印次 2022 年 12 月第 1 版　2023 年 2 月第 1 次印刷
书　　号 ISBN 978-7-5693-2836-3
定　　价 98.00 元

如发现印装质量问题，请与本社市场营销中心联系。
订购热线：(029)82665248　(029)82667874
投稿热线：(029)82665379
读者信箱：xj_rwjg@126.com

前 言

我国对垄断行业的改革在不断地进行尝试，积极探索适合我国国情的垄断行业改革模式，并取得了一定成绩。但是，与竞争性行业的市场化改革成就相比，垄断行业改革进程严重滞后，在个别行业或领域甚至出现倒退或停滞的现象，所以，中央已把深化垄断行业改革作为今后工作的一项战略任务。因此，如何进一步深化垄断行业改革成为推进改革面临的一个重大问题。在经济转型期，我国垄断行业有其特殊性，表现为自然垄断与行政垄断并存，并存在密切的联系。因此，应对我国自然垄断行业的特殊性进行深入研究，找到我国垄断行业改革的有效途径。

40 多年来，我国对垄断性行业进行了相应的改革，并按照以下的原则和思路进行：①政企分开，价格合理化；②放宽准入，投资主体多元化；③打破垄断，竞争公平化；④改善规制，监管科学化。但效果并不显著，与竞争目标相联系的众多深层次问题在相当大程度上还制约着改革的深入，主要表现为我国垄断行业规制改革缺乏战略性设计，垄断行业效率低下、侵占国家利益和消费者利益等问题依然严重。党的十八届三中全会已把深化垄断行业改革作为今后工作的一项战略任务，党的十九大提出要打破行政性垄断，防止市场垄断，但由于体制、制度环境等条件的约束，加之既得利益逐渐固化和板结，要突破既得利益群体设置的种种障碍已越加困难，因而加快产业竞争、优化企业的产权治理结构、不断消除行政性垄断的改革措施在相当长的时期内难以推进，因此，在考虑现有体制约束下，规制的有效重构尤为重要和紧迫。

在现实经济中，规制者与被规制者之间的信息不对称问题，是导致自然垄断行业长期以来存在的高成本、高价格、损失浪费严重、缺乏自我发展的能力等问题的重要原因，因为其缺乏对生产效率的激励。而激励性规制就是建立在激励机制基础上的规制改革措施之一，即在保持原有规制结构的条件下，给予被规制企业以提高内部效率的刺激，使其提高生产效率和经营效率。为了顺利推进自然垄断行业规制体制改革，提高被规制企业的效率，降低规制成本，当前可行的策略选择是实施激励性规制。因此，根据激励性规制理论和西方发达国家的成熟经验，突破体制和制度瓶颈，同步推进激励性规制改革，符合目前我国自然垄断行业的市场化改革取向，是改善社会福利和提高自然垄断行业效率的一个重要途径，因而运用激励性规制理论指导中国自然垄断行业规制改革具有重要的现实意义，也可以为未来的理论突破提供实证证据。

尽管我国自然垄断行业采用激励性规制的微观制度基础尚不健全，企业产权和公司化改造还需要不断推进，而且在目前行政垄断尚未完全消除、规制机构的独立性不强、监督和法律体系不健全的体制环境下，激励性规制所诱发的寻租和规制俘获可能会损害消费者利益，但是随着改革的不断深入，我国自然垄断行业已经初步具备了实行激励性规制的条件，而且作为一种体现市场化原则的规制模式也必将推进体制环境、企业制度等方面改革的深入，规制改革要体现前瞻性，激励性规制可能成为我国自然垄断行业规制改革的目标模式。

目前，国内学术界对产业拆分重组、放松规制、引入竞争、产权改革和企业公司化改制方面的著述比较浩繁，而有关激励性规制的研究文献较少，而且大多数研究尚停留在理论引进、介绍和归纳的阶段。对如何运用激励性规制理论指导我国自然垄断行业的规制改革，对如何结合我国转型期的特点来选择和构建我国自然垄断行业的激励性规制模式和路径，对如何建设和完善激励性规制良性运行的体制环境等鲜有研究。鉴于此，本书具有一定的理论和实践价值。

本书通过对我国垄断行业改革中的利益集团的博弈关系研究，分别建立数学模型描述利益主体成员行为模式，剖析我国电力、电信、邮政、铁路、石油石化以及近年来互联网平台等主要全国性垄断行业规制改革中的典型案例，从而结合理论分析和实证检验，构建我国自然垄断行业激励性规制模式，根据各自然垄断行业的特征设计出具有较高可操作性的激励性规制方案。

本书通过对垄断行业改革路径的理论研究，为科学制订垄断行业改革方案奠定坚实的理论基础；根据渐进式改革的一般规律，研究如何有序地推进垄断行业的改革，如何妥善处理垄断行业改革与特定发展阶段的关系，从而制订适合我国国情的垄断行业深化改革方案。

著者

2022 年 8 月

目　录

第 1 章　我国垄断行业规制改革的历程与经验

1.1　垄断行业规制改革的历程

我国各垄断行业改革的进程不尽相同。民航、电信行业的改革启动较早、进展较快;邮政行业改革后来居上;电力和天然气行业改革起步稍晚,但也有长足的进步;铁路行业改革进展缓慢。整体而言,我国的垄断行业改革,大体上可划分为三个阶段。

1. 改革的局部探索阶段(1978—1997 年)

1978 年党的十一届三中全会正式拉开了我国经济体制改革大幕。我国垄断行业改革,也在"政企合一"的体制起点下开展局部探索。1978—1997 年,我国进行了包括投融资体制改革、经济责任制试点、现代企业制度试点、放松准入、价格的"调"和"放"等多项改革。其中,对体制进步及推动经济发展作用较大的有:1985 年电力行业"集资办电"。1982 年中国海洋石油总公司成立;1983 年中国石油化工总公司成立;1988 年石油工业部撤销,中国石油天然气总公司成立。铁路行业从 1982 年开始"放权让利",1986—1992 年实行"大包干",1992—1998 年开展现代企业制度建设试点。1980 年,中国民用航空总局由空军代管改为国务院领导,实行企业化管理,开始建立独立经济核算制度、改革投资体制,初步放松行业进入规制。电信业从 20 世纪 80 年代开始逐步改变管理体制和投资体制,1994 年中国联通组建,打破了电信行业独家垄断的市场结构,形成了中国电信和中国联通的非对称寡头市场结构。

2. 改革的系统推进阶段(1997—2013 年)

1992—2012 年,是我国社会主义市场经济体制改革的全面推进时期。随着竞争性行业产销计划和价格的全面放开,竞争的繁荣效应凸显。受此影响,1997 年,党的十五大提出"打破地区封锁、部门垄断",垄断行业改革开始进入系统推动阶段。1998 年,与我国推进第四轮政府机构改革同步,国家对多数垄断行业明确提出了"政企分开"、建立现代企业制度的要求。2002 年,党的十六大首次明确提出

"推进垄断行业改革"的要求。2005 年,《国务院关于鼓励支持和引导个体私营等非公有制经济发展的若干意见》出台后,垄断行业部分领域和环节逐步向民营资本开放。2007 年,党的十七大提出"深化垄断行业改革"后,大部分垄断行业启动了力度较大的产业重组,放宽可竞争领域准入和价格规制,并引入竞争机制。

1)进一步政企分开,剥离政府职能

1997 年,国家电力公司组建,1998 年,电力工业部撤销。1998 年,剥离中国石油天然气总公司、中国石油化工总公司的行政管理职能,组建中国石油化工集团公司和中国石油天然气集团公司。1998 年,邮、电分营,在邮电部和电子工业部的基础上建立信息产业部及其下属国家邮政局,电信业实现政企分开,而邮政业 2005 年才开始政企分开改革。1998 年,铁路业也提出政企分开改革,但于 2000 年和 2008 年发生了两次改革停滞,直到 2013 年才真正开始政企分开改革。民航运输业虽于 1987 年启动政企分开改革,但直到 2002 年新一轮改革后,重组后的航空公司、航空服务保障集团才与民航总局脱钩。

2)对国有企业分拆重组

2002 年,电力行业开展"厂网分开、主辅分离"改革。此阶段铁路行业"主辅分离"改革基本完成。1987 年,政府决定分设航空运输业务和机场主营业务。中国邮政集团组建了邮政储蓄银行和速递物流公司。因技术快速发展,电信业的重组最为复杂,先后经历了三次大规模重组(分别为 1999 年、2001 年和 2008 年),最终形成中国电信、中国联通和中国移动三家全业务运营商寡头垄断的市场结构。

3)放松可竞争性环节市场准入和价格规制,鼓励民营资本进入

民航、电信、邮政行业进展较快。自然垄断属性较强的电力、天然气、铁路行业,也有不同程度的进展。在国家推动发电投资主体多元化、发电价格逐步引入竞争理念制定、风电和光伏发电机组采用招标方式确定业主和价格等改革措施的推动下,民营资本大量进入可再生能源领域。天然气上游生产环节,中游支线管道的投资、建设及运营,以及下游配送环节也逐步向民营资本开放,2012 年国土资源部的页岩气招标第一次对民营企业开放。

3. 重点领域改革全面深化阶段(2013 年至今)

党的十八大以来,我国经济体制改革进入全面深化阶段。2013 年 11 月,十八届三中全会通过《中共中央关于全面深化改革若干重大问题的决定》,对全面深化改革作出总体部署,对垄断行业深化改革提出具体要求。党的十九大提出"使市场在资源配置中起决定性作用,更好发挥政府作用""打破行政性垄断,防止市场垄断"。在此背景下,垄断行业改革进入全面深化新阶段。

1)深化能源体制改革

2015 年 3 月,《中共中央 国务院关于进一步深化电力体制改革的若干意见》出台,标志着我国新一轮电力体制改革正式启动。2017 年 5 月,《关于深化石油天然

气体制改革的若干意见》出台，标志着油气领域将在打破行政垄断的基础上开展系统性改革。

2)推进铁路体制改革

2013 年，国务院出台《国务院关于改革铁路投融资体制加快推进铁路建设的意见》。2016 年，我国首个民营资本控股的高速铁路 PPP(public private partnership，公共私营合作制)项目开工建设。2017 年底，中国铁路总公司所属 18 个铁路局均已完成公司制改革。

3)进一步推进价格形成机制改革

2015 年 10 月，中共中央、国务院发布《中共中央 国务院关于推进价格机制改革的若干意见》，对垄断行业价格改革作出系统部署。为进一步促进竞争，垄断行业竞争性领域价格随市场化进程逐步放开或改行模拟竞争的定价方法。同时，电力、天然气行业初步建立管输环节价格规制框架。

1.2　垄断行业规制改革的成效

1. 供给能力大幅提升

垄断行业改革的实施有效调动了各类市场主体的积极性，促进了行业供给能力大幅提高和快速发展。截至 2016 年，全国全口径发电装机容量达到 164575 万千瓦，发电量为 61425 亿千瓦·时，分别为 1978 年的 28.8 倍和 23.9 倍。电网新增 220 千伏及以上输电线路回路长度 34906 千米，是 1993 年的 5.5 倍。天然气产量 17994 万吨标煤，是 1980 年的 9.4 倍。铁路旅客周转量和货物周转量分别为 12579.29 亿人公里和 23792.26 亿吨公里，分别是 1978 年的 11.5 倍和 4.5 倍。民航旅客周转量和货物周转量分别为 8378.13 亿人公里和 222.45 亿吨公里，分别是 1978 年的 300.2 倍和 229.3 倍。电话普及率(含移动电话)110.55 部/百人，是 1978 年的 290.9 倍；互联网普及率从 2002 年的 4.6%上升至 2016 年的 53.2%。邮政业务总量从 1978 年的 14.92 亿元增加至 2016 年的 7397.24 亿元，其中快递量达到 312.83 亿件，是 1989 年的 1.3 万倍(见表 1-1)。

表 1-1　自然垄断行业供给能力大幅提升

行业	指标	单位	1978 年	2016 年
电力	全口径发电装机容量	万千瓦	5712	164575
	发电量	亿千瓦·时	2566	61425
	新增 220 千伏及以上输电线路回路长度	千米	6347*	34906

续表

行业	指标	单位	1978 年	2016 年
天然气	生产量	万吨标煤	1912**	17994
	油气管道里程	万公里	0.83	11.34
民航运输	定期航班航线里程	万公里	14.89	634.81
	国际航线线路长度	万公里	5.53	282.80
	旅客周转量	亿人公里	27.91	8378.13
	货物周转量	亿吨公里	0.97	222.45
铁路	铁路营业里程	万公里	5.17	12.40
	旅客周转量	亿人公里	1093.22	12579.29
	货物周转量	亿吨公里	5345.19	23792.26
电信	电话普及率(含移动电话)	部/百人	0.38	110.55
	互联网普及率	%	4.6***	53.2
邮政	快递业务量	亿件	0.02****	312.83
	函件数	亿件	28.35	36.19
	包裹数	万件	7400.5	2794
	报刊期发数	万份	11250	13617.5
	汇票业务	万笔	11852.4	5804.4

注:* 为 1993 年的统计数据;** 为 1980 年的统计数据;*** 为 2002 年统计数据;**** 为 1989 年的统计数据。

数据来源:国家统计局、《中国能源统计年鉴》和《电力工业统计资料汇编》。

2. 多元化市场主体和竞争性市场格局基本形成

以发电装机容量作为衡量市场份额的指标,2017 年国内发电装机占比最大的发电集团市场份额为 12.94%。截至 2016 年底,我国共有运输航空公司 59 家,其中,国有控股公司 44 家,民营和民营控股公司 15 家。2008 年,重组后的电信产业实现了企业之间差异化的竞争。邮政行业中,快递业市场竞争充分。2016 年,快递市场集中度 CR8 为 76.7%,CR4 为 50.2%,邮政 EMS、顺丰、圆通、中通、申通、韵达、百世等 7 家主要快递品牌的业务量和业务收入在市场总计中占比超过 70%。除邮政 EMS 以外的 6 家民营企业占据全国快递市场份额的 64%,单个企业市场份额未超过 15%。

3. 民营资本投资比重大幅增长

与 2004 年相比,2016 年民营控股企业投资占行业固定资产投资的比例大幅增长。根据《中国统计年鉴》相关数据计算，电力、热力生产和供应业由 1.80%提高到 28.28%，铁路运输业由 0.05%提高到 1.77%，航空运输业由 0.00%提高到 9.97%，邮政业由 5.90%提高到 68.76%，电信、广播电视和卫星传输服务业由 0.05%提高到 3.63%。天然气行业分环节看，油气开采业由 0.28%提高到 6.12%，油气管道运输业由 0.09%提高到 18.65%，燃气生产和供应业由 2.81%提高到 47.88%（见表 1－2）。

表 1－2　自然垄断行业固定资产投资中民营控股企业投资比重

行业	2004 年	2016 年
电力、热力生产和供应业	1.80%	28.28%
石油和天然气开采业	0.28%	6.12%
油气管道运输业	0.09%	18.65%
燃气生产和供应业	2.81%	47.88%
铁路运输业	0.05%	1.77%
航空运输业	0.00%	9.97%
邮政业	5.90%	68.76%
电信、广播电视和卫星传输服务业	0.05%	3.63%

数据来源：笔者根据《中国统计年鉴》相关数据计算。

4. 价格市场化程度显著提高

2016 年，所有电信业务资费、竞争性包裹寄递资费价格均已放开，由市场竞争形成。电力市场化交易价格全部放开，由市场形成电价的比重达到 22.25%。非常规天然气、液化天然气价格以及参与市场交易的天然气用户价格放开，50%以上非居民用气价格已由市场形成。具备竞争条件的民航国内航线旅客票价放开，市场化率已提高到 35%左右。社会资本投资控股新建铁路货物运价和散货快运、包裹运输等竞争性铁路货运价格，以及高铁动车组一、二等座及普通旅客列车软座、软卧票价，已经放开。

同时，因尚不具备竞争条件而未放开的价格也尽可能引入了模拟市场竞争的方式确定。如，铁路货运价格按与公路保持合理比价关系的原则制定和动态调整，管道天然气门站价格参照可替代能源的市场价格确定。

5. 自然垄断环节规制逐步加强

1）共用基础设施网络开始向第三方公平开放

随着垄断行业可竞争领域市场竞争程度的不断加深，共用网络公平开放成为新的趋势。《中共中央 国务院关于进一步深化电力体制改革的若干意见》，在建立电力交易机构和市场交易平台、促进分布式能源发展和加强电力统筹规划监督等具体改革中,均要求电网公平无歧视开放。2014 年发布的《油气管网设施公平开放监管办法(试行)》,正式启动油气运输管道向第三方公平开放的改革。《关于推进电信基础设施共建共享的紧急通知》要求三大运营商共建共享电信基础设施。

2)现代价格规制理念和方法初步引入

市场经济下的价格规制与计划经济下的价格管理在目标、手段和方式上均存在本质不同。我国在大幅放开垄断行业具备竞争条件领域的价格后,工作重点已开始转向加强自然垄断环节价格规制。在方法层面,电力和天然气自然垄断环节基于现代理念构建了输配电价和管输气价规制的基本框架。在制度层面,垄断行业价格规制的规范化、透明化正在推进。国家发展改革委出台《国家发展改革委关于进一步加强垄断行业价格监管的意见》,对垄断行业价格规制进行了总体设计;修订出台《政府制定价格行为规则》,更加重视程序规范;修订《政府制定价格成本监审办法》,更加重视成本基础。

3)安全和服务质量规制明显加强

为适应经济社会快速发展背景下市场和用户需求的变化,我国不断加强垄断行业安全和服务质量规制,尤其是安全规制。如,《铁路安全管理条例》《铁路旅客运输安全检查管理办法》《铁路旅客车票实名制管理办法》《铁路危险货物运输安全监督管理规定》《铁路危险货物运输安全综合治理实施方案》《国家铁路局关于加强铁路货物运输安全有关工作的通知》等出台。又如,2000 年,信息产业部率先出台《电信服务标准(试行)》,规定电信行业的强制性标准和电信运营商提供电信服务的下限。为落实此标准,《电信服务质量监督管理暂行办法》和《电信用户申诉处理暂行办法》于 2001 年出台。随着电信产业的不断发展,原信息产业部陆续出台《互联网骨干网间互联服务暂行规定》《关于规范短信息服务有关问题的通知》《关于规范电信服务协议有关问题的通知》《关于规范电信业务推广和服务宣传工作有关问题的通知》等文件,逐步完善电信服务质量管理体系。

1.3 垄断行业规制改革的基本经验总结

1.坚持商业化和市场化改革方向

自然垄断行业提供的产品和服务虽然为经济社会发展所必需,且网络设施具有共用性,但其本质属性为准私人物品,由企业商业化运营并通过向消费者收费的方式获得收入,有助于提高行业生产效率,引导资源合理配置。因此,我国改变计划经济时期由政府无偿或低价提供垄断产品和服务的模式,通过政企分开改革,成立自负盈亏的独立法人企业。在此基础上,不断提高市场在资源配置中的作用,减少政府不当干预,在可竞争领域开展市场化改革。

实践证明，商业化和市场化程度越高的行业和领域，越显现出发展活力。如，发电侧多市场主体引入后，煤电机组单位投资造价大幅下降。电信、民航、快递市场竞争更加充分，资费大幅降低，服务水平显著提高。

2. 正确处理垄断和竞争的关系

与竞争性行业相比，垄断行业中垄断和竞争的关系具有特殊的表现，改革必须首先处理好二者的关系。一方面，技术进步使传统垄断行业自然垄断范围缩小，生产和消费环节具有可竞争性，从而在这些行业竞争和自然垄断并存。另一方面，可竞争环节的竞争必须以网络的公平开放使用为前提，二者不可割裂。我国垄断行业改革遵循这一客观规律展开。在改革路径选择上，大部分行业在政企分开的同时，进行了纵向分拆，试图在可竞争环节引入竞争。

同时，垄断行业自然垄断环节仍维持垄断经营体制。如，电力行业实行"厂网分开"，邮政行业对邮政专营业务和竞争性邮政储蓄、快递业务进行剥离，民航业则纵向分拆航空运输、机场和空管业务。电信行业形成三家全国性、全业务型企业，在电信服务领域相互竞争，并积极推进基础网络共建共享改革。

3. 坚持激发各类市场主体活力

市场主体是经济发展的原动力。我国垄断行业在系统性改革推进以前，就尝试在中央政府之外调动地方政府、民营资本、外资等各方主体的积极性，多渠道筹措建设资金，扩大企业自主权，取得了积极成效。如，发电领域允许多家办电、成立独立发电企业，打破政府独家办电；对邮电业实行中央和地方双重领导、允许邮电部门征收电话初装费等政策，组建中国联通打破电信行业独家垄断的市场结构。

政企分开改革后，中央和地方层面形成了多家国有企业，公司治理结构不断完善，部分企业实行股份制改造。自 21 世纪初开始，我国通过放松准入和价格规制，向第三方公平开放网络基础设施，使民营资本大量进入城市燃气、快递、航空运输、电信增值业务等领域。多元化市场主体的形成和活力的激发，有效推动了垄断行业发展，使部分行业效率大幅提高。

4. 坚持推进政府职能转变

垄断行业市场化改革和规制的推进，以政府职能转变为前提。如，大部分行业通过政企分开，剥离了政府的经营性职能。新设立或重新组建的相关行业主管部门，除传统行业管理外，还履行促进公平竞争、纠正市场失灵职能，积极推进垄断行业市场化改革，维持市场公平竞争秩序，不断构建、加强和完善自然垄断领域的价格、质量和安全规制。如，2003 年，国家电监会成立，开始履行电力市场监管者的职责，实现"政监分开"；国家邮政局重新组建后在维护公平竞争、加强安全和质量规制方面开展了大量工作，为市场经济条件下垄断行业政府职能转变积累了宝贵的经验。

第 2 章　我国垄断行业政府规制的问题分析

中国垄断行业的显著特色是行政性垄断。行政性垄断自身存在的消极影响使得政府规制成为必然。市场经济本质上是一种竞争经济，价格、竞争是市场机制发挥作用的手段。只有保证各市场参与主体以平等身份参与竞争，资金、信息、技术、人才等各要素在各市场间自由流动及有序竞争，市场才能充分发挥其调配资源、提高行业效率的功能。但在位企业在政府政策的庇护下，通过市场准入、服务质量标准等方式设置壁垒，阻止其他企业进入，并凭借手中特权垄断资源，攫取高额垄断利润，行业的经营者与员工获得远高过其他行业的工资、福利待遇，行业间的收入分配差距进一步扩大。由于价格不是由市场主体间的竞争而来的，价格信号失真，价格不能有效地调节产品供给与需求，极易造成产品供应的不稳定。行政性垄断造成地区及部门保护主义严重，使市场条块分割严重，阻碍了全国统一市场的形成。行政性垄断所具有的这些外部性造成了严重的经济损失。

2.1　政府对行政性垄断行业实施规制的主要措施

根据市场机制、增加规制所带来的成本、受规制企业的特性等因素，政府主要运用以下几种手段对行政性垄断行业实施规制。

1. 措施一——价格规制

市场经济中产品或服务的价格是由市场上产品或服务的供需决定的，但由于垄断行业在垄断了资源、技术、信息等生产要素之后便会自行制定垄断价格，或者为了防止垄断企业有选择性地向消费者提供产品或服务，导致部分消费者无力承担垄断价格，政府便采取价格规制手段对垄断企业提供的产品或服务进行定价。价格规制就是在规制产业中，政府从资源有效供给和服务的公平供给角度出发，设计一个定价模型，由政府规定产品或服务的价格，或通过设计一系列条件和标准指导企业的价格决策。价格规制有边际成本定价、平均成本定价、非线性定价等几种方式。由于价格规制与受规制企业的利润水平、消费者基本生活保障、政府规制的效果密切相关，所以价格规制一直是政府对垄断行业实施规制的主要手段。

2. 措施二——进入和退出规制

由于垄断行业具有极强的规模经济效应，且可以带来高额利润，在利润的吸引下许多企业会进入行业中来，但规模经济效应的存在使得过多企业的参与会产生重复建设的问题，造成资源浪费。进入规制并不是不允许新企业进入，而是通过对新企业进入的资格进行限制，以保证可以达到行业充分竞争数量的进入，以此保证社会总成本最低及资源的合理配置。行业的退出规制也是同样的道理。为防止企业在获取超额利润后便退出，使得行业内竞争者数量减少而重新引起垄断问题，政府便对行业内企业的退出也实行相应规制。政府主要通过禁止制、注册制、申报制、许可制等对行业进入实施规制。政府对行业进入、退出实施规制是对企业规制的主要内容，也是将企业经营纳入法治轨道的主要手段。

3. 措施三——数量、质量规制

数量规制是指政府对企业生产的产品数量以及对进、出口的产品数量进行规制。质量规制是对企业生产的产品质量规定一个质量标准，如我国对烟草生产数量、质量进行规制，对烟草生产实施配额制，对烟草各含量成分也做出明确规定，以保障消费者身体健康。在实施规制过程中，对产品的质量规制与价格规制往往是联系在一起的。若产品质量达不到标准要求，便会降低产品价格。对产品质量进行规制主要是因为消费者处于信息劣势地位，对产品或服务质量难以有准确、深入的了解。

4. 措施四——制度性设计

充分信息是完全竞争市场的一个主要支撑条件，但在垄断行业中，垄断企业拥有行业成本方面的充分信息，为维护自身利益，垄断企业不会把这些信息全部上报给规制机构，规制机构与受规制企业之间这种先天的信息不对称问题加大了政府规制的难度。特许经营权竞争便是顺应这一形势而产生的。特许经营权竞争是通过竞标的方式引入多家企业参与竞争某一产品或服务的特许经营权，在一定质量要求下，报价最低的企业便会获得特许经营权。特许权竞争中竞标企业为中标，便无法隐瞒其生产成本，而使其提供的产品或服务价格趋于平均成本，企业不可能获得超额利润。平均成本定价是由竞标者之间竞争而不是由规制机构决定的，这就减少了信息不对称的影响，也减少了规制机构的规制成本。竞争的引入也提高了垄断行业内部的可竞争性，这种规制手段也越来越受到重视。虽然在实际运用中也会遇到有效合同的签订、资金转移等技术问题，但其规制效果相比较而言是比较好的。

此外，为保证企业对各种自然资源的合理开发利用，对工业废水、废气、废渣等有害物质的有效处理，减少资源浪费、环境污染、生态破坏现象的发生，规制机构对企业对资源环境的影响也会进行相应的规制。对企业产品价格、数量和质量、进入和退出的规制都属于经济性规制。为有效控制垄断产业凭借其垄断特权制定垄断价格或制约企业的歧视性供给，保障行业内充分竞争，促进资源高效配置对企业产品质量、资源环境进行规制，主要是为保障消费者的人身安全、身体健康，维护其基本权益，这些规制属于社会性规制的范畴。

2.2 我国行政性垄断行业政府规制存在的主要问题

2.2.1 规制机构缺乏相对独立性

王俊豪认为规制机构必须具有相对独立性，而我国的规制机构正是由于缺乏这种独立性才无法对行政性垄断行业做到有效规制。我国垄断行业改革遵循“先改革后立法”的原则，在改革过程中依据需要而设置规制机构，如此设置的规制机构没有相应的法律保障，其权威性受到质疑。规制机构的职能是按国务院为各部门定职能、定机构、定编制的“三定方案”来设置的，这些“三定方案”只是国务院办公厅的内部文件，不是行政法规，这就使得规制机构的职能缺乏公信力与权威性，同时也缺乏法律的稳定性并且很多规制机构是从原行政机构演变而来的，或者直接就是该行业的主管部门，这些规制机构与行业内的企业在利益上仍保持着千丝万缕的关系，甚至直接为行业发展创造一些政策支持，原来政企合一的现象没有得到解决，政监合一现象也愈演愈烈。在这种政企合一、政监合一的体制下，规制机构在人员、经费等方面便无法实现独立，加之由于行政性垄断行业对国民经济的巨大贡献，拥有独特的战略地位，在强大政治压力下，规制机构想保持其独立性也相当困难。规制机构缺乏独立性，非但不能对行政性垄断行业实施有效规制，反而在利益驱使下结成同盟，更加严重地破坏公平竞争秩序。

2.2.2 规制机构的规制职能不明确

我国对垄断产业的管理通常依产业的特性而定，对一个垄断性产业实施管理的部门往往集中了人、财、物、产、供、销等所有权力。这种管理方式对计划经济体制下的产业发展曾发挥了巨大作用，但随着市场经济的发展，产业的部分属性已发生变化，这种管理方式不仅造成部门之间管辖权重叠，同时也形成许多管理空白，在发生事故时难以明确责任主体。由于垄断性产业的许多规制机构是由原行政部门演变而来的，规制机构更多是作为国务院直属的事业单位，规制机构与国务院直属行政机构的界限越来越模糊，并且越来越多的国务院直属行政机构与直属事业单位具有规制权力，这一方面造成了规制职能分散，另一方面，一些法规将规制权与职能授予多个规制机构。政治体制改革后，中央把部分权力下放给地方，这样对某一垄断行业从中央到地方几乎所有行政机关都拥有规制权，从中央到地方的经济综合部门、行业主管部门都力争对规制产业的规制权。中央与地方的规制职能界限不清，规制机构与国务院行政机构之间、中央与地方规制机构之间为规制权而展开争夺，规制部门之间职能交错，规制权力的分散使规制机构无法对行政性垄断行业实施有效规制。

规制过度是当前我国行政性垄断行业政府规制存在的主要问题。一些规制机构仍习惯利用强制性权力对企业的生产经营活动进行干预，并通过市场准入、产品质量标准等方式对行业市场进行规制，使潜在竞争者更加难以进入，遏制了产业经营活动，导致产业生产效率低下，层层审批制度也进一步加剧了规制低效。在规制过度与越位的同时也存在着严重的规制缺位与不足现象。我国仍处于由计划经济向市场经济转轨时期，市场经济尚未成熟，这一时期存在的市场失灵等新问题正是规制机构发挥作用的领域，有时市场矛盾比较尖锐，规制机构无力解决或者不想惹麻烦上身，便会置之不理。规制机构这种不作为使市场混乱现象进一步加剧，规制缺位与越位、规制过度与不足并存已成为政府规制的显著特征。

2.2.3　规制机构的规制效率低下

杜钢建教授认为，政府规制能力是指能够使规制和程序的运行有利于实现企业、消费者、政府三者间利益平衡的能力。政府规制能力的实现首先要求规制机构的工作人员拥有极强的专业知识，对规制的行政性垄断行业有深入了解，并善用各种规制手段。事实是，由于我国政府规制改革刚刚起步，规制机构由上级指定设置，加上规制效率比较难以确定，规制机构工作人员缺少提高专业知识、工作技能的动力，导致规制专业化水平低。政府虽然拥有价格规制、进入和退出规制、数量和质量规制、资源环境规制等多种规制手段，但在实际运作中主要使用了价格、进入规制手段，质量规制改革一直很缓慢。同时比较注重经济性规制，而社会性规制很少。特许经营、社会契约、区域间比较竞争等各种激励性规制方法运用得也很少。同时，政府规制行为的实施需要花费巨额成本。这些成本可以分为两部分，一是政府规制机构实施规制行为所需花费的成本，二是企业为应对政府规制所需支付的成本。规制机构的设置需要相应法律的支撑，便产生了立法与司法成本；规制机构的设置也需要一定的运行成本，还有规制机构规划、设计与组织实施的费用，与旧制度发生摩擦所需要的费用以及引起的效率损失等制度供给成本。在受规制企业与规制机构之间发生的“政府规制游戏”中，受规制企业通过预测规制机构可能会采取的规制措施而采取相应的应对之策，对企业而言，这将会是一笔很大的花费，包括垄断企业在内的各利益主体为获得政府的政策支持也会发生一定的游说成本。政府为防范和控制规制过程中可能发生的腐败问题，也必须支付一定的反腐败成本。规制机构的权限越大，所需支付的反腐败成本就越高。若政府规制过度，便会增加垄断行业企业的市场交易成本，造成行业生产效率的损失。这些都是在政府规制过程中可能会发生的成本。再加上信息不对称的影响，我国规制机构的规制能力不足，规制效率低下，不能适应改革的需要。

2.2.4 对规制主体的监管缺位

规制机构与受规制企业之间由于利益关系的牵引极容易结成同盟，凭借规制机构的行政特权共同瓜分经济利益，规制机构便成为政府规制过程中的一个“特权利益集团”。由于规制机构在具体规制过程中拥有一定的行政裁量权，对规制机构的监管缺位更为规制机构滥用自由裁量权，如行政不作为、有法不依、执法不严或随心所欲干涉市场，甚至人为造租、寻租创造了条件。而我国至今没有一部专门针对某一规制机构并对规制主体的权利、义务、程序等做出有效约束和规范的法律。没有实际的监管措施和监管机构对规制机构进行再监管，而导致规制机构在决策与执行过程中都存在着对规制机构监管的真空地带。缺少对规制机构规制行为的有效约束，还造成了对规制机构规制效率监督、评价的困难，不利于督促规制机构不断改进规制方法，提高规制能力。

2.3 我国行政性垄断行业政府规制失灵的原因分析

2.3.1 我国行政性垄断行业自身的特性加大规制难度

1. 我国行政性垄断行业同时兼具多种垄断性质

我国行政性垄断行业同时兼具行政性垄断、自然垄断、经济性垄断等多种性质，这大大加剧了规制难度。我国石油、成品油生产行业同电力、电信等行业相似，也具有投资规模大、资金回笼期长、网络性等特征，因资本、技术等因素制约而形成壁垒，使得这些行业同时兼具自然垄断特性。在烟草业、食盐业等部分行政性垄断行业，政府兼具经营者与管理者的双重身份，政府利用市场准入、产品质量标准等手段限制其他形式企业的进入，使这些行业同时兼具经济性垄断的特性。在现实中，这几种类型的垄断相互交织着，使我国行政性垄断行业改革举步维艰，同时也使政府在行使规制职能时对自己的角色难以合理定位。

2. 我国行政性垄断行业具有制度上与经济上的形成促因

我国从春秋战国开始便对盐铁实行专营，至明清时期已经形成了盐铁行业官商不分的定局，这种体制一直延续至今。我国虽然一直致力于政治、经济体制改革，但政府与企业之间这种难以割舍的经济、政治利益关系成为我国行政性垄断产生的制度根源。经济体制改革后，中央向地方下放部分财政权，地方及各经济主管部门管理经济的积极性日益高涨。地方充分利用当地资源、地理位置等优势发展经济，排斥外地产品、服务的进入，各行业主管部门从本行业利益出发，利用掌握的行政权力实施垄断，地方及部门保护主义成为我国行政性垄断的经济成因。

2.3.2　各利益集团之间的博弈加剧规制失灵

在行政性垄断行业这个大商业生态系统中存在着政府、规制机构、受规制企业、试图进入行政性垄断行业的潜在竞争者、广大消费者等主体，这几大主体都有自己的利益诉求，代表着不同的利益主体。其中，政府又可分为中央政府与地方政府两部分。中央政府是行业总政策的制定者，代表着国家总体利益，因而是一个中立的利益主体，不会与其他利益主体有任何合谋行为。地方政府在政绩及财政的吸引下，会大力实施地方保护主义，限制、禁止外地行业与资本的进入，维护本地产业的垄断地位。规制机构代行中央政府意志，是产业政策的贯彻执行者，也是规制权力的具体实施者。受规制企业是行业的直接经营者，受规制企业与规制机构之间已经形成极强的依附与被依附关系。受规制企业会想方设法地争取政府的政策支持，使自己成为政府政策的最大受益者。当然，这种支持并不是无偿获取的，要支付相应的费用，如游说、利益分享等，更为严重的是可能会以丧失经营的独立性为代价。在这种经济依赖下，规制机构在把握中央政府大政策背景下，依据受规制企业的需要会做出相应的政策倾斜。各试图进入垄断行业的潜在竞争者，他们为了减少政府对他们的不利政策，也会采用公关、游说等各种手段，力图消除进入障碍，在行政性垄断行业的巨额收益中也分一杯羹，这类利益主体我们称为潜在利益集团。还有一类主体是广大消费者，由于他们没有能力对规制机构进行设租，各行业协会也不成熟，消费者福利被垄断行业巧设名目地夺走，消费者利益无法得到保障，他们是最弱势的利益集团。

新制度经济学派认为，制度演进的方向与一个社会中的利益集团之间的博弈有关，是由处于强势地位的利益集团所决定的。为了在行政性垄断行业发展中各取所需，各利益集团“八仙过海，各显神通”，种种博弈使政府规制局面混乱，行业价格形成机制扭曲，市场供给失衡，交易秩序混乱，加剧政府规制失灵。

2.3.3　规制制度缺失使政府规制难以达到预期效果

规制机构之所以受各利益主体的博弈影响，最根本的原因就在于政府规制制度的缺失。规制制度是对规制领域中各参与主体的约束，如规制机构与政府其他行政部门之间、规制机构与受规制企业之间、各受规制企业之间、受规制企业与消费者之间、规制机构与消费者之间，以及对规制机构的规制行为进行规范，这一系列问题的解决都有赖于一套完善的规制制度。规制制度包括规制机构的设置、规制方法、相应的规制立法制度及对规制机构的监督机制等几个方面。而我国多数规制法规是由各政府有关部门起草报国务院，再经人大审议通过，部门法仍是主要体现所管辖行业的利益，这使得我国规制机构的设置缺少法律权威性，缺乏相对独立性，机构设置不合理，规制职能不明确，政府规制缺位与越位现象严重。同时规制机构对行业的规制手段主要以强制性规制为主，各种激励性手段采用较少，对规制机构也缺少有力监督，规制机构违法现象时有发生，这些都是我国政府规制制度缺失的具体表现。规制制度的缺失使得政府规制效果与预期效果相差甚远。

2.4 小结

垄断地位使得垄断厂商的产出低于完全竞争条件下的产出，但产品价格却更高。行政性垄断造成两大损失，一是社会净福利的损失，二是消费者剩余损失。一部分消费者剩余转成生产者剩余，垄断主体巧设各种费用，把自身运营的成本转嫁给消费者，严重侵害了消费者利益，极易引起社会的不稳定。行政性垄断行业自身存在的这些弊端使得政府不得不对其实施干预，以保护消费者合法权益、维护社会稳定。此外，我国社会主义市场经济体制是在政府的推动下形成的，市场在自发演进过程会自发生成市场经济的相关制度，而由政府主导的经济体制转变必然会使某些经济制度缺失。而且，我国对行政性垄断行业也缺少有效的法律控制制度，这些规制制度的缺失加剧了行政性垄断现象的扩散。我国政府对行政性垄断行业主要以行政审批、行政指令等行政干预手段进行干预，甚至直接干预企业的生产经营。但市场经济的发展要求政府向社会、向企业放权，行政性垄断行业的发展需要市场竞争机制的引入。因此，政府对行政性垄断行业的正确引导也需要政府调整其规制方式。

第3章　自然垄断行业的再界定及激励性规制研究框架

自然垄断理论是深入研究自然垄断行业规制与实践的前提和基础，人们对自然垄断的认识经历了一个不断深化的过程，这一过程伴随着学术界对自然垄断概念的认识和再认识，而且影响了政府对自然垄断行业规制政策的修订和转变。规模经济、范围经济以及网络经济，虽然都从不同的角度给出了垄断形成的部分解释，但是这些概念并不能将自然垄断与其他形式的垄断相区别，因为没有充分揭示自然垄断中的“自然”属性。同寡头垄断等其他形式的垄断相比，自然垄断的典型特征其实就是导致全行业独家垄断的“自然”属性。对于自然垄断行业来说，其不可竞争性一定是由构成进入壁垒和导致破坏性竞争的“自然”要素所决定的，而这种“自然”要素正是自然垄断区别于其他垄断形式的本质特征。因此，自然垄断的研究应该更多地关注导致行业不可竞争性的“自然”要素的界定，而事实上，对于大多数的自然垄断行业来说，网络的系统结构属性就是导致自然垄断的“自然”要素。

3.1　自然垄断行业中的网络和网络经济

3.1.1　网络的概念及特性

谈到网络的系统结构属性和网络经济，首先该对网络的概念和物理特征给予说明。当前，网络概念应用很广，根据荣朝和的定义，网络主要有三种不同的分类：第一类是实体网络，即有物质网络作为实体的社会基础设施，包括交通运输、邮电、通信、电力、供水、供气等基础设施部门；第二类是虚拟网络，包括信息、管理、组织、关系、营销、资金网等，没有实体网络，但对社会经济生活及企业经营至关重要；第三类是互联网，它与完全实体网络和完全虚拟网络都不一样，是依靠实体网络但又超越实体网络的信息网络。

网络的特性主要包含技术特性和管理特性。技术特性是指网络本身所具有的一些特性，在物理层面上首先要求网络具有系统性、结构性，不管是否处于同一地理区域，网与网之间要求公平、合理的互联互通，构成一个完整整体。从这个意义上讲，网络的技术特性又包括两个方面。一是网络的分割，实际上是市场的分割，这不仅影响运营商提供和客户获取完整的跨网产品和服务，会招致巨大的规模、范围及外部不经济，还会导致网络之间的不公平竞争，最终影响资源在更大范围内的优化配置。二是网络的重叠，网络重叠按程度不同可分为完全重叠、部分重叠及完全不重叠。所谓网络的重叠性，以铁路网为例，在同一对起讫点间是否存在平行线路，若存在平行线路，则网络具有重叠性；若在所有对起讫点间均存在平行线路，则网络是完全重叠的，反之是完全不重叠的；若只在某些对起讫点间存在平行线路，则网络是部分重叠的。网络重叠与否及程度直接影响到网络的经济性。当然，网络并非不可以重叠，只是重叠是有条件的，若不满足条件而重叠，同样会招致巨大的规模、范围及外部不经济。网络还具有不可移动及资产专用等特性，一旦这些固定资产投资建成，其大部分便沉淀下来，难以移作他用。此外，网络设施还是诸多业务正常经营的基础，如电力工业，各个电厂必须通过输配电网络设施才能把电能输送到各个用户。从物理层面出发，便可界定市场及网络的数量。

所有的网络均实现了互联互通并且不存在网络重叠，则不论有几家企业经营，此时也只有一个市场、一个网络；若未实现互联互通，则市场被人为分割；若存在网络重叠即可认定市场上存在一个以上的网络。网络的管理特性主要指对网络运营管理方面的特性，这与网络本身特性是有区别的。网络运营管理具有分割的可能性，对同一个网存在由独家或多家运营管理比较的可能性，甚至对不同的网也存在独家或多家运营管理比较和选择问题。另外，对整个行业也存在垂直一体化及垂直分割运营管理模式的权衡问题。当然，存在多家网络运营管理商时，同样也存在互联互通问题，但这实际上是满足网络在物理层面上所要求的整体特性而已。网络运营管理还具有竞争或垄断特性，由独家运营和管理则是垄断的，反之则是竞争的。

竞争可以采用网络重叠方式，也可采用其他如网络范围扩大、业务方面的垂直一体化、提高网络服务质量等多种方式。尽管对网络型产业不同层面的特性需要做进一步的分析与认识，但是通过以上分析可以看出，网络本身技术特性要求网络具有系统结构属性，网络的竞争可能表现为网络运营管理间的竞争，也可能表现为网与网之间的竞争（如网络重叠），网与网之间的竞争具有显著的重复投资特性。

3.1.2　自然垄断基于网络经济的规模经济分析

网络经济效益主要包含两方面的内容：一是指大规模的网络传输系统（主要指覆盖需求的网络密度）需要相当巨大的固定资本投资，而随着需求量的增多，占有总成本较大比重的固定成本就可以分摊在每一需求上，从而使单位成本降低，即收到网络系统的规模经济效益；另一方面则是指，网络系统还将产生较强的网络正外部效应，即网络的参与者越多，这个网络的价值就越高，因此整个网络将因为网络的扩大而受益。

自然垄断的网络经济论，虽然没有遵循传统的规模经济理论，但从本质来说，并没有脱离规模经济的整体分析框架。因为所谓的网络经济其实就是网络的正外部性，即连接到一个网络的价值主要取决于已经连接到该网络的用户数量（夏皮罗、瓦里安）。在其他条件不变的情况下，对于一名用户来说，拥有较大规模用户的网络要比较小的网络更有价值，即一个网络的价值取决于这一网络的用户数量，比如在通信领域，电话、电子邮件、互联网、传真机等的价值就取决于使用者的数量，使用者的数量越多，网络的价值就越大。网络的外部性不仅限于有形的通信网络，在虚拟网络中也同样存在，比如微软公司的视窗操作系统所构成的虚拟网络，由于使用者数量非常庞大，使 Windows 操作系统具有了很强的网络外部性，因为使用该操作系统的用户数量提高了产品对用户的价值。因此，网络外部经济性的根本内涵其实就是需求方的规模经济，或者如于立等人所说，是需求方和供给方规模经济共同作用的结果。所以网络经济的实质就是规模经济，唯一不同的是，在网络经济效应中起决定性作用的是网络结构，而传统意义上的规模经济则主要取决于生产或资本的规模。

自然垄断的规模经济分析框架是具有一定说服力的，但它无法给出自然垄断与其他形式垄断的本质区别，因为现代经济中的诸多行业都或多或少地存在规模经济，而规模经济也确实在一定程度上解释了某些行业的垄断趋势，比如生产上的规模经济使全球汽车制造业的集中趋势日益明显。一百多年以来，规模经济理论虽然不乏出色的形式逻辑推理，但却缺乏相当充分的、有说服力的实证性研究成果，其中关键原因就在于，该理论的核心概念——最佳规模厂商——事实上很难被有效地精确测度，无论在理论上还是在实践中，对于一个行业是否具有规模经济，以及具有什么程度的规模经济，其实都很难从经济上做出有说服力的判断。我们虽然可以把规模经济、范围经济或网络经济与某种垄断联系起来，但却不能基于这一分析框架充分地解释自然垄断，如果基于这些概念来认识自然垄断，就会使自然垄断行业的范围被放大。无法在规模经济的分析框架下，给出自然垄断行业能否引入竞争的统一标准，导致了自然垄断理论与现实的严重背离，并引发了日益激烈的有关自然垄断的争论。有人甚至提出，自然垄断的理论研究已经没有实际意义，政府应该对自然垄断行业放松人为的进入规制，通过引入有效竞争来改变自然垄断行业的低效率状况。

有效竞争是美国经济学家克拉克（Clark）首先系统提出来的。克拉克认为，有效竞争可以使竞争和垄断有效协调起来，从而获得规模经济和竞争所带来的效率。有效竞争实质是为了促进形成有利于长期均衡的竞争格局，从而取得竞争和垄断二者综合经济效率的最大化。但是由于克拉克没有论述实现有效竞争的客观条件和标准问题，所以这一概念的积极意义只是确立了一个目标，并引导人们围绕该目标进行深入探讨。美国经济学家索斯尼克（Sosnick）在这一目标的引导下，对如何实现有效竞争的标准问题进行了研究，从结构-行为-绩效的分析视角，提出了有效竞争的标准。但是世界各国普遍存在的自然垄断行业的规制现实却使索斯尼克的标准失去了其应有的适用性。因为该标准在结构方面的最基本要求是“企业进退无人为设置的障碍”，而实际上，自然垄断行业大都伴随着政府设置的人为进退阻碍，如我国的电力、电信等行业从其存在之始，就与政府的严格规制相伴而生。因此，对于自然垄断行业能否引入有效竞争，首先要解决的还是自然垄断行业的界定标准问题，即在理论上构建起自然垄断的完整约束条件，严格限定自然垄断行业的范围，只有超越理论上的障碍，才可能在自然垄断行业的规制改革上达成共识。

规模经济一直被认为是对自然垄断行业实施政府规制的重要经济理由。在20世纪70年代之前，西方发达国家对航空、电信、电力、铁路、城市供水、管道煤气、邮政等传统自然垄断行业都实施了不同程度的政府规制，而其主要的目的就是希望在享受规模经济收益的同时，又能有效避免或降低垄断所带来的诸多弊端。但是政府规制下的自然垄断行业，不仅没有表现出规模经济所具有的“以最低成本供给市场”的优势，相反却普遍存在着严重的供给不足、服务质量差和价格居高不下的低效率现象。在我国，自然垄断行业的长期低效率运营，不仅没有给国民带来享受规模经济低成本服务的好处，相反还导致了严重的社会收入分配不公等弊端。自然垄断行业与竞争性行业之间日益扩大的收入差距引发了诸多的社会问题。在这样的背景下，1980年以来，世界各国都针对自然垄断行业进行了改革，主要标志就是在传统的自然垄断行业引入竞争，通过寡头竞争的形式来消除独家垄断所造成的低效率和分配不公问题。然而自然垄断的规模经济分析框架无法给出自然垄断能否引入竞争的统一标准，因为在现实中，不是所有的自然垄断行业都适宜引入竞争，也并非自然垄断行业的所有业务环节都适宜引入竞争，比如具有显著网络特征的输配电网、铁路网以及城市供水和煤气管网等行业就不一定适宜引入竞争。换言之，规模经济的分析框架虽然可以解释垄断得以形成的大部分原因，但是对于自然垄断区别于其他垄断形式的“自然”属性，规模经济的分析框架是不充分的。埃利指出自然垄断的本质在于“不可竞争性”，而规模经济可能只是导致“不可竞争性”的主要因素之一，而并非全部。除了规模经济之外，还有其他因素也会使竞争自我毁灭，而走向垄断。由此可见，早期的经济学家为自然垄断的成因给出了规模经济的解释，但自然垄断理论的现代发展却只抓住了这点，忽视了导致“不可竞争性”的其他重要因素。随着技术进步和社会经济的发展，规模经济已经不足以给出自然垄断的充分解释，我们需要更多理论上的补充。事实上就自然垄断的本质来说，所谓的“不可竞争性”既可以来自行业的天然进入壁垒，如对稀缺性自然资源（土地、石油等）的排他性占有，或者源于产品的发明专利而获得的法定垄断（电信、电力等），也可以来自行业的某些特征所导致的破坏性竞争的必然性，使得市场竞争具有明显的不可持续性。

3.2 自然垄断行业中网络的系统结构属性与自然垄断的成因

3.2.1 系统结构属性——网络的资源稀缺性分析

资源的稀缺性与需求的无限性和多样性之间的矛盾被认为是经济学产生的最主要原因。经济学研究的核心问题就是如何实现稀缺资源的最有效利用。在古典政治经济学家的研究视野中,土地被认为是最为稀缺的自然资源。穆勒认为,稀缺性只是产生地租的一个原因,另一个原因是在一定社会制度下对土地的私人独占权力,二者的结合才使地租的存在成为可能。地租的实质就是稀缺性土地资源私人垄断的结果,而"这是一种自然的垄断","它可以被人们控制,甚至可以为了社会全体而作为信托资产,但不能阻碍其存在"。穆勒明确指出,凡是数量有限的东西,即使其所有者并无一致的行动,也仍然是一种被垄断的东西。因此相对于需求来说,资源的稀缺性供给就构成了自然垄断的必要条件。也就是说,如果自然资源是丰富的,那么就不会存在稀缺性的问题,自然垄断也就不可能存在。自然垄断的充分条件则是对稀缺性资源的排他占有,即所有权,而所有权的产生从根本上来说也是源于资源的稀缺性。

随着现代科学技术的快速发展,我们已经认识到,土地也许不是一种绝对稀缺的资源,它所表现出来的稀缺性只是相对的,比如填海技术的发展,已经使人类从大海中获得土地成为可能,又如建筑技术和生物技术的发展,我们的生活空间完全可以"向上"延伸,而不仅局限于土地的扩张上。所以资源的稀缺性不是指自然资源的绝对数量,而是相对于特定时空范围内的需求而言的。在更大的时空范围内,人类完全可以通过转换需求或利用新技术来改变资源的稀缺性特征。从本质意义上说,技术和需求所真正改变的是资源的稀缺性特征,也就是说资源的所谓稀缺只是一种相对于需求和技术限制的稀缺。因此,导致资源相对稀缺的根本原因,不是相对于供给的无限需求,而是人类在利用新技术获取新需求时必须支付高昂的转移成本,正是这种高昂转移成本的存在才使资源表现出很强的相对稀缺性,也由此产生了对资源所有权的要求。只要占有资源所带来的收益高于维护所有权所需支付的成本,所有权制度就会被创造出来。总而言之,高昂转移成本导致了在特定时空范围内资源的相对稀缺性,而这种资源的相对稀缺性又使所有权制度成为一种社会的必需,而对稀缺性资源的占有也就最终导致了自然垄断的出现。

穆勒对于地租成因的分析其实也体现了对自然垄断的这种认识,不仅强调了"不能阻碍其存在"的"社会制度上的独占权力",而且强调了自然要素的"存在量小于需求量"的稀缺性特征。换言之,土地的稀缺性特征和土地占有关系的社会制度因素共同决定了垄断，而地租就是这种自然垄断的结果。人们并不能阻碍地租的存在，但可以通过不同的产权安排来改变地租的社会分配结果。如果将土地作为“社会全体的信托资产”，那么由自然垄断所形成的地租收益就可以被整个社会所分享。从某种意义上说，穆勒所指的自然垄断，可能并不是仅仅将土地作为一种自然资源来理解，而是强调了资源的稀缺性以及所有权作为一种社会制度的绝对性。因此，古典政治经济学家对于自然垄断的认识，是构建在稀缺性自然要素占有关系的“自然”属性基础之上的，它既包含了客观的资源稀缺性因素，也包含了主观的制度因素。这种自然垄断的古典认识，对于我们深刻理解网络型行业的自然垄断属性具有重大的启示意义。

从目前世界范围内行业的发展趋势来看，自然垄断的网络化特征已经越来越明显，但是仅从网络的外部经济性还不足以充分解释网络型自然垄断行业的成因。夏皮罗和瓦里安强调了网络外部性在有形网络和虚拟网络中的重要作用，有形网络是指节点间的连接是物理连接，而虚拟网络中节点之间的连接是无形的，“在交通运输和通信行业中，网络外部性一直被视为关键因素，公司通过扩张网络进行竞争，网络可以通过与其他网络连接起来大幅度地增加价值”。夏皮罗和瓦里安特别指出了新经济和旧经济的主要区别，即旧的工业经济是由规模经济驱动的，而新经济的驱动力量是网络经济，显然网络经济是与新经济紧密联系在一起的，传统的自然垄断行业也许并不适合这一概念。事实上，除了电信行业随着技术的进步稍许具有一些新经济的特征之外，事实上，夏皮罗和瓦里安运用网络效应对通信行业的分析并不成功，他们虽然指出了电话网络会随着用户的增加而不断提高价值，但是在运用需求方规模经济对 AT&T 公司统治美国早期电话网络的解释却是不充分的，其他诸如输配电网、供水网、煤气管网和铁路网等传统自然垄断行业，无论如何都很难被归入新经济之列。因为新经济中所谓的“新”，是指自 1950 年开始的由信息技术革命所推动的全新经济形态，而在这种经济形态中，“正反馈以一种新的、更强烈的形式出现，它基于市场需求方，而不仅仅是供应方”，“在信息行业中，需求方规模经济是普遍规律”，因此，其所表现出的显著的网络外部性，明显不同于传统的经济形态。夏皮罗和瓦里安还明确指出，需求方规模经济与供给方规模经济虽然已经存在了相当长的一段时间，但是二者的结合却是在信息经济中才出现的新事物，其所导致的结果是：需求方的增长既减少了供应方的成本，又使产品对其他用户更具吸引力，从而进一步促进了需求的增长，由此所导致的极强的正反馈效应，使整个行业的产生和毁灭都远远快于工业时代。因此，尽管网络是现代自然垄断行业的典型特征，但是被用于指称新经济的网络经济概念，却并不足以给出自然垄断成因的充分解释，我们必须寻找基于网络的更具说服力的另一种解释。

如前文所述，资源的稀缺性其实是由需求者的高转移成本所导致的，而对稀缺性资源的占有也就形成了自然垄断。对于网络型行业来说，资源的稀缺性已经不仅仅表现在土地等自然要素上,而是表现在更为重要的网络资源上。为什么说具有系统结构属性的网络具有资源的稀缺性特征呢?按照一般的理解,网络是可以通过不断投资取得的,因此,网络资源绝不会像土地等自然资源那样表现出明显的相对稀缺性,但是网络的系统结构属性却可能改变资源的稀缺属性。具有系统结构属性的网络是由具有整体系统性的多个节点构成的,网络只有具有系统性和结构完整性才会给用户带来价值,而这种完整性和系统性其实就表现为网络的系统结构属性。更为重要的是,作为节点的用户在使用网络的过程中其实也被"系统结构"化了,这种系统结构化的最主要表现就是,在网用户由于长期的使用形成了对已有网络的高度依赖性,从而使其在选择其他网络时往往需要支付高昂的转移成本。这种转移成本不仅包括有形的物质成本,如额外的货币支出,还包括更为重要的无形成本,如心理成本和社会资本的损失。正是这种高昂的转移成本,才使得结构化的网络资源表现出很强的稀缺性特征。因此,在网络型行业中,最先构建起系统结构化网络并实现对系统结构网络资源占有的企业,往往就可以具有绝对的市场竞争优势,这种竞争优势不仅可以不断提高用户的转移成本,而且还可以凭借对具有系统结构属性的网络的所有权构成"天然"的进入壁垒,从而长期保持市场的垄断地位。

关于系统结构属性的网络所导致的网络资源的稀缺性,以及对网络资源的占有所导致的自然垄断,我们可以举例来说明。比如,我们首先假设两家企业 A 和 B 在一个城市的每一条街道上同时铺设供水管线,其中 A 企业把自来水输送到一个用户,而 B 企业则向其隔壁的另一个用户供水。如果某一用户放弃 A 企业而选择 B 企业不需要支付转移成本,比如额外的货币支出,那么用户就可以低成本地在这两家企业之间进行选择,由此就会形成两家企业竞争的市场结构。由于消费者在选择不同供水企业的时候不存在高昂转移成本,因此 A 企业的供水管网对消费者来说也就不具有稀缺性的特征,A 和 B 中的任何一家也就不可能凭借对供水管网的排他性占有构成对市场的垄断。可是,这种假设在现实中并没有发生的可能性,一般来说,企业铺设供水管网一定是存在先后次序的,这种先后次序可能来自供水技术专利,也可能是由随机的因素决定的。总之,在存在先后次序的情况下,先行铺设供水管网的企业就具有了某种稀缺性网络资源的垄断优势。这种稀缺性不仅表现在铺设线路所需占用土地的稀缺性上,更表现为具有系统结构的网络给用户带来的高转移成本上。高昂的转移成本导致了网络资源的稀缺性,而对这种稀缺性网络资源的占有,也就很自然地对新企业构成了"天然"的进入壁垒,进而导致竞争根本无法实现。在位企业凭借这种对稀缺性网络资源的占有,就可以长期获得垄断租金。当然,这种垄断权力也并不是无限的,当租金超过转移成本的时候,需求者就宁愿选择新的资源,比如自己打井取水,也不愿意再承受高额垄断租金的剥削。当然,有人可能会基于规模经济的角度指出,多条供水管线的存在是对社会资源的一种浪费，因此应该允许供水网络的独家垄断。但是拥有多少用户数量规模才是供水网络的最佳规模？事实上，规模经济概念本身无法给出量化最佳规模，而只能简单地得出为了实现规模经济应该实行垄断的结论，但这种解释绝不构成自然垄断的根本性成因，本书认为网络的系统结构属性导致了网络资源的稀缺性才是垄断的“自然”原因。

3.2.2 系统结构属性——网络的资产高沉淀成本分析

网络的系统结构属性所导致的网络资源的稀缺性，以及对这种稀缺性资源的占有，构成了网络型行业的“天然”进入壁垒。但这还不构成自然垄断成因的全部，由资产专用性所导致的网络资产的高沉淀成本特征，不仅对新企业构成了进入壁垒，而且还成为导致竞争不可持续的主要因素。众所周知，规模经济尤其是固定成本其实并不构成行业的进入壁垒，因为规模经济的存在并不一定构成市场权力的来源，已建立企业之间的竞争和新进入的可能性能够降低或消除垄断租金。鲍莫尔和威利格就曾指出：“必须沉淀某些成本才可能是一种进入壁垒。”他们认为，沉淀成本被新进入者视为一种递增成本，因而是一种递增的风险，必须在进入市场后通过收益来弥补，而已经在位的企业则在当前或将来的决策中可以不予考虑此项已经承担过的支出。

事实上，规模经济的真正后果只是有可能加剧构成进入阻碍的沉淀成本的效果。因此，与显著的进入壁垒紧密联系在一起的其实是沉淀成本。斯蒂格勒也认为，所谓的进入壁垒，其实是指一种生产成本（在某些或每个产出水平上），这种成本是拟进入某一行业的新厂商必须承担的，而已经在该行业的厂商则无须负担。这种沉淀在新进入者而非在位企业身上的生产成本主要是指不可重新使用的、市场特殊化的成本，因此也叫作沉淀成本。斯蒂格勒认为，沉淀成本包括不可转换的资本投资及其技术改进费用。沉淀成本的存在，不仅会对新企业构成进入的壁垒，从而使在位企业长期保持垄断地位而享有垄断租金；而且当新企业进入之后还会削弱企业改变市场条件的选择能力，从而对企业的竞争性策略行为产生影响，从而导致破坏性的竞争。当不存在沉淀成本时，新企业的进入和退出都是相对容易的，相对容易的市场进入会对在位企业构成某种潜在的竞争，从而削弱了在位企业的垄断力量，由此会减少在位企业垄断租金的获取；而相对容易的退出也往往不会导致行业内的破坏性竞争，从而能保证竞争的可维持性。因此，在没有沉淀成本或者沉淀成本很低的行业，一方面不存在某种进入壁垒，另一方面也可以保证其市场竞争是良性的。然而，如果存在大量的沉淀成本，就不能够保证竞争机制会实现令人满意的效果，在位企业就具有了某种自然垄断的属性。在位企业一方面可以通过大量的资本和技术改造投资来提高由于沉淀成本所导致的进入壁垒；另一方面，可以通过在位企业的先天的价格竞争优势来阻止新企业的进入，由此来保证垄断力量的存在并且长期占有垄断租金。

网络型行业所具有的高固定成本、低边际成本以及弱替代使用等特征，使该行业具有了非常明显的高沉淀成本属性。在现实生活中，一个网络的建立需要大量的固定成本，而这些成本往往也就构成了巨大的成本沉淀。但是网络一旦建成，用于运载和传输服务的边际成本就会很低，这也为行业内的在位企业提供了某种先发的价格竞争优势。正是这种成本构成的双重特征，不可避免地会导致极具破坏性的企业均衡竞争策略行为。由于企业间的产品差别很小，企业之间的竞争往往会表现为竞相降价以争取客户。由于产品的边际成本很低，利用伯特兰德寡头竞争模型可以很容易得出，企业竞争的均衡价格等于边际成本。但是由于具有较高的固定成本，边际成本所决定的均衡价格根本无法补偿平均成本，因此在竞争均衡价格下企业不可能生存。企业为了寻求更好的生存环境，就不可避免地会寻求改变市场结构的主动行为，如果一方无法通过竞争将另一方彻底赶出市场，那么最有效的手段就是联盟或者合并。因此，破坏性竞争的必然结果就是垄断，这种结果或者是来自“你死我活”的竞争或者是来自联合。垄断是一种不可避免的竞争逻辑，而导致这种竞争逻辑的就是行业本身的成本特征。因此，笔者认为，网络型自然垄断行业的另一个重要特征就是网络资产的高沉淀成本特征，它对行业的不可竞争性具有决定性的影响。

3.2.3 网络的系统结构属性导致了自然垄断

美国电话行业的发展历史也可以对具有系统结构属性的网络所导致的自然垄断给出很好的现实说明。夏皮罗和瓦里安在《信息规则：网络经济的策略指导》一书中，将 AT&T 在 20 世纪早期对美国长途电话网络的垄断，解释为网络外部性以及 AT&T 的聪明策略。事实上，在 19 世纪 90 年代中期美国贝尔公司几项关键专利到期之前，它已经建立起了覆盖全国主要地区的庞大的电话网络。虽然之后许多独立的非贝尔系统的公司，凭借其高效率的运营获得了蓬勃发展，并且在 1903 年已经占据了超过一半的市场份额。在 20 世纪初，长途电话并不占有重要的地位，在 1900 年也仅占所有电话服务的 3%，因此很多公司并不提供长途电话服务。但是当长途电话服务随着贸易的发展日益显示其重要地位的时候，很多市话公司开始将相邻的城镇连接起来，通过扩大服务范围来提高盈利水平。由于贝尔公司先前凭借其专利保护优势已经建立起了庞大的长途电话网络，正是凭借对已有的系统结构属性网络资源的占有，贝尔公司获得了绝对的竞争优势。贝尔公司最初只允许其关联企业使用其长途电话网络，此后随着独立电话公司越来越多，贝尔开始向符合贝尔技术和操作标准且不与其直接竞争的非关联企业开放其长途电话网络，从而将独立电话公司完全排斥在外。贝尔公司正是凭借其巨大的网络资源占有优势，获得了与独立电话公司的竞争优势，由此迅速提高了其长途电话的通话量，并最终将与之竞争的公司挤出了长途电话市场。事实上，独立电话公司也曾试图建立一个全国性的电话网络，来取代贝尔公司的垄断地位，但最终还是失败了，而其失败的重要原因，就在于贝尔公司所构建的具有系统结构属性的网络已经控制了关键的城市。随着时间的推移，贝尔公司凭借着对网络资源的占有优势，逐渐成长为一个占统治地位的市话和长话公司，即 AT&T，一直保持着垄断地位直到 1984 年被美国政府强行拆分。

通过考察美国电信业自然垄断的历史，可以看出贝尔公司垄断地位的取得完全是由于其对具有系统结构属性的网络资源的先行占有，而此后其垄断地位的不断确立，则更是通过不断强化网络资源的所有权来实现的。这种对系统结构属性网络资源所有权的强化，一方面是通过不向与之竞争的独立电话公司开放网络，另一方面则是通过收购独立的市话竞争性公司。因此，贝尔公司在电信领域的自然垄断只是基于网络资源的系统结构属性，而不是什么规模经济、范围经济或网络外部经济等效率特性，相反，其运营效率还可能大大低于被其吞并的公司。

因此，自然垄断的真正成因，或者说自然垄断的“自然属性”完全是由于网络的系统结构属性所导致的。系统结构属性的网络资源具有稀缺性，而对这种稀缺性网络资源的占有，就构成了自然垄断的“全部”。因此，从某种程度上说，网络资源的排他性占有构成了行业的“天然”进入壁垒，从而使在位企业可以保持长期且稳定的垄断地位。

3.3 自然垄断行业的再界定

3.3.1 自然垄断行业边界的动态研究

当前有关自然垄断的界定问题，主要是基于静态和动态两种不同的研究视角展开的。自然垄断的静态理论认为，虽然就整体而言，诸如电信、电力、铁路、煤气和自来水供应等行业都属于自然垄断行业，但并不等于说这些行业的所有业务都具有自然垄断的属性。比如，对电力行业来说，输电和配电属于自然垄断性业务，但是电力设备制造、电力生产并不具有自然垄断属性，而是属于非自然垄断性业务。因此，不能将电力行业作为一个整体捆绑在一起，而应该根据不同的业务性质进行分割，将电力输送业务交由一家公共企业或受规制的私人企业独自承担，而在电力设备制造、电力生产领域则应实现多家企业的竞争性经营（Yarrow）。也有学者认为，其实配电业务是否属于自然垄断业务也是存在疑问的，虽然电力行业的产品不能储存，具有同时生产与消费的特点，并需要通过电力输送来实现，但并不能就此认为，配电业务就具有自然垄断属性（Evans）。因为，从美国的情况看，有许多个城市都是由各自独立拥有配电网络的两家电力公司竞争性地提供电力服务，而且也具有提高生产效率和分配效率的结果。

自然垄断的现代研究成果则是自然垄断边界界定的动态研究，即技术条件和市场需求的变化会从根本上改变行业的最优结构。大量的经验研究证明，技术进步不仅可能使原来的竞争性行业变为自然垄断行业，也可能使传统的自然垄断行业变为竞争性行业。事实上，不仅仅是技术进步在改变人们对于自然垄断的认识，市场需求的变化也在一定程度上促使自然垄断的合理性发生着改变。维斯库斯、弗农和哈林顿就特别指出，市场需求的变化对自然垄断的性质具有重要的作用。他们还由此提出了“永久自然垄断”和“暂时自然垄断”的概念。所谓永久自然垄断，就是不论市场需求有多大，生产的长期平均成本都随产量的增加持续下降，单个企业都能以最低的成本把产品生产出来。暂时自然垄断，则是指生产的长期平均成本下降至某一产量点后就会变为常数，因此，随着市场需求的增加，自然垄断就可以变成寡头垄断甚至是完全竞争。

由此可见，一个行业是否为自然垄断不是永远不变的，技术和需求是最基本的影响因素。通过动态研究自然垄断的边界问题，我们认为自然垄断行业的范围应该具有更大的可变性，因为技术进步会在很大程度上改变自然垄断行业的原有边界，比较典型的就是电信行业。随着光纤通信和移动通信传输技术的发展，基于传统有线网络的语音和影像数据传输服务受到了前所未有的挑战，尤其是移动通信技术的快速发展，已经从根本上改变了固定电话网络的自然垄断属性，使得在电信领域实现有效竞争变得更具经济合理性。新企业完全可以利用新技术，以更低的价格和更好的通信质量向消费者提供多种通信服务。这从根本上改变了传统一体化的电信网络服务模式，使电信的自然垄断属性发生了革命性的变化。除了技术上的进步之外，市场需求范围的扩大也在改变着自然垄断行业的边界。例如，在经济发展水平较低的地区，电力、铁路、天然气、自来水供应等行业都具有较为明显的地区垄断性，通常由一家企业垄断经营；但随着经济发展水平的提高，更大范围市场的形成将会改变这些行业的地区自然垄断性，从而形成寡头垄断的更具竞争性的市场结构。这也是同一行业在经济发达区域与经济不发达区域具有不同市场结构的原因。自然垄断界定的动态理论，也给我们提出了自然垄断行业的暂时性问题，并在一定程度上改变了人们对于自然垄断行业边界的传统认识。

本书认为，规模经济的分析框架限制了自然垄断的动态理论。因为按照规模经济的概念，我们事实上无法给出自然垄断行业边界的动态标准，从而使自然垄断行业的界定变得更为复杂。比如，由于无法得知市场规模扩大到什么程度才会改变这一行业的规模经济特征，因此，也就无法判断何时才是放松规制的最好时机。我们所面临的问题依然是规模经济概念所无法解决的问题，而这正是规模经济分析框架的局限性所在。

因此，从本质上看，基于规模经济的自然垄断的动态理论，并不能解决自然垄断行业的界定问题，而只是把这一问题模糊化了，从而使自然垄断变得更加难以捉摸。就自然垄断行业来说，与其说技术和需求的变化从根本上改变了行业的规模经济属性，还不如说是改变了资源的稀缺性特征。比如，移动通信技术改变了传统电话网络的稀缺性；新发电技术和新能源技术的研发，使电力需求不再完全依赖于稀缺的电网资源。只有站在动态研究的角度上，自然垄断的动态理论才更具有现实的指导意义。

3.3.2 基于网络的系统结构属性再界定自然垄断行业

对于自然垄断行业的界定而言，无论是静态理论还是动态理论，其基本的出发点都是使自然垄断行业的界定趋于严格化，以便为市场竞争留出更大的空间。因为与竞争性市场相比，垄断在生产效率和分配效率的劣势是非常明显的，缩小自然垄断行业的范围具有更大的经济合理性。有关自然垄断行业边界的争论，在电力、电信、天然气及自来水等领域都普遍存在。但是规模经济的分析框架虽然可以在一定程度上给出垄断形成的经济理由，但却无法充分揭示自然垄断与其他形式垄断的本质区别。由于规模经济概念本身所存在的缺陷，它并不能精确地给出自然垄断行业或业务环节界定的统一标准，因此往往导致在如何界定自然垄断方面产生不必要的争论，人们也就往往从不同的角度来审视自然垄断，从而无法达成有效的共识。

为了更好地研究规制理论并更有效地指导规制实践，我们必须针对当今自然垄断行业的主要特征，构建一个更为清晰明确的自然垄断行业的界定标准，从而将自然垄断与其他形式的垄断做出严格的区分，以避免由于一些不必要的争论所导致的规制政策在实践中的不协调。

通过研究分析当代自然垄断行业的网络化特征，很显然会看出，自然垄断的界定其实完全可以依据具有系统结构属性的网络本身。系统结构的网络不仅具有网络资源的稀缺性特征，而且由网络资产专用性所导致的高沉淀成本特征，使网络型行业具有了明显的自然垄断属性。

网络的系统结构属性作为网络型行业的第一要素，决定了企业需要通过传输网络为消费者提供服务，如供水管网、通信网络、电网等。从历史经验的角度考察，我们可以很容易认识到，建设系统结构的网络不仅需要占用大量的稀缺性资源，而且网络客户资源从某种程度上也具有明显的稀缺性特征。比如，在电信行业，由于在位企业在占有稀缺客户资源方面具有先发优势，所以新企业实际上就很难与原有企业进行争夺老客户的竞争，或者为了争夺有限的稀缺优质客户资源，往往需要付出比在位企业更为巨大的成本代价，从而使其失去了与原企业的竞争优势。

基于系统结构属性的网络来界定自然垄断行业的基本逻辑是：一方面，网络的系统结构属性决定了网络资源的稀缺性，而对于稀缺性网络资源的占有，其实就为该行业设置了“天然”的进入壁垒，从而导致了“自然”的垄断；另一方面，系统结构属性的网络资产的专用性也决定了网络资源的巨大沉淀成本特征，并由此导致了竞争的不可持续性，垄断也就成为一种必然的结果。正是基于上述两点认识，我们将具有系统结构属性的网络作为自然垄断行业或业务环节的界定标准。换句话说，只要是网络型行业或业务环节，也就具有了网络的系统结构属性，因此就应被视为自然垄断行业或自然垄断业务。基于此，本书认为电信网、输配电网、自来水管网等由系统结构属性的网络构成的行业或业务环节，就是典型的自然垄断行业或自然垄断的业务环节。需要强调的是，网络型行业的自然垄断属性，由于网络属性和技术的差异，往往会表现出不同强度的自然垄断性。我们以电力行业为例，对基于系统结构属性网络的自然垄断的界定给出具体的说明。通常人们认为电力行业作为公共事业，并且需要巨大的固定资产投资，具有非常明显的规模经济特征，而且电力资产的专用性特征也决定了成本的高沉淀性，所以电力行业往往被视为典型的自然垄断行业，所以长期以来，电力行业就一直处于垂直一体化的垄断经营状态，并在政府的严格规制之下。随着发电技术的进步以及新能源技术的开发和利用，发电领域的自然垄断属性已经越来越弱化，因此应该适应社会经济的发展和技术进步，在发电领域推进竞争化改革。传统自然垄断行业的自然垄断的性质也在发生着改变，传统自然垄断行业的自然垄断属性也更多地体现在网络资产的专用性和复杂的网络系统结构属性上。

众所周知，电力行业是由发电、输电、配电和供电组成的有机整体，各个市场之间存在着紧密的相互联系，但同时又具有明显不同的技术经济特征。发电市场由于发电技术的进步和新能源技术的广泛利用，已经具有了潜在的可竞争性，对于鲍莫尔等人所提出的可竞争市场理论已经具有了很大的适用性。多数学者提出在发电领域，政府只需对其实行严格的社会性规制，比如设置一定的环保要求，而无须进行更多的经济性规制。输配电以及供电市场则由于具有极强的网络系统结构属性，以及网络资产的专用性强、沉淀成本高的特征，因此，可以被归入自然垄断行业或业务环节，政府应对其实行严格的经济性规制。但是，也有观点认为，真正具有强自然垄断属性的只是输配电业务，供电市场其实也可以是完全竞争的市场，而本书认为，如果从网络的系统结构属性角度考量，供电领域应归属于自然垄断行业。

3.3.3 再界定自然垄断行业的意义

基于网络的系统结构属性对自然垄断做出的重新界定，决定了我们应该如何认识自然垄断行业这一基本性的问题，会直接关系到我们对自然垄断行业的政府规制必要性的认识。本书认为，对于具有自然垄断属性的行业或业务环节，政府应该加强价格和进入规制，既是为了防止垄断企业滥用市场权力损害消费者的利益，也是为了避免行业间的破坏性竞争，来降低社会资源的不必要浪费。在规制手段与方式上，在价格规制方面，应不断创新和改进，更多地采用激励性的价格规制手段以激励垄断企业运营效率的提高，使得企业长期成本得以不断下降，改善国民的消费福利水平；在非自然垄断行业或业务环节方面，则应采取适度的放松规制来实现市场的有效竞争，从而确保行业和企业效率的不断提高。另外，将具有系统结构属性的网络作为自然垄断行业的界定标准，还有以下几点重要意义。

第一，自然垄断行业在一定的时间段内应该会稳定地存在，时间周期或许会相当漫长。通过对自然垄断传统规模经济分析框架的探讨，自然垄断的静态理论或动态理论认为自然垄断的存在或许是暂时的，自然垄断的属性会随着技术的发展和市场需求结构的变化而弱化，最终形成竞争性的市场结构。但是基于网络的系统结构属性所构建的自然垄断的界定标准认为，由于系统结构属性的网络应该是长期而稳定存在的，由此被认定为自然垄断行业的自然垄断属性也应是长期且稳定存在的，网络的系统结构属性决定了自然垄断的非暂时性。因此，针对自然垄断行业的政府规制，放松或取消规制都是草率的态度，规制必然会在相当长的时间内存在。

第二，对自然垄断本质的认识，实质上是对稀缺性网络资源的占有，这会让我们充分意识到，自然垄断规制的本质实质上也就是对所有权的限制。如前文分析，系统结构属性的网络其实就是一种稀缺性的资源，而对这种稀缺性网络资源的占有就必然导致了自然垄断的产生，对网络资源的长期且稳定的垄断拥有会使垄断租金被网络的所有者独自占有，所以网络资源不同的所有权制度安排，垄断租金在不同群体之间的分配必然会受到影响。为了实现垄断租金的社会公平分配，国家对网络资源要么实行公共所有制或国有制，要么会对占有网络资源的私有制企业实施规制，从而对垄断租金的分配施加影响。目前，世界上不同的国家对网络资源实施了不同的所有权安排。在多数市场经济国家，稀缺性的网络资源是由私人企业所有的，但政府会对这些私人所有的企业实施价格或收益率规制，以确保高额的垄断租金不会被企业的私人所有者完全占有。而有些国家则将网络资源国有化，由政府代表全体国民行使对网络资源的所有权并占有垄断租金，从而可以确保稀缺性网络资源所产生的垄断租金为全体国民所享有，我国在改革开放之前就是这种典型。有些国家或地区则为了促进整体经济的发展，将网络资源公共化，实行完全开放的所有权，让所有人免费享用，比如我国已经出现的免费无线网络，人们可以免费上互联网，这样稀缺性网络资源的垄断租金也就不存在了，或者说被所有使用网络的人所分享了。对于这些不同的所有权安排，只有基于网络的系统结构化属性才能给出合理的解释。

第三，自然垄断行业的规制一方面要注重社会长期福利的公平公正，另一方面更要有利于整个行业长期经营效率的改善。缺乏效率的行业不可能拥有长期可持续发展的能力，促进效率提高的最有效方式则是竞争。而自然垄断行业往往不具有可竞争性，垄断的市场结构就会严重削弱企业提高效率的激励，进而使社会的长期福利受到损害。所以，自然垄断行业的规制机制在设计上必须要考虑到对企业的激励因素，只有给企业提供强有力的激励，才能使得垄断企业不断降低成本，提高生产效率，维护消费者利益，实现社会福利的公平。

第四，基于自然垄断行业本质的认识，我们就很容易理解规制对象和手段的问题。在多数市场经济国家，由于私人所有的企业掌握着网络资源，自然垄断行业的规制就主要表现为政府对私人企业的规制，而规制的手段就是限制企业垄断租金的获取份额，比如通过收益率规制，将垄断企业的租金收益限制在公正的范围内。在我国，由于正处于社会主义市场经济的初级阶段，网络资源大多由国家控制的国有企业所有。在政企合一的情况下，政府对网络型产业的直接经营，确保了垄断租金为国家所占有，实质上不存在政府对企业的规制问题。随着政企分开改革和市场化改革的持续推进，原来的国有企业已经实现了股权的多元化，并成为公众公司，大量的私人投资者也成为企业的股东，在这种情况下，政府与企业之间已经成为不同的利益主体，企业的目标是利润的最大化，因此会尽可能地凭借对网络资源的占有垄断获取租金。为了维护社会的公共利益，政府会通过一定手段限制企业所获得的垄断租金，这也就产生了政府规制的问题，而激励性规制是当前政府规制研究的主要内容。

3.4 垄断行业中激励性规制的研究框架

3.4.1 激励性规制的内涵及目的

激励性规制是自20世纪80年代以来，为了克服政府规制中的激励不相容和规制失败问题而提出来的。激励性规制于20世纪90年代开始逐步被人们所重视，乔斯科(Joskow)和施马伦西(Schmalensee)对这一术语做了比较详细的说明。他们认为，只要自然垄断企业的价格结构完全地或部分地与其报告的成本结构无关，那么以激励为基础的规制就可以包括任何形式的规制。经济学家们认为，为了更好地解决政府规制中的激励问题，规制研究的核心应该是最优规制机制的设计。一般来说，规制中的激励问题主要表现为两个方面：一个是对被规制企业的激励问题；另一个是对规制者的激励问题。在规制经济学的研究中，大部分的重要文献主要集中在如何解决被规制企业的激励问题。激励性规制理论运用了博弈论、信息经济学等前沿理论和分析方法，主要解决如何向以利润最大化为目标的企业提供适当的激励，从而促使它做出有利于提高社会福利的行为。激励性规制理论认为规制问题实质上是一个委托-代理问题，规制者与被规制企业之间存在着信息不对称，双方进行的是非对称信息博弈。解决问题的关键是设计出既能充分激励被规制企业，又能有效约束其利用特有的信息优势谋取不正当利益的激励规制合约或者机制。拉丰认为，规制分析的起点在于自然垄断，因为在完全信息的情况下，自然垄断行业的技术效率要求只能由一家企业供应整个市场的需求。因此，为了获得技术效率的好处，同时防止垄断企业的掠夺性行为，政府规制的介入是十分必要的。但是，与传统规制理论集中于特定规制机构的分析不同，新规制经济学沿袭了机制设计理论的传统，着重于研究实现社会福利最大化的最优规制机制的特征。在委托-代理理论的分析框架下，国家或规制机构是委托人，而被规制的企业则是代理人，代理人的信息优势和策略行为，决定了委托人必须通过对代理人的激励约束，才能实现社会福利的最大化。因此，在新规制经济学看来，规制的本质就是信息不对称条件下的控制问题。新规制经济学认为规制机制是规制经济学研究的核心和重点，这不仅超越了利益集团理论与公共利益理论的长期争论，而且为政府规制提供了实现公共利益目标的有效手段。激励性规制包括价格上限规制、利润共享机制、标尺竞争等模式，目前被多数国家的自然垄断规制所采用，这也是各国自然垄断行业规制改革的一个主要趋势。

20 世纪 80 年代以来，多数西方发达市场经济国家都在一定程度上对包括电信、电力、天然气、铁路和供水等网络型自然垄断行业进行了规制改革。很多欧洲国家都对原来的自然垄断行业实施了民营化改革，将国家所有制转化为私人投资者所有制，同时通过立法来确保政府对自然垄断行业的有效规制。自然垄断行业规制的主要目的在于：一是给予自然垄断行业的企业更有效的改善经营效率的激励，而产权一般被认为是最有效的激励手段；二是尽可能地缩小自然垄断的业务范围，从而在更大范围内促进有效竞争，因为竞争才是提高效率的最有效手段。如果能在所有业务领域都实现竞争，那么也就不会存在政府规制的问题，而只要构建一套有效的反垄断制度就可以了。但是竞争并不是处处有效的，当市场力量不足以约束企业垄断行为的时候，为了保证社会的公平，政府规制就是一种不得已的选择。如何解决政府规制下自然垄断行业的低效率问题，就成为世界各国对自然垄断行业实施规制所不得不面临的棘手问题。激励性规制安排无疑为这一棘手问题的解决提供了完整清晰的思路，从而也为我国的自然垄断行业规制实践指明了方向。

3.4.2 激励性规制的核心机制

20 世纪 80 年代以来，日渐成熟的激励性规制理论为世界各国的自然垄断行业规制改革提供了一个全新且清晰的思路。激励性规制理论不仅极大地丰富了规制经济学的分析框架，而且为公共利益目标的实现提供了更为现实的手段。激励性规制理论的核心是机制设计理论。传统的机制设计理论往往都假设，规制者与被规制者之间具有对称的信息，即在规制机制的设计中假设规制者不具有信息劣势。但是在现实的规制实践中，信息对称假设往往是不存在的，因为被规制的企业往往比规制者拥有更多有关成本和需求方面的信息。因此，基于对称信息假设的规制模型，在应用的过程中也就不可避免地会遇到激励不相容的问题。激励性规制理论与传统机制设计理论的主要区别就在于，其所构建的完全不同的假设系统。激励性规制理论的基本假设包含五个方面。

(1)信息结构。规制者与被规制者之间的信息不对称，会产生逆向选择和道德风险问题。

(2)约束条件。激励性规制模型通常包含两个约束条件，即激励相容约束和参与约束。激励相容约束是指企业做出的行为选择正是规制者所希望的，即合约的设计能够促使双方的目标趋于一致；参与约束则是指被规制的企业只有从规制合约中获得不小于其保留效用水平的期望效用，才会接受并执行合约，即合约的设计必须确保企业的参与。

(3)可操作的规制工具。可操作的规制工具是指规制双方用以签订合约的变量必须是双方都能观测到的，并且是可以由第三方验证的。激励性规制模型中最经常采用的工具是价格，也有些模型会将企业的成本数据包括在规制工具当中。此外，多数模型还会将转移支付纳入规制工具，即规制者可以向企业支付补贴，或者分享企业的利润或收入。

(4)规制者的目标函数。新规制经济学模型通常假设，规制者的目标函数是经过修正的社会福利函数。这一假设非常重要，它事实上承认了规制者的公共利益目标假设，否则激励性规制机制的设计就无从谈起。规制者的社会福利目标函数主要有两种形式：一是从社会分配的角度，将消费者剩余和生产者剩余分别赋予不同的权数，通常情况下，生产者剩余的权数要小于消费者剩余的权数，社会福利函数是二者的加权和；二是从公共资金影子成本的角度，分别赋予政府转移支付和社会成本不同的系数，以表明政府税收所带来的经济效率扭曲。

(5)企业行为。一般来说，模型都假设企业始终遵循效用最大化原则。但在具体的分析中，通常将企业行为分成两类：一是在不考虑道德风险的模型中，只是假设企业最大化其利润；而在同时考虑逆向选择和道德风险的模型中，则假设企业最大化其货币收益。因为在这类模型中，通常假设企业的努力会给自身带来负效用，因此企业会在努力和货币收益之间进行权衡，从而做出实现效用最大化的最优选择。

我们可以通过拉丰的扩展模型对激励性规制理论的核心思想进行简单的说明。该模型设定了一个从事多产品生产的自然垄断企业的成本函数

$$C = C(\beta, e, q_1, q_2, \cdots, q_n) + \tilde{\varepsilon}$$

式中，成本 C 是可观测的；q_k 表示产品 $k(k=1,2,\cdots,n)$ 的产量水平；β 表示企业的技术参数，该参数只有企业知道，即逆向选择参数；e 是不可观测的企业行为，即道

德风险变量，比如努力水平；$\tilde{\varepsilon}$ 是随机变量，用以表示成本冲击和规制者的观测误差。令 $\psi(e)$ 表示努力水平给企业带来的非货币衡量的负效用，负效用是努力水平的增函数，即 $\psi'(e)>0$，且速度递增，即 $\psi''(e)>0$。

同样的，消费者效用可以表示为 $S(\theta,s,q_1,q_2,\cdots,q_n)$。其中，$\theta$ 表示企业的类型参数，且是企业的私人信息；s 表示未确认的质量变量。$\psi(e,s)$ 表示企业的负效用。如果将规制者用于补偿企业成本的转移支付设为 $\hat{t}$，则企业的期望效用可以表示为

$$\mathrm{EU}=\hat{t}+R(q)-C(\beta,e,q)-\psi(e,s)=t-\psi(e,s)$$

式中，$R(q)$ 表示销售收入；t 为净转移支付。同样的，消费者效用可以表示为

$$S(\theta,s,q)-R(q)-(1+\lambda)\hat{t}$$

式中，λ 为公共资金的影子成本，即由于税收所造成的经济效率扭曲。由此，我们可以给出规制者的社会福利函数

$$W=S(\theta,s,q)-R(q)-(1+\lambda)\hat{t}+\mathrm{EU}$$

可见，社会福利函数就是生产者利润和消费者效用之和。在做出一系列假定之后，拉丰给出了该模型适用的几种情形：

(1)公共品的供给，如环境保护项目，假设公共品的效用为 S，设 $C=C(\beta,e)+\tilde{\varepsilon}$。

(2)简单的自然垄断，设 $C=C(\beta,e)q+\alpha+\tilde{\varepsilon}$；其中，$\alpha$ 是已知的固定成本，设消费者的净效用为 $S(q)-p(q)q$。

(3)Baron-Myerson 模型，设 $C=\beta q-e+\alpha$，$\psi(e)=e$，其中，C 是不可观测的。

(4)多产品的规制，设 $C=C(\beta,e,q_1,q_2,\cdots,q_n)+\tilde{\varepsilon}$，消费者效用为 $S(q)-R(q)$，其中，收入函数 $R(q)$ 包含了线性定价、两部制收费和非线性定价等。

(5)服务质量，设 $C=(\beta-e)q+\alpha+\tilde{\varepsilon}$，消费者效用为 $S(\theta,s,q)$，企业努力水平的负效用为 $\psi=\psi(e+s)$，企业通过努力 s 可以为消费者提高服务质量，而降低成本的努力与提高质量的努力是相互替代的。

(6)存在负外部性(污染)的自然垄断，设 $C=C(\beta,e,q_1,q_2)+\tilde{\varepsilon}$，消费者效用为 $S(q_1)-p(q_1)q_1-V(q_2)$，其中 q_2 表示污染水平。

我们以公共品的激励性规制为例，来说明激励理论的分析逻辑。假设公共品的消费者效用为 s，成本函数为 $C=\beta-e+\tilde{\varepsilon}$。假设不存在随机变量 $\tilde{\varepsilon}$ 的短期冲击。签订合约时规制双方拥有关于 β 分布的共同知识，即 β 在 $[\underline{\beta},\bar{\beta}]$ 上的分布函数 $F(\beta)$ 满足对数凹性，并且 β 的分布密度函数 $f(\beta)$ 严格不等于零。

假设成本完全由规制者直接支付，则企业的效用水平为 $U=t-\psi(e)$ 或者 $U=t-\psi(\beta-C)$。由此，我们可以对完全信息和不完全信息情况下的最优规制进行比较分析。在完全信息条件下，规制者在企业参与约束($U\geqslant 0$)的条件下，根据

企业技术效率 β 和努力程度 e 来实现社会福利的最优化，即 $\psi'(e)=1$ 或者 $e=e^*$，$t=\psi(e^*)$，或者对于任何 β 来说，$U(\beta)=0$，即企业没有得到任何租金。也就是说，完全信息条件下最优规制结果是，企业的努力水平是最优的，而且对于任何 β 值都满足企业的参与约束。

但在不完全信息的条件下，由于 β 是企业的私人信息，C 是企业的行动变量，t 是补偿支付，我们则要面临逆向选择问题。根据显示原理，对企业的任何规制方法都等价于 $\{t(\tilde{\beta}),C(\tilde{\beta})\}_{\tilde{\beta}\in[\underline{\beta},\bar{\beta}]}$ 机制，如果 $\beta\in \underset{\beta}{\arg\max}\{t(\tilde{\beta})-\psi(\beta-C(\tilde{\beta}))\}$，则可以诱使企业揭示其私人信息参数的真实行为。令 $U(\beta)=t(\beta)-\psi(\beta-C(\beta))$ 为真实情况下的企业效用水平，该效用水平满足参与约束条件，即 $U(\beta)\geqslant 0,\forall\beta$。其中，0 代表企业的规范保留效用。

由此可得，规制者的社会福利函数为

$$S-(1+\lambda)(t+C)+U=S-(1+\lambda)[\beta-e+\psi(e)]-\lambda U$$

由此可以得出最优的规制结果：在激励相容与参与约束条件下，实现社会期望福利的最大化，即

$$\max\int_{\underline{\beta}}^{\bar{\beta}}\{S-(1+\lambda)[\beta-e+\psi(e)]-\lambda U(\beta)\}\mathrm{d}F(\beta)$$

其中，社会期望福利最大化的约束条件为

$$\text{s.t.}\begin{cases}U'(\beta)=-\psi'(e(\beta)),\forall\beta\\ U(\beta)\geqslant 0,\forall\beta\end{cases}$$

激励相容约束条件表明，如果 $e(\beta)$ 是规制者所期望实现的努力水平，那么企业讲真话的条件是其必须获得一定的租金，而租金的大小由 β 决定并以 $\psi'(e(\beta))$ 的速率下降。由此，最优规制可以由下面的公式给出：

$$\psi'(e^*(\beta))=1-\frac{\lambda}{1+\lambda}\frac{F(\beta)}{f(\beta)}\psi''(e^*(\beta))$$

$$U^*(\beta)=\int_{\underline{\beta}}^{\bar{\beta}}\psi'(e^*(\tilde{\beta}))\mathrm{d}\tilde{\beta}$$

也就是说，在不完全信息条件下，高效率企业 $(\underline{\beta})$ 的努力水平与完全信息条件的最优水平相同，企业获得租金 $U(\underline{\beta})$；低效率企业 $(\bar{\beta})$ 则没有获得租金，而且企业的努力水平被向下扭曲了。

由此可知，努力的水平越高，不完全信息所产生的租金就越多。由于公共资金会产生社会成本，所以租金对于规制者来说是有成本的，但是减少租金的代价是努力水平的降低，因此，努力水平的低效率能够使规制者减少一些由不完全信息租金所导致的损失。拉丰认为，规制经济学的基本视角，就是配置低效率与租金获取之间的权衡问题，即当委托人不能实现社会期望福利最大化时，另一个衡量标准是在

代理人获取的租金和委托人分配偏好所导致的扭曲之间进行权衡。这一观点是通过显示机制获得的，但更可靠的实施则需要通过非线性合约。

由于 $e^*(\beta)$ 是递减的，所以 $C^*(\beta)=\beta-e^*(\beta)$，该函数是严格递增的且是可逆的，令 $\beta(C)$ 是它的逆函数，则可以给出如下定义：

$$t(\beta)=U^*(\beta)+\psi(e^*(\beta))=t(\beta(C))=T(C)$$

因此，通过提供转移支付函数 $T(C)$ 和允许企业自己选择成本水平，可以获得最优的规制结果（不同 β 值的企业会选择不同的支付合约）。由于 $T(C)$ 是凸函数，因此可以由不影响代理人选择的一组切线代替，切线的斜率可以用以下公式表示：

$$t(C,C^a)=a(C^a)-b(C^a)(C-C^a)$$

式中，t 表示净转移支付；a 表示政府的一次性转移支付。该公式的含义是，企业在选择一个合约之后，即意味着“宣布”了它的技术参数 β 及其成本 $C^a=C^*(\beta)$（表示最优努力水平下的成本），企业由此获得的总额转移支付为 $a(C^a)$。如果真实的成本 C 偏离了所“宣布的”成本 C^a，则企业和规制者将分担超出部分的 b 和 $(1-b)$。事实上，当 $b=0$ 时就是成本加成合约，它虽然不能激励企业提高努力水平，但可以完全避免企业获取租金；而当 $b=1$ 时，则是固定价格合约，它能对企业的努力水平提供完全的激励，但也导致企业获得高额的租金。

由于规制者与被规制的企业之间存在着信息不对称，因此，效率的提高往往要以导致社会成本增加的信息租金的付出为代价；而规制虽然可以避免企业获得垄断租金，但是效率上的损失有时却很难避免。因此，政府规制其实是经济效率与信息租金之间的一种权衡。而为了获得最优的规制结果，政府必须尽可能地利用企业的私人信息，以降低规制双方信息不对称的程度。可见，激励性规制的核心问题就是通过规制机制的设计，来更大程度地揭示企业的私人信息，从而实现经济效率与信息租金之间的平衡。

3.4.3 激励性规制研究的逻辑思路

自然垄断行业的激励性规制机制所要解决的根本问题，就是如何运用特定的规制工具，实现具有不同激励强度的成本补偿机制。实际上，当前几乎所有的规制改革热点，都会涉及规制经济学中的两个最本质的问题：一是为什么需要提供不同激励强度的规制机制；二是定价到底应该遵循什么样的经济学原理。简单地说，激励性规制改革主要包括两方面的内容：一是通过改革使原有的企业承担更高比例的成本，以提高企业的运营效率，即构建基于绩效的激励性规制；二是通过改革赋予企业的定价行为更多的自由度，以促使企业按照商业原则经营。企业定价行为自由度的提高，实际上使服务的相对价格更加接近拉姆齐价格结构，激励性规制的目的就是试图解决垄断企业的低效率问题。所谓的低效率主要表现在企业缺乏内部控制、雇用过多的劳动力、管理效率低、缺少创新、投资不谨慎、员工薪酬失控等。

一般认为，造成企业低效率的最主要原因就在于缺少激励，而这正是传统规制手段所不能解决的。因为传统的规制手段没有考虑到信息不对称问题，从而把激励因素排除在了规制机制设计之外，这也是传统规制机制设计理论中的最大不足之处。

信息不对称是现实经济中普遍存在的问题。自20世纪70年代开始，阿克洛夫、斯彭斯、罗斯柴尔德以及斯蒂格利茨等经济学家对现实经济中普遍存在的信息不对称问题，进行了全面而深刻的研究，从而使人们对于传统规制理论的信息对称假设的缺陷有了更为清晰的认识。激励性规制理论正是在新的信息经济学的基础上发展起来的，深入研究了信息不对称条件下的规制者与被规制者之间的对策性互动。激励性规制理论指出，规制机构与被规制的企业之间主要存在两类信息不对称：一类是规制机制中的外生信息不对称，即相对于规制机构而言，企业对产业环境具有更多的私人信息，如技术状况、成本信息、需求信息。这一类信息不对称问题一般被称为逆向选择或隐藏信息。另一类是规制机制中的内生信息不对称，即在规制合约确定之后，企业的努力程度、经营行为并不完全为规制机构所知，因而会产生道德风险或称为隐藏行为。

一般来说，在存在道德风险的条件下，规制合约所要研究的关键问题是不确定性，即当被规制者是风险中性时，被规制者的努力水平不会破坏规制的有效性，道德风险不会产生任何交易成本，规制者可以实现它所期望的效用水平。最优规制结果可以通过一个与产量相关联的规制合约得到实现。而当被规制者是风险厌恶型时，其提高效率的努力将要承担一定的风险，而为了让被规制者接受一个风险规制合约，就必须给予其一定的风险回报。因此，被规制者的激励约束和参与约束其实是一对矛盾，它会导致效率激励与租金提取之间的权衡，而这正是自然垄断行业激励性规制改革的基本问题。也就是说，效率激励要求高效能的激励方案，而提取租金则要求低效能的激励方案。为了解决这一矛盾，规制者必须通过扭曲与被规制者之间的风险分担协议，来为企业的努力水平提供激励。因此，自然垄断行业的激励性规制改革，往往就直接表现为设计出一系列不同分配方案的规制合约清单，让被规制的企业自己去选择：当被规制企业的效率较高时，它可以选择价格上限一类的高激励效能规制合约；当被规制企业的效率较低时，它选择继续适用基于服务成本的低激励效能规制合约。由此，规制既可以让效率低的企业满足参与约束，又可以制止效率高的企业获得过多的租金。

事实上，自然垄断行业的激励性规制改革，或者是有效竞争的适当引入，其目的实质上都是希望通过提供有效的激励，诱导出自然垄断企业的私人信息，以降低企业的信息租金。因为，从本质上说，规制者与被规制的企业之间其实是一种委托-代理关系，国家或规制机构是委托人，而被规制的企业则是代理人，代理人的信息优势和策略行为决定了委托人必须解决代理人的激励问题，才能实现社会福利的最大化。激励性规制理论为规制改革以及公共利益目标的实现，提供了更具实践意义的理论框架，对我国日渐深入的自然垄断行业规制实践，发挥着越来越重要的理论指导性作用。

通过对自然垄断行业的再界定以及对激励性规制理论的研究，可以确立我国自然垄断行业激励性规制研究的逻辑框架。自然垄断行业的规制包括价格规制和进入规制两方面内容，价格规制是核心内容，而进入规制则是重要内容。价格规制包括激励性价格规制模式和弱激励性价格规制模式。进入规制当前主要研究非对称进入规制和激励性进入规制，激励性进入规制侧重研究如何能对规制者提供较强的激励以获取规制者的进入容纳许可以及规制下实现适度竞争的条件。

3.5 小结

本章以动态研究为视角，对自然垄断行业的边界标准进行了探讨，是进行后续研究的基础。本章先是针对网络经济的规模经济分析框架进行了剖析，接着以网络资源的系统性和结构性这一“自然”属性为切入点，对网络资源的稀缺性及网络资产的高沉淀性成本特性进行分析，在此基础上对自然垄断给予了重新界定，提出了应回归网络的系统结构这一自然属性作为自然垄断行业的界定标准，然后对自然垄断行业的激励性规制机制和目的进行了阐述，从而确立了本书研究我国自然垄断行业的激励性规制的研究方向，即从价格规制和进入规制问题两方面展开研究。

第 4 章　垄断行业中利益主体之间的博弈模式研究

根据现阶段我国行政垄断的特征和规制机构功能的双重性表现，将垄断产业规制改革过程的行为主体划分为国家、规制机构、垄断企业以及消费者。它们之间的层级结构如图 4－1 所示。

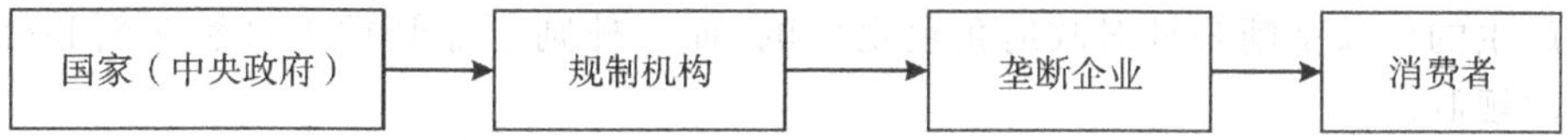

图 4－1　垄断行业四个利益主体的层级结构

四个利益主体的博弈关系如图 4－2 所示。

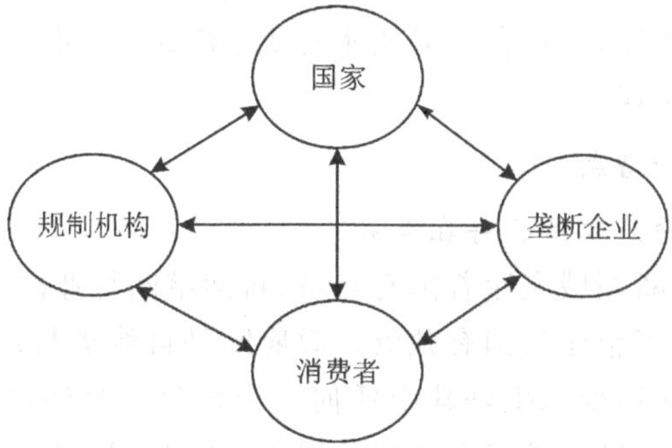

图 4－2　四个利益主体在规制改革中的博弈关系图

4.1　我国垄断行业中利益主体的特点

1. 规制机构的特点

1）规制主体复杂性

一国通过控制经济命脉来巩固自己的政治、经济地位，则政府需要控制关系到国计民生的企业，这种控制体现在规制的层面上，既有经济规制又有社会规制，而经济规制更多体现在维护、保护企业在市场上的经济地位，社会规制则体现在这些企业造成的外部效应而给社会带来的影响，也就是说在经济规制和社会规制之间要维持一个帕累托最优。在不减少社会利益的前提下，要增加企业的经济利益，而政府在双方利益博弈的基础上要不断地调整政府的规制主体所扮演的角色，政府既是社会的管理者，又是企业的所有者；政府既是政策的制定者，又是具体业务的经营者。在这种情况下，政府很难做出公平公正的决策。加之，社会力量的监督机制薄弱，造成市场信息不对称，非完全竞争的市场格局在不断地侵蚀着消费者及中小企业的利益，严重地阻碍了我国市场经济健康有序的发展。

2)规制对象具有历史性

异于国外的政府规制，中国政府关注的是部门利益，而国外政府更加关注纳税主体的利益，这与中国长期实行计划经济体制有着十分密切的关系。正如胡鞍钢认为，中国的行政性垄断，已发展成为一个庞大的既得利益集团，成为中国经济长期持续高速增长的最大的制度性瓶颈。因此，中国在高度集中的计划经济体制中所产生的行政垄断是针对政府角色定位的，而国外则更加侧重于自然垄断和外部性的规制。

3)规制环境基础差

我国的市场经济基础相对薄弱，市场主体多元化不足、市场体系不完善、经济成碎片化发展，地域间、城乡间发展不平衡，规制市场的法律体制不健全，这些缺陷最终导致中小企业发展难、社会交易成本加大、市场机制难以充分发挥作用、资源配置低效等问题的出现。

2. 被规制机构的特点

1)被规制企业的产权结构存在差异

在我国，自然垄断领域充斥着国有经济，自然垄断行业的企业绝大多数都是国有产权，甚至仍有很多企业是国有独资。政府既是自然垄断企业的规制者，又是管理者，角色冲突，反而很难承担好其中任何一个角色。此外，虽然我国在自然垄断行业规制改革过程中，进行了建立现代公司制度的尝试，但是并未成功地建立起规范的法人治理结构，自然垄断企业的产权结构并未发生根本性改变，依然处于权责不明的状态。

2)多种垄断相互交织

我国自然垄断行业是在政府主导型的经济体制下形成的，对自然垄断行业的规制也是在市场经济体制尚不完善的背景下实行的，因而在国有经济框架下多种垄断相互交织。政府同时拥有对自然垄断企业的管理权、政策的制定权和规制的执行权，将垄断利益和行政权力合为一体。而自然垄断与行政垄断的交织则产生了行业垄断。

4.2 激励性规制改革对规制机构、行业主管部门与垄断厂商之间相互影响的博弈关系分析

在规制机构与被规制企业的动态博弈中，此时，自然垄断企业可能实力强大，假设概率为 P，也可能实力较弱，设概率为 $1-P$，满足 $0<P<1$。自然垄断企业知道自己的类型（是否强大），但是规制机构不知道。自然垄断企业可以选择配合接受规制，也可以选择不配合。而规制机构能够观察到自然垄断企业是否配合（但是不能观察到自然垄断企业的真实情况），并决定是否检查和不检查。如果自然垄断企业配合接受规制，那比不配合需要花费更多的成本；如果自然垄断企业不接受规制，那么规制机构选择检查将会损失惨重；如果自然垄断企业配合接受检查，那么规制机构选择检查将能够得到较大收益。所以当自然垄断企业强大时，规制机构会主动避免冲突，而自然垄断企业也有动机向规制机构传递自己强大的信息，但规制机构并不会轻易相信。为了分析方便，不妨设自然垄断企业为参加者 1，规制机构为参加者 2；自然垄断企业为强或弱，分别用 S 和 W 表示；自然垄断企业的行动为“配合”和“不配合”，分别用 R 和 U 表示；规制机构的行动为“检查”和“不检查”，分别用 F 和 A 表示。双方具体的收益细节如图 4-3 所示。

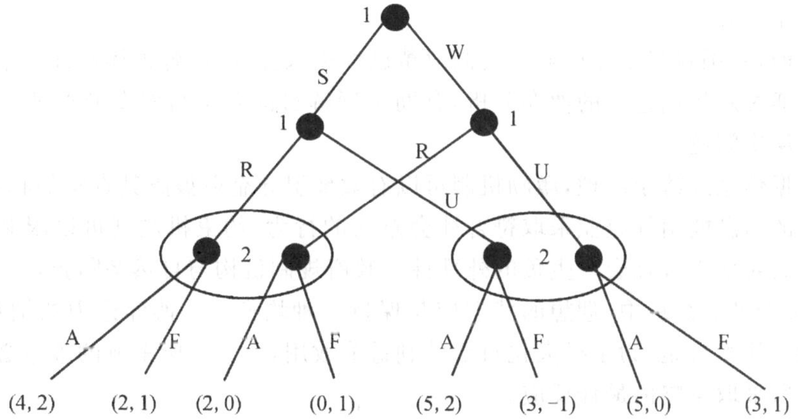

图 4-3　信息不对称情况下规制博弈

我们知道，自然垄断企业有两个信息集{S}和{W}，因而存在 4 个纯策略，规制机构也有 2 个信息集{SR，WR}和{SU，WU}，因而也存在 4 个纯策略。自然垄断产业为强的情况下，强自然垄断企业可采取行动的选择如下：

（1）强自然垄断企业选择“不配合”。这时，不妨假设规制机构的策略为：如果观察到不配合，那么选择 A；如果观察到配合，那么选择 F。相一致的信念为：如果观察到不配合，那么认为自然垄断企业实力强大；如果观察到配合，那么认为自然

垄断企业实力弱小。如果信息集{SR,WR}发生,那么规制机构一定会认为发生的是 SR,而不是 WR(因为弱自然垄断企业选择配合是严格优策略),因此其最优策略只能是 A。如果信息集{SU,WU}发生,那么规制机构一定会认为发生的是 WU,而不是 SU,因此其最优的策略只能是 F。给定规制机构的审时度势,如果强自然垄断企业选择配合,那么它的收益将从 4 变为 3,所以强自然垄断企业不会偏离不配合的选择。

(2)强自然垄断企业选择"配合"。这时情况比较复杂,由于自然垄断企业无论强弱都将选择配合,因而信息集{SR,WR}实际上不可能找到。

对于规制机构而言,其认为 SU 发生的概率为 P,则 WU 发生的概率为 $1-P$,如果选择检查,那么预期收益为 $2P$,如果选择不检查,那么预期收益为 $1-2P$。因此,当 $P\geqslant 0.25$ 时,最优策略为不检查;当 $P\leqslant 0.25$ 时,最优策略为检查。

综上所述,动态博弈存在两类序列均衡:第一类,垄断企业的策略为如果强,选择不配合,如果弱,选择配合;而规制机构相信选择不配合的自然垄断企业实力强大,选择配合的自然垄断企业势力弱小,相应的策略是如果对手不配合,那么选择不检查,如果对手配合,那么选择检查。第二类,不论自然垄断企业的类型是什么,自然垄断企业都选择配合,而规制机构相信自然垄断企业实力强大的概率为 P。如果 $P\geqslant 0.25$,那么规制机构的策略就是不检查;如果 $P\leqslant 0.25$,那么规制机构的策略就是检查。

目前,我国自然垄断产业的规制改革已经进入深水区,各种体制性约束越来越突出。通过对规制过程的博弈分析,有助于理解目前我国自然垄断产业改革所面临的深层次问题。

根据信息经济学原理,激励机制可以有效地引导企业披露其真实的私有信息,使交流的信息能引导企业采取符合社会意向的行为;约束机制则可以限制企业的利己行为对他人或社会产生负的外部性。政府规制机构与自然垄断企业之间的关系,在社会经济系统中,理想的状态应是保持一种均衡——博弈论中的纳什均衡,二者的最佳组合是:为了极大化自己的利益或效用,每一方所采取的策略必须是另外一方所采取策略的最佳反应。

4.3 政府与国有垄断企业的委托-代理关系

4.3.1 委托-代理关系现状

在公有制下,国有垄断企业的资产归全体人民所有。全体人民是委托人,无法直接实现其权利,只能由代理人来代理运营。在企业经理和全体人民之间,存在着多层次的委托-代理关系:全体人民作为政府的委托人,政府作为国有垄断企业的委托人，国有垄断企业作为公司董事会的委托人，董事会作为经理人的委托人。

这种逐级委托-代理关系具有以下特点。

1. 政治干涉严重

企业对政策形成的依赖，造成了企业的效率低下，浪费严重。委托人在选择代理人时，不是单纯地按照市场化原则依靠优胜劣汰的市场竞争方法来实现，而是按照行政方法。对于获得企业实际控制权的经营者而言，不参与代理人市场的竞争。经营者的任免权实际上是一种行政权。

2. 委托-代理双方的地位不明确

在规范的委托-代理关系中，委托人是资产的最终所有者，承担着资产所有者的风险，并且能够充分行使委托人权利，追求利益的最大化。在我国的垄断企业中，生产资料所有者是全体人民，资产所有者委托人并不是资产的直接所有者，政府只是代表人民行使权利。代理人的收入水平并不完全与企业的效益挂钩，代理人的代理行为是一种行政意义上的代理。这样就造成了没有明确的主体来行使委托人权利，没有人承担风险，造成了代理人占用委托人的权利。

3. 内部人控制现象

这种现象是指企业的控制权和剩余所有权被企业内部人控制，这些内部人通常是企业经理等高层管理人员。这种现象的产生，主要有以下几点原因：①政府放松干涉，留给企业部分自主权利利润空间。政企分开进一步加强，行政成本降低，经营活动的效率提高。②没有通过法律使实际控制权合法化，但是利用承包等理由实现资产私有化，侵蚀实际控制权。③企业建立股份制公司或建立合资关系。

在内部控制人现象中，体现了代理成本的影响。监督成本、担保成本、剩余损失的成本造成了内部人控制现象。内部人控制主要表现在：①企业经营信息不透明，选择性公开企业信息，对企业的重大事件不公开。②追求职工的高福利，侵占了利润存留。③企业的招待费用过高，在职高消费严重。④没有从企业长远利益出发，短期行为严重，造成企业利益损失。

4.3.2　委托-代理理论下的激励模型

在委托-代理关系下，委托人和代理人信息不对称，国有垄断企业的委托人只能观测到有限的信息，无法确切地知道代理人的真实能力和经营情况，由于技术的限制不能完全监督代理人的行为。代理人承担企业的日常运营，却对国有垄断企业的盈亏不承担直接的责任。由于委托人和代理人的目标不一致，造成了诸多监督困难问题，需要通过激励机制来加以防范。

1. 可监督条件下的委托-代理模型

在无不确定性可监督的简单委托-代理模型中，代理人的产出函数是确定的，随着努力程度的变化而变化。在这样的模型中委托人可以完全监督代理人的经营情况,没有监督困难的问题。用 E 表示代理人不偷懒时的努力程度,$w(E)$表示代理人得到的报酬是努力程度的函数,$R(E)$表示产出是努力程度 E 的函数,用 E 代表代理人负效用的大小,则委托人的得益是 $R(E)-w(E)$,代理人的得益是 $w(E)-E$。若代理人偷懒,则用 S 表示其努力程度,委托人和代理人的得益分别为 $R(S)-w(S)$和 $w(S)-S$。因为委托人能够观察到代理人的工作成果,而工作成果和努力程度之间是确定的关系,委托人可以完全知道代理人是偷懒还是努力。所以如果 $w(E)-E>w(S)-S$,代理人会选择努力工作,这个不等式称为代理人努力的"激励相容约束"。反之,$w(E)-E<w(S)-S$,则称为代理人偷懒的"激励相容约束"。在努力和偷懒两种情况下,$w(E)-E>u$ 和 $w(S)-S>u$ 分别称为两种情况下的"参与约束"。其中 u 表示机会成本。回到委托人的选择,在努力和偷懒两种情况下,当 $R(E)-w(E)>R(0)$ 和 $R(S)-w(S)>R(0)$时,委托人选择委托;反之选择不委托。

若有不确定性,则模型演变为有不确定性但可监督的委托-代理模型。代理人的努力程度和努力成果不是确定的,委托人通过观察代理人努力程度来支付报酬,而不是通过观察努力成果来支付。这就意味着产出的不确定性风险完全由委托人承担,与代理人的行为无关。代理人的工作成果的风险只影响委托人的选择,不会影响代理人的选择。我们引进一个均值为 0、方差为 σ^2 的正态分布随机变量 θ,作为自然条件对经营成果的风险度量。则委托人的收益可表示为 $R(E)-w(E)+\theta$ 和 $R(S)-w(S)+\theta$,代理人的收益可以表示为 $w(E)-E$ 和 $w(S)-S$。对于代理人来说,这个模型与没有不确定性的情况没有差别,模型中的激励相容约束和参与约束与前一个模型相同。不同之处在于,委托人如果选择委托的期望得益大于不委托的得益:

$R(E)-w(E)+\theta>0$　$R(S)-w(S)+\theta>0$(对应努力和不努力两种情况)

在此情况下委托人会选择委托,反之委托人选择不委托。在模型中,只要知道了 E、S 的值,以及风险函数 θ 的分布,就可以分析委托人和代理人的最优决策。

通过上述模型分析,可知当委托人可以观察到代理人的努力水平时,风险和激励问题可以解决。在信息对称时,可设计最优激励机制,达到最优风险分担。但在现实生活中,这种完美情况很难实现。

2. 不可监督条件下的委托-代理模型

在实际情况中,委托人是无法实现完全监督的,且代理人的工作成果有不确定性。代理人的报酬不能够根据工作是否努力来设计,只能根据代理人的工作成果支付报酬。模型与可监督模型的差异主要表现在:①委托人无法通过观察代理人的工作成果来判断代理人是否努力工作,只能观察到工作成果。②双方得益函数中的报酬项现在是工作成果的函数,不是努力成果的函数。即代理人得益为

$w(R,\theta)-E$ 和 $w(R,\theta)-S$，委托人得益为 $R(E)-w(R,\theta)+\theta$ 和 $R(S)-w(R,\theta)+\theta$。

在假设代理人是风险中性的情况下，只要他选择努力的期望得益大于选择偷懒的期望得益，即 $w(R,\theta)-E>w(R,\theta)-S$，那么他就会选择努力工作。上述不等式就是激励相容约束。回到代理人是否接受委托人合同的情况，只要接受的得益大于不接受的得益，即

$$w(R,\theta)-E>u$$

该不等式就是目前模型的参与约束。假设代理人选择努力工作，则委托人的得益为 $R(E)-w(R,\theta)+\theta$，对风险中性的委托人来说，只要当 $R(E)-w(R,\theta)+\theta>0$，委托人选择把实际经营权下放给经营者。

一般情况下，委托人很难观察到代理人的实际工作情况，这时必须使经营者分享企业的利润，从而激励经营者努力工作，使得委托人的最大利益得以实现。

3. 选择报酬和连续努力水平的委托-代理模型

实际情况中，薪酬制度是可以选择的，也就是模型中的报酬函数可以选择。同时，代理人的努力成果不确定且不可监督。代理人的连续努力水平用 e 表示，用 u 表示代理人的机会成本。假设努力的负效用是努力水平的单调递增凸函数 $C=C(e)$，产出 R 是 e 的函数，即 $R=R(e)$，报酬水平只能根据 R 来定，即 $w=w(R)$，则委托人的得益函数为

$$R-w=R(e)-w(R(e))$$

代理人的得益函数为

$$w-C=w(R(e))-C(e)$$

当代理人的得益不小于机会成本 u 时，$w(R(e))-C(e)\geqslant u$，愿意接受委托。这就是本模型的参与约束。实际情况中，委托人会尽可能减少薪酬支出，也就是使

$$w(R(e))-C(e)=u$$

此时支付的薪酬为

$$w(R(e))=C(e)+u$$

委托人的得益函数则变为

$$R(e)-w(R(e))=R(e)-C(e)-u$$

根据委托人的得益函数，委托人首先求出符合自身利益的代理人努力水平 e_1，但代理人在满足参与约束的条件下不一定达到这一特定努力水平 e_1，而是根据自己利益最大化行动。如果需委托人希望代理人自觉达到 e_1 的努力水平，则必须符合代理人的自身利益，即对任何努力水平 e，都有

$$w(R(e_1))-C(e_1)\geqslant w(R(e))-C(e)$$

这就是激励相容约束。在此约束下，代理人和委托人的利益完全一致，代理人的利益最大化也使得委托人达到最大利益。

我们假设 $R(e)$ 为线性函数：

$$R(e)=a\times e+\theta$$

式中，a 为努力报酬系数；θ 为风险扰动项，均值为 0。假设代理人的负效用函数为

$$C=b\times e^2+c$$

式中，b 为努力负效用系数，c 为固定负效用系数。由于委托人无法掌握代理人的实际努力付出情况，只能根据利润水平来支付报酬。假设报酬计算公式为

$$w=d+f\times R(e)=d+f\times(a\times e+\theta)$$

式中，d、f 都是参数。d 代表着报酬中的固定工资部分，不随着公司效益或代理人的努力情况改变而改变。$f\times(a\times e+\theta)$ 作为报酬中的另外一部分，表示薪酬中的提成部分。这一部分使得代理人的利益和委托人的利益联系到一起，解决了目标不一致的问题。这样委托人的得益为

$$R(e)-w(R(e))=a\times e+\theta-d-f\times(a\times e+\theta)$$

代理人的得益为

$$d+f\times(a\times e+\theta)-b\times e^2-c$$

现在委托人可以调整报酬函数中的系数项，从而设计一个最优的有效的薪酬机制，实现委托人的最大利益。考虑参与约束条件

$$d+f\times(a\times e+\theta)-b\times e^2-c\geqslant u$$

又因为风险扰动函数 θ 的期望值为 0，只要代理人的期望得益不小于 u，即

$$d+f\times a\times e-b\times e^2-c\geqslant u$$

代理人选择接受该工作。代理人的得益函数是一个二次函数，在 $\frac{fa}{2b}$ 处取得最大值。则代理人选择的努力程度 e_1 为 $\frac{fa}{2b}$ 时，能够得到最大收益。e_1 的大小由 f、a、b 决定，即由提成系数、努力报酬系数、努力负效用系数决定。提成系数越大，表明代理人得到的绩效工资越高，其努力程度越大。当 f 为 0 时，代理人失去了努力的动机，使得努力程度 e_1 为 0。

再考虑委托人的选择问题，也就是委托人对薪酬机制的选择问题。首先在最低工资支出的情况下，必须保证代理人的参与约束条件下限：

$$d+f\times(a\times e+\theta)-b\times e^2-c=u$$

再代入委托人的得益公式中得到得益为

$$a\times e+\theta-d-f\times(a\times e+\theta)=a\times e+\theta-b\times e^2-c-u$$

期望得益为 $a\times e-b\times e^2-c-u$。在这个二次函数中，容易求得当 $e_2=\frac{a}{2b}$ 时，委托人得到最大利益，即 $\frac{a}{2b}$ 是委托人希望的代理人努力程度。如果使得 $e_1=e_2$，则 $f=1$，提成系数为 1，代理人的提成比例达到了 100%。

在实际情况中，a 和 b 由不同行业情况代入不同的值。根据模型中的参数，委

托人可设计适合的 f 和 d 值，最大化自身利益。把 $e_1=e_2=\frac{a}{2b}$ 代入参与约束条件得：$d=u+c-\frac{a^2}{4b}$，工资中的固定工资部分可由此公式确定。d 可以为正值或负值，通常情况下 d 为负值，表示委托人不但没有发固定工资，还向代理人收取一定的租赁费用。这其实是一种承包租赁制。对于能力较强的经营者，其努力倾向较大，其努力的负效用系数 b 较小，努力的成本小，产出大。在这种情况下要让经营者分得较多的提成，即 f 较大，承担较多的风险，制定较高的目标；对于能力较低的经营者，要减少提成，制定较低的目标。对于不同的行业情况，要制定不同的薪酬激励机制，从而实现国有资产的利用最大化。建立现代企业薪酬激励制度，必须建立适合的激励机制。

4.3.3 优化激励机制的探讨

我国的国有垄断企业掌握着经济命脉，但存在缺乏积极性和动力的问题。所有权和经营权的分离，带来了委托-代理问题。现代激励理论认为薪酬激励是最直接、最有效的激励方式。对经营者的薪酬机制设计，实现有效激励，是解决委托-代理关系中问题的有效方法。基于以上模型的分析，制定薪酬激励机制，对我国国有垄断企业管理者的薪酬机制优化提出建议，从而提高企业的经营效率。

1. 激励机制的探讨

(1)工作设计激励法：努力为企业的经营者提供一个有意义、有价值的工作体系，注重工作过程对经营者的激励作用。在工作中增加挑战性、多样性和自主性，刺激经营者的积极性，进而提高经营效率。工作设计激励具体包括：①营造一个和谐的工作环境，注重改善人际相处的氛围；②实行弹性工作制，灵活安排工作时间，提高效率；③提供必要的信息资源支持。

(2)企业文化激励法：企业文化作为一种价值观，其激励效果具有很强的持久性和综合性。企业文化的建立是一个长期过程，需要一个综合的机制来实现激励作用，从而增强员工对企业的忠诚度与认同感。目前我国国有垄断企业中缺乏企业文化的激励，造成了员工的工作懈怠，混日子现象严重。

(3)荣誉激励法：企业经营者有被社会所尊重和认可的需求。荣誉激励主要包括表扬、嘉奖、授予荣誉称号等。这种方法是一种传统的激励方法，但激励程度有限，不能凭此单一方法使得委托人利益最大化，需要与其他激励方法组合使用。单一的精神激励不能满足现代企业制度的要求，需要建立一个健全的薪酬激励制度来达到最佳的激励效果。

2. 国有垄断企业经营者薪酬激励现状

在我国国有垄断企业中，经营者的激励更多是晋升、政治荣誉等精神层面的激励,薪酬激励只占了很小的一部分。目前的薪酬支付方式主要有:①直接发放奖金的方式。这种方式的优点在于手续简单,不会稀释企业的股权结构。缺点是增加了企业的现金支出,不利于企业的资金结构优化。②股票激励方式。这一方式实现了经营者利益和委托人利益一致,但也受到股票市场因素的影响。③股票期权的方式。这种方式在减少代理成本,改善委托-代理关系,有效激励经营者方面有较大的优越性,其运用越来越广泛。

这些不同的激励方式都能对经营者起到一定的激励效果,但由于经济大环境、企业文化氛围等诸多因素的影响,经营者自身的心理状态等也会对薪酬激励效果产生影响。我国国有垄断企业的薪酬结构正在转向多元化,但传统的基本工资加年底奖金的方式占主导地位,股票以及股票期权激励实际应用较少。有效的薪酬激励机制不是简单地发高薪,而是建立完善的薪酬激励机制。

3. 股票期权激励机制的探讨

经理股票期权合约是一种激励契约,改变了年底奖金和单一高薪的传统薪酬方式,着手于改变经营者报酬的结构。实践证明,通过股票期权建立的激励机制,将委托人和代理人的利益联系起来,形成共同的行为动机,减少代理成本,提高公司经营效率。从以上的委托-代理模型中可以总结出,经理付出的努力程度越大,公司的收益增大的可能性越大,但难以直接进行监督。因此必须给以经营者更多的激励。公司股票价格是一个信息量丰富的变量,其中包含了市场风险函数 θ 以及经营者的努力程度 e,对股票价格的观测是无成本的,股票市场中各种因素也影响股价的波动。经营者的努力程度越大,公司的运营效率越高,经理业绩越好,则股票价格越高,从而增加了经营者的收入。

目前我国国有垄断企业的股票期权激励也面临一些障碍:①经理市场竞争制度不够完善。经理市场作为委托人评价和选择经理人的平台,为委托人提供了一个有效的经理人鉴别和甄选机制,正确引导人力资本的有效配置。但实际上经理市场缺乏竞争,企业家的选拔、晋升都是任命制,没有建立一种完善的竞争机制。②代理人的经营成果难以评价。由于法律和审计制度的不健全,代理人的经营成果难以真实反映,无法准确衡量经营者的价值。这使得业绩评价成为股票期权激励中难度较大的环节。③我国国有垄断企业中的委托-代理关系复杂而冗长,导致监督权的实施效果不好,董事会的责权削弱,从而使得经营者短期行为严重。④我国的证券市场不成熟,市场监管不力,股价波动剧烈,公司股票价格和公司业绩不成正比例关系。

实行股票期权激励机制的建议:①建立规范的经理市场,完善企业的选人用人机制,通过市场规律实现优胜劣汰。形成完善的经理市场的关键在于改变行政任命方式的用人制度,真正从经营者能力角度出发,从而形成健康的企业家市场。②加强证券市场建设,规范中介机构行为,完善外部监督体系。③完善相关法律制度，实现对经营者业绩的有效统计评价，防止道德风险，降低代理风险。

4.3.4 结论

(1)在现代企业制度下，通过对委托-代理理论主要矛盾的分析，结合现代薪酬激励理论，建立了简化的国有企业委托-代理模型。在模型的分析中，给出了委托人设计薪酬的公式和影响变量，并分析了各个变量对激励作用的影响。在分析中得出结论：政府在精神激励的基础上，要建立完善的薪酬激励机制，通过与经营者分享得益，使得委托人和代理人之间利益一体化，达成目标一致，分担风险，从而实现委托人的最大利益。

(2)在分析我国政府与国有垄断企业委托-代理现状的基础上，结合委托-代理模型进行比较，提出了改善国有垄断企业薪酬机制的建议。在分析股票期权激励方法后，提出了股票期权方法在改善激励机制上的作用。

4.4 自然垄断行业规制改革中的利益集团的博弈

4.4.1 自然垄断行业规制改革中的利益集团——以盐业为例

下面以20世纪80年代的盐业价格规制来分析利益集团在垄断规制中的作用。盐业规制的演进是具有组织优势的利益集团在变动环境中施加影响的结果，案例提供了利益集团推动或阻碍政策从垄断走向竞争的证据。20世纪80年代“盐荒”时盐碱双方的政策竞争就已存在，20世纪90年代在消除碘缺乏症的机遇下盐业部门促成了食盐专营，但纯碱和氯碱行业对工业盐维持计划管理的激烈反对导致市场部分放开；此后专营弊端不断暴露促使决策者试图改革盐业体制，但缺乏强大且有强烈激励的竞争性集团参与，盐业集团对改革的阻碍屡获成功。

现存的盐业市场结构和规制体系应追溯到计划经济时期。新中国成立初期盐税仍是税收的重要来源，历史上官营专卖的做法通过国家计划手段延续下来，此后管理体制在集权与分权间几经反复。“文革”结束后在轻工业部下重建了中国盐业总公司、盐务总局(一套机构两个牌子)，管理全国盐的生产、分配、调运、批发、销售和存盐安排。早先下放地方的产销企业除北京、上海等地盐业公司外仍隶属地方，同期多数省区市逐渐恢复和建立了专业化的盐业公司，与盐务局(或类似机构)合署办公，省级公司负责本行政区内的计划安排、生产和调运，县市一级在执行计划的同时垄断本区域内盐的批发，虽然对纯碱和氯碱行业实行定点直供，但盐业公司负责分配调拨，盐场(厂)(下文简称盐场)与用户并不存在直接对话。改革开放后，政企不分的特征存续下来，盐业公司拥有各种行政权力，或被委托以规制职能，包括盐资源开发管理、计划草案拟订、盐政执法及实行食盐专营后许可证的审批和发放等。其中拟订分配调拨计划草案是中盐总公司及各省级公司最重要的权力，这决定了制盐企业从计划指标中获得租金的多少，与其他行业不同，使用分配调拨计划平衡区域间产销的传统手段保留下来。租金形成于物价部门的价格规制，20世纪80年代后期开始不断上调的盐价给盐业部门带来了租金，但利益分配的天平更倾向于运销环节，即使20世纪90年代中期后食盐批发价格多年未变，规避规制变相提价的做法总是无法完全消除的，盐价规制并不成功。

然而，几十年来盐业市场及其规制仍然经历了诸多事件和变化，这包括：20世纪80年代后期的“盐荒”；20世纪90年代中期开始食盐专营，食盐（包括农牧渔用盐）的指令性计划管理和批发垄断延续下来，而两碱工业用盐却被市场化，小工业盐继续由盐业公司垄断批发（不再实行计划管理）；2001年后专营被提至改革的议事日程，却未取得突破。本书研究发现，盐业规制的演进依赖于历史并受到偶然性因素的冲击，当环境发生变化时，具有组织优势的集团（例如盐业公司、两碱行业及后来的小工业盐用户）积极做出反应以影响政策；“盐荒”时盐碱双方围绕政策的竞争就已存在，20世纪90年代在消除碘缺乏症的机遇下盐业部门促成食盐专营，但由于遭到强势竞争性集团（两碱行业）反对，市场部分放开。尽管随着时间推移进一步内生出反对专营的集团（如小工业盐用户），但再一次触发改革的却是专营弊端的不断曝光。正如奥尔森所预测的，食盐消费者等集团不可能行动起来追求集团利益。盐业从计划到市场的艰难转型是各利益方积极影响决策的结果，游说决策者、上书高层是可观察到的、频繁出现的影响方式，并且通过媒体宣传影响公共舆论。

首先，这一案例清晰地反映了政策与利益集团影响之间联系，在规制的每一次重要调整背后都能发现利益集团的身影，或推动或阻碍，因而支持“政策是利益集团博弈的结果”的观点。如果将消除碘缺乏症的目标、2001年后改革启动的诱因看成是决策者为赢得公众支持——尽管这也能用公共利益理论解释——那么整个过程都与经济规制理论相一致。在这一过程中，上下游行业间的相对影响力决定了规制是否放松，即具有更强影响力的两碱行业推动了两碱用盐市场化，而制盐企业、小工业盐用户及消费者由于集体行动困难、缺乏影响渠道而难以打破专营。

能够发挥影响的集团（各级盐业公司、纯碱行业和氯碱行业）都具有行动起来的条件。如成员数量都不是很多，曾经是或仍然是行政等级体制的一部分，因而具有历史形成的良好组织结构。由于这种官方背景，这些集团拥有更好的影响政府决策部门的机会，当对现有政策或方案不满时能以较低成本向更高层游说或抗议，决策部门在制订方案时尚须征求其意见。按照奥尔森的理论，随着时间推移这些集团将逐渐认识到自身利益并行动起来，案例表明迟至20世纪80年代中期体制内的行业或部门就已形成水平联系的共谋，而上下游行业却相互掣肘，正如其所言，很难形成序列联系上的共谋，恰恰是序列联系上的政策竞争导致了工业用盐的部分放开。未行动起来或难以大规模行动的集团，如消费者、小工业盐用户、非国有制盐企业，都具有奥尔森所称的“潜在集团”的特点，对于制盐企业，盐业公司还掌握着抑制其集体行动的“选择性激励”手段，而且这些集团的成员也缺乏接近决策者的机会。

参与决策的机会很大程度上取决于集团是否处于决策体制内，无论盐业公司还是两碱企业，都存在代表其利益的政府部门，即使20世纪90年代后期专业化的行业管理取消后，国有企业仍然是决策体制的重要部分。正如案例所反映的，大量的政策和规则制定被置于行政部门，利益集团之间的博弈表现为代表它们的行政部门间的利益之争，部门间的讨价还价取代了布坎南和图洛克所讨论的代议制机构内的“互投赞成票”，当部门间难以妥协时又会导致高层介入。这一过程中，未被任何行政部门有效代表或难以影响部门的决策体制外群体可能成为最终政策的牺牲者。

其次，作为动态过程，规制的演进依赖于历史并且受到各种不确定因素的冲击，各利益集团对外部变化的反应成为改革的动力。“盐荒”是更早期政策失误的结果，“盐荒”时的政策失误导致了20世纪90年代生产过剩，这又促使产品已市场化的两碱行业争取用盐市场化。各种不确定因素(如海盐受灾、消除碘缺乏症的国际压力、20世纪90年代国家经济体制改革目标的确立)也促使集团调整行为影响政策。一旦环境或规制政策发生变化时，各种参与者都试图对变化做出反应以实现自身利益，或影响政策，或调整市场行为。这一反应又促使其他参与者进一步做出反应。例如，“盐荒”导致违反规制规定的各种交易维度调整，这刺激了两碱行业游说决策者加强监管，当私盐泛滥和消除碘缺乏症的需要产生时，盐业部门及时游说决策者出台新政策，而继续保持工业盐的计划管理和盐过剩的现状又促使两碱行业做出了激烈的反应。

这也表明，除了集团行动能力、参与决策机会外，对政策的影响程度还依赖于状态或环境变量，因为环境的变化改变了影响决策的成本或收益。“盐荒”时期尽管两碱行业反对涨价，但价格仍然上调了，而20世纪90年代盐的过剩则使两碱有更强的激励去改变政策，这与贝克尔关于无谓损失上升降低了再分配的观点相一致。此外，环境变化也会改变集团行动能力和参与机会，例如，法律环境变化为下游小企业提供了挑战专营的司法途径，更迅捷的信息技术和更开放的媒体创造了施加舆论压力的可能，这提高了贝克尔压力生产函数的效率。

4.4.2　自然垄断行业规制改革中的利益集团划分

本部分将利益集团分为双重利益集团、中级利益集团、潜在利益集团。我国是一个处于转型时期的国家，之前已经形成了一定的利益分配格局。随着自然垄断行业规制改革的进行，之前形成的利益分配格局必然会被打破，不同的利益集团或者获得更多收益，或者利益受到损害，他们为能维持原有或现有的利益必然产生冲突。利益集团之间力量的不均衡，导致了对规制机构的影响力的不同，制定出的规制政策就可能偏向于力量强的一方，从而偏离了规制政策的本来目的。为了使改革达到预期的目的，必须使各个利益集团相互作用、相互制约，使他们在相互间的博弈中达到一种均衡。为了使各个利益集团进行协调，使其处于一种平衡的状态，而不至于因为利益的分配不公引发集团冲突而导致社会不稳定，阻碍经济的发展，有必要采取一定的规制措施。政府作为自然垄断行业规制改革的主导者，不仅要维护不同利益集团的利益，还要维持各利益集团间的均衡。本部分对我国自然垄断行业规制改革提出一些建议。

本部分将我国的利益集团分为了三类：①规制者——双重利益集团，是政策的具体制定者和执行者，一方面作为公共利益的代表，另一方面又与垄断厂商有着利益的一致性。②垄断厂商——中级利益集团，是我国前期规制改革的受益者，由于他们绝对的经济实力、信息优势和与规制者的天然联系，对规制政策制定有较大的影响力。③消费者——潜在利益集团，其力量是最薄弱的，对规制政策的影响最小。中级利益集团和潜在利益集团影响规制决策的方式有很大的不同，由于中级利益集团处于强势的地位，因而其在影响政府政策制定方面具有更强的影响力，影响方式也更多一些。

1. 从双重利益集团角度分析

我国的政府规制机构具有双重的利益追求，政府既追求公共利益又追求集团利益，而无论是公共的或集团的利益，都包含了经济利益和政治利益。政府规制机构用行政上的特权来谋求经济利益，这在一定程度上阻碍了我国自然垄断行业规制改革进程。因此有必要明确该集团的职能定位，推动政府的职能转换，对政府部门及其政策实施改革。

首先，政企分开。政府的职能应该是从宏观层面上对行业进行调控，而不是干预企业的生产经营活动。如果不实行政企分开，那么政府和自然垄断企业间必然存在着一种微妙而紧密的利益关系，政府的政策必然要考虑到自然垄断行业的利益。随着我国国企改革的推进，我国的自然垄断行业基本上实现了政企分开，但是仍有很多问题需要解决。比如，自然垄断企业的领导和政府规制部门的领导可以互相调动岗位，并且政府对这些企业的负责人有调动的权力，这些都是一些非市场行为，所以我国的政企分开改革还没有真正完成。

其次，加强法制建设，为政府规制提供法律依据和加强对政府规制行为的监督。由于不同的行业有不同的特点，对政府规制的要求也就更高，因而有必要把握行业规制的共性，以法律的形式为政府的规制行为提供标准。另外，由于政府也是作为一个利益集团存在的，在自然垄断规制过程中也追求各种利益，因而要加强规制立法，用法律约束政府规制行为。

2. 从中级利益集团角度分析

中级利益集团由对国民经济有重要影响的自然垄断企业组成，拥有丰富的经济和政治资源，并且由于企业数量少，较易达成利益共识，形成利益集团。因此，解决这个问题的一个重要方式就是引入竞争，增加企业数目和提高服务质量，这也验证了加大竞争的正确性。根据发达国家对自然垄断规制改革的经验，民营化有利于自然垄断行业的改革。民营化消除了政府和企业间的隶属关系，这样政府的规制政策更易公平。因此我国应坚定不移地推进自然垄断行业的民营化进程。

3. 从潜在利益集团角度分析

潜在利益集团由于自身人数众多、组织涣散，在政府规制政策制定过程中影响力不足。在我国规制改革过程中，由于潜在利益集团的弱势，很难参与到规制政策的制定过程中去，即使有消费者协会这样的组织但由于其半官方性质，很难真正代表消费者的利益。因此，要提高潜在利益集团对规制政策制定的影响力，需要政府放宽组建民间组织的审批条件，促进民间有充分授权、权力集中的社团组织的形成。同时，还要加强相关法律建设，在法制上维护民间组织参与政府规制决策的知情权、监督权等，提高决策的公平性。

4.4.3　垄断行业中利益集团影响规制政策的博弈关系研究

1. 模型假设及构建

假设 1：只存在一个规制机构。这符合中国垄断行业的现状。该规制机构具有决定行业市场中企业的进入个数 n 的权利。$n=1$ 时，表示规制机构只希望市场中存在一个厂商；$n=k+1(k>0)$ 表示规制机构考虑在该行业引入竞争。

假设 2：规制机构的目标函数不是单一的。规制机构考虑公共利益和私人利益。公共利益包括社会福利最大化和垄断企业资产中国有部分的保值增值目标；私人利益则是规制机构成员从垄断企业获得的好处，这个好处与垄断企业的资产相关且与垄断企业和规制机构之间利益输送的途径有关。

假设 3：垄断企业的利润来自规制机构给予的转移支付，是扣除成本后的激励。垄断企业的成本函数是

$$c=a-e$$

式中，a 为垄断企业的生产效率参数，e 为垄断厂商付出的努力程度去减少生产成本。以电信行业为例，在电信行业中，生产效率主要受限于企业的技术水平和基站建设能力，指的是不同企业在提供同等质量服务时所付出的生产代价。可以确定的是，生产效率参数 a 在某一特定区间内服从某一特定服务。我们考虑到电信行业中人员调动的旋转门现象，使得企业的这些生产信息成为公共知识，把企业的生产效率参数设定为 a。从垄断企业的企业经营管理角度讲，高效的人员分配和劳

动力绩效激励可以使生产成本在某些方面压缩。但是绩效激励时往往要给予劳动力更多的补贴，从而降低企业的效用水平。因此，规制机构在进行激励性合同设计时，往往需要考虑采用成本加成规制方案。

垄断企业的效用函数是

$$U_f = t - e^2$$

式中，t 为规制机构为垄断企业提供的转移支付水平，不包括已经成为公共知识的生产成本。

消费者这一利益集团的净效用是

$$U_c = S - (1 + \lambda)(t + c)$$

式中，λ 为公共资金的影子成本水平。S 的取值为 S_h 或 S_l，S_h 为垄断企业提供高产时消费者获得的效用，S_l 为垄断企业提供低产时消费者获得的效用。垄断企业在面临规制机构所提供为 t 的转移支付水平时，可以选择接受或者拒绝，之后再决定是否付出为 e 的努力程度去减少生产成本。假设企业接受该转移支付水平，之后也付出了相应的努力程度并获得高产，则消费者的净效用

$$U_c = S_h - (1 + \lambda)(t + a - e)$$

若企业接受了该转移支付水平但没有付出相应的努力程度，因此没有获得高产，则消费者的净效用

$$U_c = S_l - (1 + \lambda)(t + a)$$

假设垄断企业没有接受该转移支付水平，则规制机构就会考虑新的规制政策。如引入竞争，即在下一期的博弈中进入市场的企业数 $n=k+1$，其中 $k>0$，则原有寡头垄断企业的利润 $U_f << t_1 - e^2$。

规制机构的效用是

$$U_r = \alpha(U_c + U_f) + \beta\left[\sum_0^k(\pi_i - \pi_{0_i})\right] + \gamma\left(\phi_1\pi_0 + \phi_2\sum_1^k\pi_i\right)$$

式中，π 作为垄断企业现在的资产总额，π_0 作为垄断企业前一期的资产总额，下标为 0 的表示为原有寡头垄断企业的资产，下标为 $i(i>0)$ 的表示新进入的第 i 个企业的资产。可以看到，规制机构的效用来自三个方面，即社会福利的增量和垄断企业的资产增量以及预算规模的加权平均。第一项是消费者获得的净效用和垄断企业的利润和；第二项是博弈前后的资产总额差，后面的计算中，简化为垄断企业博弈前后的利润差值；第三项是规制机构的预算收益，是规制机构能获得的来自垄断企业的非正常收入，其中 $\phi1 > \phi2$ 表示规制机构更容易从已经建立起的利益关联企业获得收益且获得的收益相较于新进入的更多。

该博弈是一个重复博弈，每个子博弈分为三个阶段：

(1)规制机构决定进入市场的企业个数为 n；

(2)规制机构决定给予垄断企业的转移支付水平：较高的转移支付水平 t_h 和较

低的转移支付水平 t_l；

(3)垄断企业就规制机构所给出的转移支付水平决定是否付出相应的努力程度 e。博弈如图 4-4 所示。

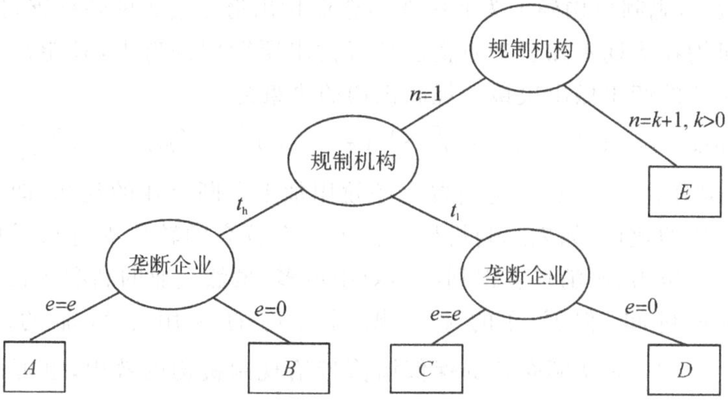

图 4-4　重复博弈中的原博弈

图 4-4 中 A、B、C 分别表示在规制机构给予垄断企业不同的转移支付水平 t_h、t_l时，垄断企业付出不同努力程度 e 时的得益，E 表示规制机构考虑在该行业引入竞争时企业得益之和。其表达式如下：

$A:\{\alpha[t_h - e^2 + S_h - (1+\lambda)(t_h + a - e)] + \beta(\pi_0 - \pi_{0_i}) + \gamma(\phi_1\pi_0), t_h - e^2\}$

$B:\{\alpha[t_h + S_l - (1+\lambda)(t_l + a)] + \beta(\pi_0 - \pi_{0_0}) + \gamma(\phi_1\pi_0), t_l\}$

$C:\{\alpha[t_l - e^2 + S_h - (1+\lambda)(t_h + a - e)] + \beta(\pi_0 - \pi_{0_0}) + \gamma(\phi_1\pi_0), t_l - e^2\}$

$D:\{\alpha[t_l + S_l - (1+\lambda)(t_l + a)] + \beta(\pi_0 - \pi_{0_0}) + \gamma(\phi_1\pi_0), t_l\}$

$E:\left\{\alpha[\sum_0^k y - e^2 + S_h - (1+\lambda)(t_l + a - e)] + \beta[\sum_0^k(\pi_i - \pi_{0_i})] + \right.$

$\left.\gamma(\phi_1\pi_0 + \phi_2\sum_1^k \pi_i), y\right\}$

2. 模型求解

对于每一期的子博弈，采用逆向归纳法求解。垄断企业根据规制机构提供的转移支付水平决定是否付出努力程度 e，规制机构可以在下一期观察到垄断企业的产量判断垄断企业是否付出期望的努力。如果垄断企业付出了努力，则规制机构在下一期继续提供较高的转移支付水平 t_h；否则实行惩罚措施，规制机构选择在市场引入竞争或者不引入竞争但只向垄断企业提供较低的转移支付水平 t_l。求解过程如下。

在阶段 3，垄断企业在生产活动中决定付出的努力程度。

垄断企业的决策行为

$$\max U_f = t - e^2$$

t 的值为 t_h 或 t_l，e 的值为 e 或 0，则垄断企业的决策为

$$\max U_f = \max(t_h - e^2, t_h, t_l - e^2, t_l)$$

在此获得的收益仅为当期收益。

在阶段 2，规制机构确定为激励垄断企业付出努力给予的转移支付水平。

规制机构在当期不知道垄断企业是否付出所期望的努力，只能在下一期通过观察垄断企业的产出做出决策。规制机构的决策为

$$\max U_r = \alpha(U_c + U_f) + \beta\left[\sum_0^k(\pi_i - \pi_{0_i})\right] + \gamma\left(\phi_1\pi_0 + \phi_2\sum_1^k\pi_i\right]$$

式中，第一部分 $\alpha(U_c + U_f)$ 是消费者净效用加上垄断企业的利润，即社会总福利带给规制机构的效用，如果规制机构提供了一个较高的转移支付水平且垄断企业付出了相应的努力，则消费者得到的净效用更多，虽然企业的利润相较选择不努力减少了部分利润，但是总的来说规制机构的效用是增加的；第二部分 $\beta\left[\sum_0^k(\pi_i - \pi_{0_i})\right]$ 是垄断企业的保值增值带给规制机构的效用，也可以考虑为企业两期的利润差的总和，行业的整体利润提高则规制机构的效用也会相应增加；第三部分 $\gamma\left(\phi_1\pi_0 + \phi_2\sum_1^k\pi_i\right)$ 是规制机构的预算规模，即从垄断企业获得的好处，寡头垄断企业和新进入企业的参数不同则表示规制机构更容易从已经建立起的利益关联中获得更多的收益，收益与企业资产相关，如果规制机构在市场中引入竞争则原有垄断企业的收益下降，规制机构这一部分的效用会下降。

在阶段 1，规制机构决定进入市场的企业个数。规制机构可以选择维持寡头垄断的现状或者引入竞争，引入竞争后原垄断企业的收益将大幅度降低。

对于这一个重复博弈，如果垄断企业在每一期都付出较大的努力水平，规制机构则相应地会提供一个较高的转移支付水平。则垄断企业的平均收益应该保证大于其他的选择，即证明存在一个贴现因子 δ 在一定范围内存在一个 t 使上述结果作为规制机构与垄断企业之间无限期重复的博弈的一个子博弈精炼纳什均衡。

如果垄断企业每一阶段均付出较大努力水平，则其获得的贴现支付为

$$T_1 = (1-\delta)(t_h - e^2) + \delta T_1$$

得到 $T_1 = t_h - e^2$。如果垄断企业单阶段偏离上述策略，即在某一期生产中努力水平为 0，则其获得的贴现支付为

$$T_2 = (1-\delta)t_h + \delta t_l$$

规制机构要激励垄断企业在每一期生产都付出较大努力，则垄断企业获得的收益需要满足 $T_1 > T_2$，即

$$t_h > t_l + [1 + (1-\delta)/\delta]e^2$$

可以看出，规制机构为激励垄断企业，不但要向垄断企业提供竞争水平下的转移支付，还要弥补垄断企业付出的努力水平，最后还有额外的大小为 $[(1-\delta)/\delta]e^2$ 激励补贴。

对于规制机构，要选择使自身效用最大化的措施，如果规制机构暂时不考虑引入竞争，则其在激励垄断企业时给予的转移支付 t_h 和 t_l 满足

$$\{\alpha[t_h - e^2 + S_h - (1+\lambda)(t_h + a - e)] + \beta(\pi_0 - \pi_{0_0}) + \gamma(\phi_1\pi_0)\} >$$
$$\alpha[t_l + S_l - (1+\lambda)(t_l + a)] + \beta(\pi_0 - \pi_{0_0}) + \gamma(\phi_1\pi_0)]$$

对上式化简，假设垄断企业上一期的资产相同，这一期的资产与利润成正相关，则得到

$$t_h - t_l < \frac{(1+\lambda)e + \alpha(S_h - S_l) - (\alpha + \beta + \gamma\phi_1)e^2}{1 + \lambda - (\alpha + \beta + \gamma\phi_1)}$$

确定了转移支付水平的上限，由此可以确定转移支付水平的范围：

$$t_l + [(1-\delta)/\delta]e^2 < t_h < t_l + \frac{(1+\lambda)e + \alpha(S_h - S_l) - (\alpha + \beta + \gamma\phi_1)e^2}{1 + \lambda - (\alpha + \beta + \gamma\phi_1)}$$

当此条件不能够成立时，规制机构则考虑引入竞争，并且认为市场上存在多家企业同时竞争时能带给规制机构更大的效用。当规制机构考虑建立提供相同服务的第二家垄断企业使市场结构变成双寡头垄断时，经典的伯特兰德模型表明了原有在位垄断企业效用的绝对下降。此时预测原垄断企业的利润 y 将相比寡头垄断情形下的利润下降了很多且满足 $y < t_l$。

假设规制机构确定市场上垄断企业的个数是 $k+1(k>0)$，那么此时规制机构的效用函数为

$$U_r = \alpha\left[\sum_0^k y + S_h - (1+\lambda)(t_l + a - e)\right] + \beta\left[\sum_0^k(\pi_i - \pi_{0_i})\right] + \gamma\left(\phi_1\pi_0 + \phi_2\sum_1^k\pi_i\right)$$

这时，规制机构效用的第一部分，消费者的净效用是增加的，如果竞争使垄断企业生产效率提高，那么行业的资产是提高的，规制机构这一部分的效用也会增加；对于第二部分，短期内放开竞争时，电信行业是需要长期的基础设施建设的，需要大量的投资，规制机构这一部分的效用会下降；对于第三部分，新进入的企业与规制机构的利益关联暂时没有建立，规制机构短期内从新进入的垄断企业得到的预算规模较小，同时原有在位垄断企业的收益降低，因此规制机构这一部分的收益减少。

4.4.4　规制运行建议

激励性规制可作为我国自然垄断行业规制改革的补充。但是在中国渐进式改革过程中，行政垄断往往随之产生，形成了政企利益同盟，规制机构会受到政治压力和垄断企业的资金影响。在规制机构选择降低规制合同的激励强度时，垄断企业和其投资者为规避风险会降低行业投资，从而行业产能下降。观察西方发达国家在自然垄断行业的改革，他们以市场为核心主体，选择私有经济体进入。而我国的转轨式改革下，垄断企业的产权大多为国家持有，不同于市场经济下激励性规制的有效作用。规制中的问题与规制监督、企业性质和行业法律相关，引发了诸多不合理和公权私用的现象。这里我们讨论如何使规制机构更加有效地只为国家服

务，只对国家负责，降低向某些利益集团的规制政策倾斜。

前面的模型中我们考虑了垄断企业资产国有部分的保值增值目标，这会使规制机构面临政治稳定和国家经济发展的双重影响，规制俘获和信息租金的出现都会影响规制机构的政策制定。

西方的规制实践中，国会议员参选人为得到来自企业的经济支持从而惠及公众获得选票，往往给予规制机构压力使其政策照顾垄断企业，导致社会总福利下降，资源配置效率下降，消费者剩余下降。在中国，政府官员的任职虽然不由公众直接选举，但其任期内当地的经济发展进步是其委任的重要考量标准，而经济发展多来自高利润的垄断行业，从而官员也会选择照顾企业。因此，规制机构与政府和企业的分离独立运行是至关重要的。

独立意味着多方面的独立：一是权力独立，规制机构应该具有行政权力。国家将规制任务委托给规制机构，则相应地要给予规制机构权力。因为规制机构要规制的都是影响重大或资金雄厚的大型垄断企业，没有大的权力就不能有效地规制企业。二是政策制定独立，国家或者规制机构的委托人没有能力来完全制定实现多个目标的规制政策，所以让规制机构作为其代理人负责行业的信息收集和规制计划制订。三是收入独立，规制机构不能既作为行业的管理者又作为行业的参与者，否则规制机构的利益将与垄断企业的利益一致，成为垄断企业的傀儡。再者，规制机构也不能接受来自垄断企业的利益俘获作为其收入的一部分，否则与腐败没有区别。

利益集团规制理论中假设了规制机构是理性经济人，因而规制机构的利益追求是多方面的，既存在从集体出发的公共利益追求，也存在从成员个人出发的自身利益诉求。公共利益和自身利益发生冲突时，就会出现规制俘获的现象，从而损害公共利益。尤其当规制机构实现前文所述的规制独立时，权力更加集中，对行业的影响也更大，规制监督也更为急迫。

在规制权力独立时，公权私用问题会导致规制机构中腐败的产生，此时一般为规制机构收集到了被规制垄断企业的某些负面信息或是垄断企业给予了规制机构足够的激励使得规制机构降低搜集垄断信息的意愿；当规制机构掌握了行业信息时，可能出现机构成员为获取额外收入而承受道德风险和刑事风险贩卖保密信息的状况；而规制政策制定过程中，保证其合法合理性是从政策文件的角度维护公共利益，政策是公众可以依章而行的有法律依据的维护利益的工具。下面讨论几种解决这一问题的措施。

1. 消费者集团的组织

规制政策的制定是多方利益集团经过多次博弈后利益兼容的结果，其中涉及政府、规制机构自身、消费者集团和垄断企业四个利益集团。垄断企业和消费者集团作为博弈中对立的双方，前者追求更高的产品定价，后者则追求价格更低更合理的服务。但是,从对规制机构的相对影响力来看,垄断企业为获得向其倾斜的规制政策通常会采用合谋、寻租和俘获等手段向规制机构输送利益,导致政府创租行为,消费者集团则鲜有影响规制政策的手段。集团组织成本方面,消费者集团因其庞大的成员数量所带有的数额巨大组织成本而成立了消费者协会,但消费者协会不能传达出每个消费者的利益诉求,而垄断企业本身作为有组织的集体,领导层的决定通常就是最后的决定。从拥有的相关行业知识水平来看,垄断企业作为行业专业性的机构,了解政策的每一个点对企业利益的影响,能针对每一个可能损害其利益的点找出相应的对策。而消费者协会一般涉及多个行业,缺少能评估规制政策的能力和相关信息,难以针对规制政策提供系统的方案,进而在与垄断企业的对抗中处于弱势地位。因此,对消费者集团进行有效组织和专业化能力培训是至关重要的。

2. 政府审查监督

规制机构具有独立的权力,对权力的制约需要更大的权力。国家把规制责任委托给规制机构的前提是对规制机构设立相应的监督体系。社会监督可以对规制结果进行监督,但考虑到规制机构的信息不是完全公开的,某些行为是难以度量的,审查机制可以在政策出台之前预防规制机构的权力创租。

3. 保证规制程序的合法、透明

规制机构在独立后,拥有独立制定规制政策的权力,因此可以依据相关法律同时考虑不同产业的规制特征,制订相对自由的规制方案。方案制订到出台的这一阶段是权力创租活动的时期,利益集团在这一阶段的势力影响直接表现在规制政策中。为减少规制机构的成员滥用权力,规制程序要确定,而且要公开,如采取听证会制度。在规制制定程序执行过程中,可以在公开场合进行垄断企业和消费者集团的交流,促进行业信息的交流,让政策多方面地考虑到多方意见,让规制政策的理论依据建立在充分的讨论之上。

4. 约束与激励的权衡

规制机构的法律约束使其依法规制,中立地对待各个利益集团。但是规制机构也同时应达到提升行业发展水平和优化资源配置的目的,适当的激励能让规制机构成员付出更大的努力程度,优化规制水平,使其充分发挥在行业中的作用。

4.5　规制机构影响下的垄断企业与消费者行为的博弈关系

电信行业改革的30多年时间里,取得了长足的进步,但由于经济体制的特殊性和历史遗留问题,不仅具有自然垄断特性,我国规制部门与垄断企业的特殊关系也阻碍着电信改革的深入进行。这里，我们将利用博弈论的思想，分析电信行业各利益集团之间的利益分配、影响关系，并模拟他们之间的博弈均衡情况。按影响力从高到低排列，我国电信行业规制涉及三大利益集团：规制机构、垄断企业和消费者。

1. 利益集团的特征分析

1）规制机构利益集团

规制机构利益集团负责行业规制政策的制定和执行，抽象地说，它是负责调节在位垄断企业、消费者和潜在竞争企业的利益关系的行政机构。因其法定的超然地位，它在三大利益集团中具有最强的影响力。根据贺大兴、姚洋提出的“中性政府”的概念，本书认为政府是目标中性的，即“不长期偏向某个（些）社会群体”，意味着，政府的政治倾向是在不同利益集团之间摇摆的，其倾向取决于各利益集团对其目标函数的影响。政府有税收及收入增加、产业结构改善、政治稳定、社会福利改善等多重利益目标，其目标函数具有复杂性。

而规制机构集团作为政府的代理机构，我们认为它一样具有复杂的目标函数，并在电信行业内部体现为国有企业保值增值、行业发展和民众的支持。一方面，为了获取更多民众的支持，维护政治稳定和提高自己的政治威望，规制机构会从民众的利益出发，努力降低垄断国企内部的收入水平，实现社会公平，维护稳定的政治局面；而另一方面，由于我国电信行业中，规制机构与垄断国企的“父子”关系、人员交流，出于对自身经济利益和政府经济效益的考虑，在追求经济收益、财税目标等方面与垄断国企有着共同的利益。

2）垄断企业利益集团

我国电信行业中的垄断企业集团是早期改革的受益者，属于典型的既得利益集团。因为其自身的经济实力和与规制机构的特殊关系，虽然规模小（主体为三大运营商），但实力强大。而垄断企业通过其垄断地位就可以获得大量剩余利润。因此，他们会采取各种政治行动和寻租来维持自己的垄断地位，只要所付出的成本小于其通过垄断获得的利润，如图 4－5 所示。

假设平均成本不变且边际成本等于平均成本，那么完全竞争市场中，产品价格 $P=MC$，企业的产品生产数量为 Q^*，此时在 a 点达到社会福利最大化。但垄断企业不会在 a 点提供产品，为达到自身收益最大化，它将在 b 点提供产品，此时 $MR=MC$，企业获得了 $P_m P^* Gb$ 区域的垄断利润。

奥尔森在其著作中，提出了著名的“集团规模”命题：在一个很小的集团中，由于成员数目很小，每个成员都可以得到总收益的相当大的一部分，这样集体物品就常常可以通过集团成员自发、自利的行为提供。与其他利益集团不同的是，垄断企业集团具有强大的政治影响力和超强的博弈能力，当集团成员感受到经济体制改革的过程可能会对他们造成威胁时，他们往往会在政界、学界、新闻传播界寻求“同

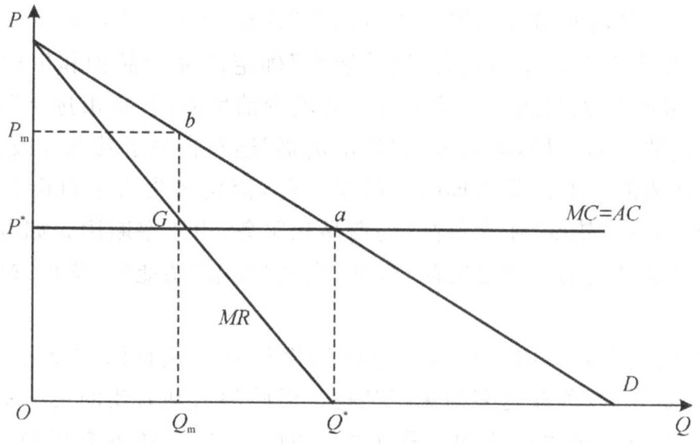

图 4－5　垄断企业利益集团利润

盟者”和“代言人”，为维护并争取实现利益最大化对社会施加各种影响，同时千方百计影响决策层，拖延改革的进程。

中国的大多垄断企业集团不是依据竞争的力量获得行业垄断地位，而是通过国家赋予的“资源独占”的权力，低价或者无偿地占有资源，使得其他厂商无法进入该行业，形成了特有的垄断特性。同时，垄断企业集团的产品往往是关系到国计民生的重要产品和服务，国家和政府对其实行保护措施。因此，垄断企业的政治活动包括说服政府继续维护垄断国企的垄断地位，要求政府提供补贴，利用成本方面的信息优势干扰政府定价等。垄断企业集团由于成员数量较少，成员之间的差异较小，信息交流通畅，较少有“搭便车”现象。与通过政治活动所获得的巨大的收益水平相比，垄断企业所付出的成本微不足道，垄断企业集团虽然前期要投入一定的寻租成本，但如果寻租获得成功，其所获得的巨额的垄断利润足以弥补其成本，因此，说服政府规制集团成为他们的最佳选择，他们会作为既得利益集团为了维持垄断利益而积极地进行政治努力。

3)消费者利益集团分析

消费者都追求个人效用最大化，有着“共同的利益”：更低的价格，更高的质量，更多样化的产品与服务，可以说是天然的利益集团。但因为人数众多和组织松散的特点，消费者很难跟有组织的垄断企业对抗。在我国虽然也有“消费者协会”这样的机构，但它只是为消费者实行仲裁和维权的官方组织，并不是消费者为了维护自身权益自发成立的以争取更多利益为目标的集团组织。组织的松散性也决定了消费者集团在与其他集团的竞争中处于相对“弱势”地位，集团往往缺乏表达利益诉求的话语权和参与政治的权利而被忽视。

“货币选票”是消费者集团在实现利益诉求时最常用的工具。在竞争市场中，消费者“货币选票”的投向和数量，取决于消费者对不同商品和服务的偏好程度，也体现了消费者的经济利益和意愿,“货币选票”往往会对生产者的生产活动带来指导性的影响,生产者会根据消费者“货币选票”确定产品的品种和生产数量满足消费者的需要,获得最大利润。在整个市场活动中消费者的“货币选票”作用巨大,但是在垄断企业的产品市场,消费者的“货币选票”逐渐丧失了其部分或者全部作用,由于垄断所造成的垄断产品市场的产品单一化,消费者失去了自由选择消费的能力,很多时候不得不接受“质次价高”的商品和服务,由于垄断国企如电力、石油、电信等所提供的商品均为生活必需品,因此,失去“选票”功能的“货币选票”几乎变得毫无意义。

同时,虽然消费者集团也可以通过政治途径来表达自己的意愿,如与企业谈判、向政府请愿等,以争取更多的集团利益。但政治活动需要的是集团内全体成员共同的努力,消费者集团在活动过程中面临的最大的问题就是成员之间的“搭便车”。对消费者集团而言,虽然政治活动确实能使垄断产品的价格降低和质量提高,提升社会整体福利水平,但由于成员人数众多,经过收益分摊后,每个成员得到的收益往往比较小,难以激励其参与活动、付出努力,而消费者集团又是非排他性的,即集团整体获得的收益每个成员都能享受到,这样消费者集团中的很多成员就会希望别人努力而自己坐享其成。奥尔森曾经说过:如果一个大集团中的成员都在理性地追求自我利益最大化,他们就不会采取行动来增强集团的共同目标,在没有强迫或缺乏独立激励的情况下,这样的大集团也不会建立组织来追求共同的目标,即使集团中对共同利益和实现共同利益的方法看法一致,这些观点仍然正确。消费者集团就是这样的“大集团”,在没有强迫和独立激励的情况下,难以构建出有效的组织。因此,消费者集团“搭便车”现象严重,难以形成统一行动来争取集团的共同利益,大都是在集团权益受到损害后才被动地进行维权,或者通过媒体等方式表达不满、向企业施压,很少能够组织起来,利用主动的政治行动为集团追求利益。

2. 规制机构影响下的垄断企业与消费者行为的博弈分析

在上述的三个利益集团中,垄断企业和消费者处于一种对立的关系,他们都通过各自的活动来影响规制机构的决策。由于整个社会的产出是固定的,垄断企业和消费者争夺的利益是已经存在的,只不过是在两者之间进行重新分配。这两个集团各自对规制机构施加影响以获取收益的博弈就是三大集团间博弈的主要内容。

1)我国规制机构利益集团的效用分析

公共选择学派将经济学的分析方法引入了政治学中,认为国家是“经济人”,由于国家的政策都是由官员制定的,因此,官员也是“经济人”,他们以追求政治利益最大化为个人目标,而不是满足公共利益。利益集团理论也引入了这一观点,认为规制者的目标也是追求个人利益的最大化。

现在我国仍然处于完善社会主义市场经济体制过程中,因而我国的经济既有计划经济的特征也有市场经济的特征。规制政策在计划经济的时候偏重于国家利益,在市场经济下则更为注重个人和群体的利益。随着市场经济制度不断完善,政府制定的政策越来越看重对国家各个方面的影响,政府规制部门的效用就会受到制约。但是其追求利益最大化的本性不会改变,其利益包括政治利益和经济利益。政府规制部门的经济利益主要来自垄断企业的寻租和该部门自行创租,但前提是垄断厂商有很好的收益,为了能使经济利益最大化,必须维护垄断厂商的利益;其政治利益就是能否连任或者升官,而决定权在其上级手中,而上级对其的评价标准主要是看民众对其的认可度和其管辖下的经济发展情况。因此,政府规制部门为了维护其政治利益,不能完全偏袒于自然垄断集团。随着我国社会政治经济的不断进步,潜在利益集团的影响力在不断变大,政府部门也就逐渐加大对潜在利益集团的保护。

2)规制机构影响下利益集团的博弈均衡

下面我们以佩尔兹曼(Peltzman)模型为基础,来分析我国规制机构的效用。在图 4-6 中,我们假设规制机构的政治效用函数为 $U(\pi,P)$,其中 π、P 分别代表垄断厂商的利润、垄断厂商生产的产品的价格,是垄断厂商的利润函数。U_1、U_2、U_3 是政府规制机构的效用无差异曲线。P^* 为无差异曲线与利润函数曲线相切时对应的产品的价格。我们不难理解,当 P 增加时,U 会随着变小,因为商品价格的提高,就会引起消费者的反感不满;也反映出市场存在垄断,上级政府会认为该部门没有尽职,使其政治利益减小。但是此时垄断厂商的利润增多,其规制部门的经济效用就能得到提高。因此,我们要综合考虑规制部门的经济效用和政治效用。假设在同一利润水平 π 下,规制机构的效用 U 随着 P 变小而提高,因此在图 4-6 中,$U_1>U_2>U_3$。从图 4-6 中我们可以看到,当 $P>P_m$ 的时候,$\pi(P)$不断变小,政府规制部门的经济效用降低,同时政治效用也降低,政府部门不会选择此种价格。

当 $P<P_m$ 且 P 不等于 P^* 时,其政治效用都小于 U_2,因此,P^* 是政府的最优规制价格,如图 4-6 所示。

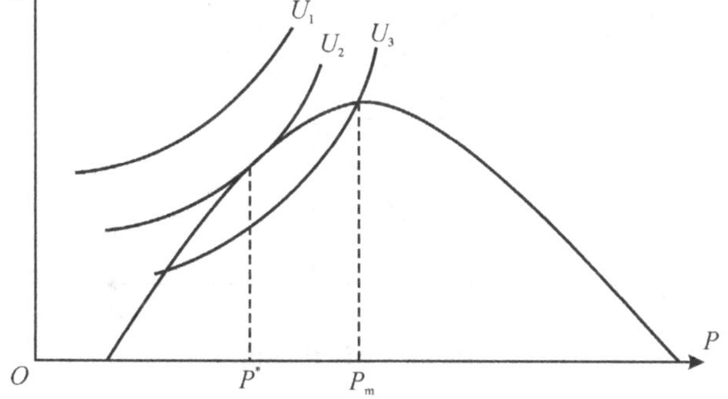

图 4-6 规制机构的效用

3)规制机构影响下利益集团的纳什均衡

我们将贝克尔的模型简化,用集团1、2分别表示两个利益集团,每个利益集团可以通过影响规制政策来提高自身利益。集团1得到的利益转移取决于它向立法者和规制者施加的影响力(用 p_1 来表示)和集团2对立法者和规制者施加的影响力(用 p_2 表示)。而影响力的大小是由利益集团的人数和他们拥有的资源量来决定的。两个利益集团对政治进程的影响力取决于 p_1、p_2 的大小,同时也决定了两个利益集团的利益分割大小。假定 T 是集团1因为规制而增加的福利,那么 $T=I(p_1,p_2)$。$I(p_1,p_2)$ 随 p_1 增加而增加,随 p_2 增加而减少,为使 T 福利转移到集团1,必须假设集团2的福利要减少 $(1+x)T(x\geqslant 0)$。当 $x>0$ 时,集团2减少的福利要大于转移给集团1的福利,而这消失的 xT 就是规制导致的福利损失。

假设两个利益集团总影响力是既定的,每个利益集团在对方选择的影响力水平基础上,根据谋求利益最大化的原则施加影响力水平,更多的影响力会消耗更多的集团资源,利益集团都会受到成本的约束;同时一个集团施加较小的影响力等于另一个集团施加了较大的影响力。p_1 减少,也就是集团1的相对影响力下降,那么转移来的福利也就少,在 p_2 给定的情况下,求出最优的 p_1,集团1的最佳影响力用 $\psi_1(p_2)$ 来表示,$\psi_1(p_2)$ 是集团1对集团2的最佳"反应函数",也就是,在集团2施加影响力既定的情况下,集团1施加多少影响是最佳的。那么集团2对集团1的反应函数相应为 $\psi_2(p_1)$。$\psi_1(p_2)$ 随着 p_2 的增加而增加,因为如果集团2施加了更大的影响力,就会使集团1的利益受损,集团1就会投入更大的资源来抵消下降的影响力。当集团1和集团2都没有激励来改变压力水平时就会形成政治均衡。在两个集团反应函数的交点上,利益集团达到最优。图4-7中的 p^* 就是利益均衡点。

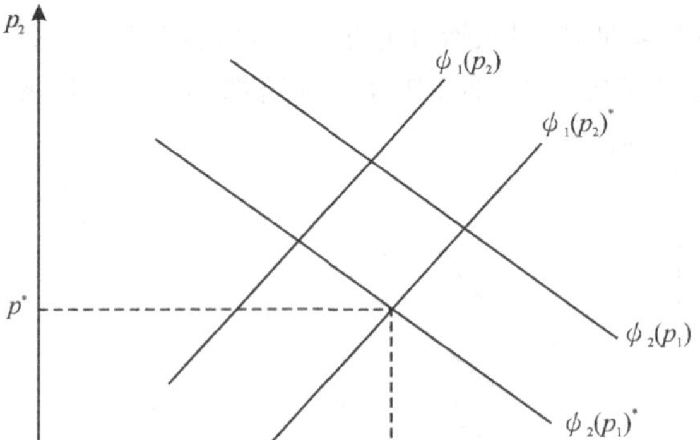

图4-7 纳什均衡

但是,在此取得的均衡并非帕累托最优,双方可以使用较少的资源达到同一程度的相对影响力。因为相对影响力是固定的，两个利益集团可以用较少的代价获得相同的政治结局，但是双方都不会这么做，两者是一种零和游戏。p^* 的位置取决于两个利益集团的影响力水平。

我国处于向市场经济的转型时期，市场经济体制不完善，政府规制部门也不能恰当地发挥其职能。因此在对自然垄断行业规制过程中，政府一方面作为公共利益的代表，另一方面又与垄断厂商有着利益的一致性，在具体的规制政策制定中表现出温和和“中庸”的特点。三大利益集团的博弈最后决定了政府的政策。

下面用表来分析利益集团间的博弈所达到的纳什均衡。

我们首先假定垄断企业和消费者间进行的博弈是零和博弈，也就意味着一方获益是建立在另一方损失的基础上的。我们用 A、B 来表示集团影响力的大小，其中 A>B，集团可以根据需要选择 A 或 B。为分析方便，假设集团获得收益分为 a、b、c、d 四个等级。在这里先假定 a>b>c，前面已经分析过垄断企业的影响力是大于消费者的，因此，双方都明确知道对方的影响力水平，那么垄断企业会选择影响力 A，将获取的利益为 a；而消费者则会选择 B，获得的收益为 b，也可以选择增加成本扩大影响力，但很难大于 A，其得到的收益只能是 c（因为所获得的额外收益将小于其支出的成本）。因此，垄断企业和消费者存在一个占优策略（A，B），如表 4－1 所示。

表 4－1　纳什均衡

消费者	垄断企业	
	A	B
A	c　a	c　b
B	b　a	b　b

另外，随着我国政治经济改革步伐的加快，消费者集团的地位不断上升，影响力水平也比以前有了大幅的提高。消费者要获得比以前更大的利益，就要扩大其影响力水平到 A，达到新的收益水平 d（d>c，因为所获得的额外收益将大于其支出的成本），从而改变了原有的利益分配格局，在消费者影响力上升的同时垄断企业集团影响力水平下降了，此时，两个集团达到了新的纳什均衡，如表 4－2 所示。

表 4－2　新的纳什均衡

消费者	垄断企业	
	A	B
A	c　a	c　b
B	d　a	d　b

随着消费者集团的影响力不断扩大，垄断企业利益集团不甘心安于现状，要向政府规制部门进行游说、寻租，维护本来的利益。如果政府规制部门对垄断企业利益集团进行保护，垄断企业利益集团就可以获得收益 e，由于垄断企业利益集团的寻租，政府规制部门获得收益 f；如果垄断企业利益集团选择寻租，但政府规制部门不倾向于维护垄断企业利益集团，那么就会出现垄断企业利益集团损失寻租费用和从消费者那里转移来的利益为－g，政府规制部门的收益就为 f；如果选择保护，但是垄断企业利益集团不寻租，政府规制部门会遭受损失－h，垄断企业利益集团会遭受小些的损失－m；当一方不保护，另一个集团也不寻租时，就会有垄断企业利益集团收益为－g，政府规制部门的利益为 0，如表 4－3 所示。

表 4－3　加入政府规制部门的纳什均衡

垄断企业	规制部门	
	A(保护)	B(不保护)
A(寻租)	e　f	－g　f
B(不寻租)	－m　－h	－g　0

我们可以看到(寻租，保护)和(不寻租，不保护)是两个纳什均衡，不过最优的选择应该是第二种，因为双方的收益都比另一种大。但是这种选择会随着消费者集团力量的增大而出现不稳定性。

3. 规制改革的政策建议

1)关于规制机构的建议

我国的规制机构具有双重的利益追求，政府既追求公共利益又追求集团利益，而无论是公共的或集团的利益，都包含了经济利益和政治利益。规制机构用行政上的特权来谋求经济利益，这在一定程度上阻碍了我国电信行业规制改革进程。因此有必要明确该集团的职能定位，推动政府的职能转换，对政府部门及其政策实施改革。

首先，政企分开。政府的职能应该是从宏观层面上对行业进行调控，而不是干预企业的生产经营活动。如果不实行政企分开，那么政府和电信运营商间必然存在着一种微妙而紧密的利益关系，政府的政策必然要考虑到垄断行业的利益。比如，自然垄断企业的领导和政府规制部门的领导可以互相调动岗位，并且政府对这些企业的负责人有调动的权力，这些都是一些非市场行为，所以我国的政企分开改革还没有真正完成。政企分开具体来说就是，规制机构绝对独立，规制机构与管理机构职责分离。

其次，加强法制建设，为政府规制提供法律依据和加强对政府规制行为的监督。由于不同的行业有不同的特点，对政府规制的要求也就更高，因而有必要把握行业规制的共性，以法律的形式为政府的规制行为提供标准。另外，由于政府也是作为一个利益集团存在的，在自然垄断规制过程中也追求各种利益，因而要加强规制立法，用法律约束政府规制行为。

2)关于垄断企业的建议

垄断企业由对国民经济有重要影响的自然垄断企业组成，拥有丰富的经济和政治资源。并且由于企业数量少，较易达成利益共识，形成利益集团。因此，解决这个问题的一个重要方式就是引入竞争，增加企业数目，瓦解利益同盟。政府可以通过放宽进入限制，允许潜在的竞争者进入或者通过拆分和重组等方式形成可竞争的市场格局。根据发达国家对自然垄断规制改革的经验，民营化有利于自然垄断行业的改革。民营化消除了政府和企业间的隶属关系，这样政府的规制政策更易公平。因此我国应坚定不移地推进自然垄断行业的民营化进程，放宽和完善电信市场的准入条件，吸收更多有竞争力的优秀企业进入电信行业。

3)关于消费者的建议

消费者由于自身人数众多，组织涣散，在政府规制政策制定过程中影响力不足。在我国规制改革过程中，由于潜在利益集团的弱势，很难参与到规制政策的制定过程中去，即使有消费者协会这样的组织但由于其半官方性质，很难真正代表消费者的利益。因此，要提高潜在利益集团对规制政策制定的影响力，需要政府放宽组建民间组织的审批条件，促进民间有充分授权、权力集中的社团组织的形成。同时，还要加强相关法律建设，在法制上维护民间组织参与政府规制决策的知情权、监督权等，提高决策的公平性。

4.6 国有垄断行业的市场准入及开放时序的博弈行为分析

本部分将应用动态博弈的相关理论，主要探讨以下两个问题：一是垄断行业开放后的市场准入幅度，即进入企业规模多大为宜；二是对于民营企业与外资企业的开放顺序，是同时进入还是先后进入为宜。通过此类研究以期深化对国有垄断行业改革的认识，进而为政府政策措施的制定提供坚实的理论支撑。

4.6.1 国有垄断行业市场准入的博弈分析

1.国有垄断行业市场准入的博弈模型分析

假设开始时市场中只有一家国有垄断企业，然后实行市场准入，允许 n 个私企(包括民营企业和外资企业)同时进入，这 n 个企业之间进行古诺(Cournot)竞争，而它们与已存在的国企之间开展动态斯塔克尔伯格(Stackelberg)博弈。

这里，国企用 E_s 表示，私企用 E_i 表示（$i=1,2,\cdots,n$），它们生产同质产品。E_s 的产量、边际成本、利润分别用 q_s、c_s、π_s 表示；E_i 的产量、边际成本、利润分别用 q_i、c（为简单起见，所有私企均相同）、π_i 表示，$i=1,2,\cdots,n$；市场反需求函数是 $p=b-k(q_s+q_1+q_2+\cdots+q_n)$。这里 c_s、c、b、k 是常数且均大于 0，q_s、q_i（$i=1,2,\cdots,n$）为决策变量。

对于 E_s 来说，追求的目标应当是多元化的，包括利润目标和非利润目标，而在市场经济条件下要最大限度地发挥企业活力，实现国有资产的保值增值，无疑应当以追求利润最大化作为主要目标；在现实中，垄断行业的国有企业确实践行着此目标，故在此模型中，将 E_s 的目标简化为追求利润最大化，即实现 $\pi_s=pq_s-c_sq_s$ 最大。而对于 E_i，其追求的目标是标准化的，即利润最大，亦即 $\pi_i=pq_i-cq_i$ 最大。

用递阶规划的形式可将国有垄断行业市场准入的动态博弈模型Ⅰ（以下简称 M1）表示为

$$\max[b-k(q_s+q_1+q_2+\cdots+q_n)]q_s-c_sq_s$$

$$\text{s.t.}\begin{cases} q_s\geqslant 0\text{，其中 } q_i \text{ 是下述下层子规划的最优解} \\ \max[b-k(q_s+q_1+q_2+\cdots+q_n)]q_i-cq_i \\ q_i\geqslant 0 \\ i=1,2,\cdots,n \end{cases}$$

当 E_i 在进行产量决策时，是把 E_s 产量当作已知量看待的，从而下层 n 个子规划可求得 $q_i=\dfrac{b-kq_s-c}{k(n+1)}$，此即 E_i 的反应函数；将其代入 E_s 利润最大化模型 $\pi_s=pq_s-c_sq_s$，令 $\dfrac{\partial\pi_s}{\partial q_s}=0$，可求得 E_s 的最优产量为 $q_s^*=\dfrac{b+cn-c_s(n+1)}{2k}$；将 q_s^* 代入反应函数可求得 E_i 的最优产量为 $q_i^*=\dfrac{b-c(n+2)+c_s(n+1)}{2k(n+1)}$；进而可求得社会最优总产出为 $q^*=\dfrac{b(2n+1)-cn-c_s(n+1)}{2k(n+1)}$。

2. 市场准入幅度与社会总产出及社会福利之间的关系

从本质上说，社会最优总产出是关于模型参数系（c_s，c，b，k，n）的函数，在此将其看作是关于 n 的函数并记作 $q^*=q^*(n)$，为了应用导数工具，构造相应的连续函数 $q^*(x)=\dfrac{b(2x+1)-cx-c_s(x+1)}{2k(x+1)}$，可求得一阶导数 $q^{*\prime}(x)=\dfrac{2k(b-c)}{4k^2(x+1)^2}$，不失一般性，约定所有企业的最优产量均大于 0，即有 $b+cn-c_s(n+1)>0$，$b-c(n+2)+c_s(n+1)>0$，将上述两个不等式左右相加即有 $2b-2c>0$，从而 $q^{*\prime}(x)>0$，由此得到如下命题。

命题 1：$q^*(n+1)>q^*(n)$

这一命题说明市场准入幅度越大,亦即进入企业的数目越多,竞争越激烈,社会总产出将会不断增加,产品的市场价格将不断下降。从增产降价的角度来说,政府应当加大国有垄断行业的市场准入幅度。在此还可求得市场最大产量为 $\frac{2b-c-c_s}{2k}(n \to \infty)$,但最终价格不为 0,这与单纯意义的 Cournot 竞争的结果不同。

记最优社会福利水平为 W^*,则可求得 $W^* = \int_0^{\frac{b(2n+1)-cn-c_s(n+1)}{2k(n+1)}} (b-kq)\mathrm{d}q - c_s q_s^* - cnq_i^* = A-B-C-D$,其中 $A = \frac{b[b(2n+1)-cn-c_s(n+1)]}{2k(n+1)}$,$B = \frac{b(2n+1)-cn-c_s(n+1)}{8k(n+1)^2}$,$C = \frac{c_s[b+cn-c_s(n+1)]}{2k}$,$D = \frac{cn[b-c(n+2)+c_s(n+1)]}{2k(n+1)}$。最优社会福利也是关于模型参数系 (c_s,c,b,k,n) 的函数,在此将其看作是关于 n 的函数并记作 $W^* = W^*(n)$,类似地构造其相应的连续函数 $W^*(x)$,进而可求得 $W^{*\prime}(x) = \frac{(b-c)[b-c(x+2)+c_s(x+1)]}{4k(x+1)^3} + \frac{c^2+c_s^2}{2k}$,由于 $b-c>0$ 且 $b-c(x+2)+c_s(x+1)>0$,从而 $W^{*\prime}(x)>0$,由此得到如下命题。

命题 2:$W^*(n+1) > W^*(n)$

这一命题说明市场准入幅度越大,亦即进入企业的数目越多,竞争越激烈,社会福利水平将会不断提高。从增加整个社会福利的角度来说,政府也应加大国有垄断行业的市场准入幅度。这同时也说明垄断行业国有企业高额利润的获取是以牺牲整个社会福利为代价的。

4.6.2 国有垄断行业市场准入时序的博弈分析

1. 国有垄断行业市场准入的博弈模型分析

在垄断行业开放时,涉及民营企业与外资企业的进入顺序问题。进入顺序不同,对社会总产出和社会福利等的影响可能是不一样的。为了比较进入顺序不同带来的差异,我们设计国有垄断行业市场准入的博弈模型Ⅱ。

市场中先行存在的是国有企业(相应于 M1 中的 E_s),这里不妨假设民营企业(相应于 M1 中的 E_1)先行进入市场,而后外资企业(相应于 M1 中的 E_2)再行进入,它们之间开展动态 Stackelberg 博弈。E_s 的产量、利润分别用 $\tilde{q}_s$、$\tilde{\pi}_s$ 表示;E_i 的产量、利润分别用 $\tilde{q}_i$、$\tilde{\pi}_i$ 表示,$i=1,2$;它们的边际成本与 M1 中相同;市场反需

求函数是 $p=b-k(\tilde{q}_s+\tilde{q}_1+\tilde{q}_2)$；这里 c_s、c、b、k 是常数且均大于0，$\tilde{q}_s$、$\tilde{q}_i$（$i=1,2$）为决策变量。由此可以得到国有垄断行业市场准入的博弈模型Ⅱ（以下简称M2）为

$$\max[b-k(\tilde{q}_s+\tilde{q}_1+\tilde{q}_2)]\tilde{q}_s-c_s\tilde{q}_s$$

$$\text{s.t.}\begin{cases}\tilde{q}_s\geqslant 0,\text{其中 }\tilde{q}_1\text{ 是下述下层子规划的最优解}\\ \max[b-k(\tilde{q}_s+\tilde{q}_1+\tilde{q}_2)]\tilde{q}_1-c\tilde{q}_1\\ \tilde{q}_1\geqslant 0,\text{其中 }\tilde{q}_2\text{ 是下述下层子规划的最优解}\\ \max[b-k(\tilde{q}_s+\tilde{q}_1+\tilde{q}_2)]\tilde{q}_2-c\tilde{q}_2\\ \tilde{q}_2\geqslant 0\end{cases}$$

在完全信息情况下，E_2 了解 E_s 与 E_1 的产量后决定其最优产量，令 $\frac{\partial\tilde{\pi}_2}{\partial\tilde{q}_2}=0$，可求得 E_2 的反应函数为 $\tilde{q}_2=\frac{b-k(\tilde{q}_s+\tilde{q}_1)-c}{2k}$；$E_1$ 在了解 E_s 的产量后再决定其最优产量，在完全信息情况下，E_1 也知道 E_2 会根据 E_s 与 E_1 的产量来确定其产量，故可将 $\tilde{q}_2$ 代入 $\tilde{\pi}_1$，令 $\frac{\partial\tilde{\pi}_1}{\partial\tilde{q}_1}=0$，可求得 E_1 的反应函数为 $\tilde{q}_1=\frac{b-k\tilde{q}_s-c_s}{2k}$；$E_s$ 同样知道 E_1 与 E_2 会根据自身的产量做决策，故可将 $\tilde{q}_1$、$\tilde{q}_2$ 代入 $\tilde{\pi}_s$，令 $\frac{\partial\tilde{\pi}_s}{\partial\tilde{q}_s}=0$，求得 E_s 的最优产量为 $\tilde{q}_s^*=\frac{b+3c-4c_s}{2k}$。将 $\tilde{q}_s^*$ 代入 E_1 的反应函数得到 E_1 最优产量为 $\tilde{q}_1^*=\frac{b-5c+4c_s}{4k}$；将 $\tilde{q}_s^*$、$\tilde{q}_1^*$ 代入 E_2 的反应函数得到 E_2 最优产量为 $\tilde{q}_2^*=\frac{b-5c+4c_s}{8k}$。

2. 民企外企同时进入与先后进入时社会总产出及社会福利之间的对比

当 E_1、E_2 同时进入垄断市场时，由M1的分析结果可知此时社会总产出为 $\bar{q}^*=\frac{5b-2c-3c_s}{6k}$；当 E_1 先行进入垄断市场而 E_2 随后跟进时，由M2的分析结果可知此时社会总产出为 $\tilde{q}^*=\frac{7b-3c-4c_s}{8k}$；从而 $\tilde{q}^*-\bar{q}^*=\frac{b-c}{24k}$，由于 $b-c>0$，故有 $\tilde{q}^*-\bar{q}^*>0$，由此得到如下命题。

命题3：$\tilde{q}^*>\bar{q}^*$

这一命题说明在国有垄断行业市场准入幅度确定后（只允许两家企业进入），民营企业和外资企业先后进入和同时进入对社会总产量的影响并不相同，顺次进

入时的社会总产量要大于同时进入时的社会总产量。从增产降价的角度来说，政府应当首先对民营企业开放，而后允许外资企业进入。进一步分析可以得出，尽管不同进入顺序对国有企业产量的影响是不确定的(其增减取决于国企与私企成本的对比)，但在先后进入时国有企业和民营企业产量之和要大于同时进入时两者的产量之和，这应该是由它们的先行者优势所致。

当 E_1、E_2 同时进入垄断市场时，记此时社会福利水平为 $\overline{W}^*$，当 E_1 先行进入垄断市场而 E_2 随后跟进时，记此时社会福利水平为 $\widetilde{W}^*$。则由前面的分析结果可求得：$\widetilde{W}^*-\overline{W}^*=\dfrac{(b-c)[(b-c)+6(b-5c+4c_s)]+576(c-c_s)^2}{1152k}$，由于 $b-c>0$ 且 $b-5c+4c_s>0$，所以有 $\widetilde{W}^*-\overline{W}^*>0$，由此得到如下命题。

命题 4：$\widetilde{W}^*>\overline{W}^*$

这一命题说明在国有垄断行业市场准入幅度确定后(只允许两家企业进入)，民营企业和外资企业先后进入和同时进入对社会福利水平的影响并不相同，顺次进入时的社会福利水平要大于同时进入时的社会福利水平。从增加社会福利的角度来说，政府也是应当首先对民营企业开放，而后才可允许外资企业进入。

3. 结论

针对国有垄断市场的准入幅度及其开放顺序，分别设计了国有垄断行业市场准入的博弈模型Ⅰ和博弈模型Ⅱ，并对模型进行了分析和讨论。结果表明：市场准入幅度越大，社会总产出将会不断增加，社会福利水平也将随之提高；在市场准入幅度确定时，民企、私企顺次进入较之两者同时进入，无论是社会总产出还是社会福利水平都会更高。因此，要想使社会总产出和社会福利水平提高，必须加大国有垄断行业的市场准入幅度；但当市场准入幅度确定时，要想使社会总产出和社会福利水平提高，国有垄断行业应当首先对民营企业开放，而后才可允许外资企业进入。

4.7 基于利益主体的博弈关系的激励规制改革的均衡路径

放松规制已成为垄断产业改革的重要趋势。放松规制改革是一个系统工程，需要全面系统地研究放松规制对国家、规制机构、被规制企业以及消费者四个利益主体的影响，研究各利益主体对放松规制的态度、策略性反应以及影响力，研究他们之间的博弈均衡，并设计一种可行的利益兼容机制，实现各利益主体的多赢，使各利益主体都能够支持放松规制的改革，保证放松规制改革顺利进行。

(1)应当坚持国家在放松规制改革中的主导作用。由于国家具有强制性、垄断性以及规模经济的天然优势，国家在使用强制力时有很大的规模经济。所以，国家可以利用其优势引导放松规制的顺利推进。在这种情况下，国家作为垄断产业放松规制的一个重要参与主体，应当在放松规制的过程中起到积极的作用。因此，国家应当是垄断产业放松规制改革的推动者，应当在放松规制改革中设计科学、合理的改革方案，系统、全面地考虑放松规制对各个利益集团的影响，做到统筹兼顾，使改革能够顺利推进下去。

(2)我国垄断产业放松规制改革应当选择渐进式改革战略。自然垄断产业的改革要比竞争性产业的改革困难得多。渐进式改革虽然存在一些缺陷，如由于秩序不一致而引发的矛盾，从而对进一步改革产生掣肘，但毕竟比"大爆炸"式的激进疗法对社会的破坏性稍小一些。由于自然垄断产业在国民经济中的特殊地位和作用，同时垄断产业放松规制改革对规制机构、垄断企业影响很大，改革成本很高，改革阻力较大，因此垄断产业放松规制改革应当选择渐进式改革战略。另外，这种渐进式改革战略更容易取得广泛共识，也更容易为既作为改革主体又作为改革对象的国家、规制机构、垄断企业以及消费者所接受。

(3)我国垄断产业放松规制改革的实施需要满足一定条件，选择合适时机。国家在积极推动改革执行的过程中，需要吸引其他利益主体的积极参与，形成改革合力，共同推动改革顺利进行。在信息不对称情况下，垄断产业放松规制改革的实施条件更加严格，放松规制改革时机选择要求更高。放松规制改革的实施需要满足放松规制改革的净收益大于补偿受损利益集团的社会成本这一硬性约束条件，并且规制机构与垄断企业都得到正的租金。

(4)我国垄断产业放松规制改革需要系统设计改革时序。我国垄断产业放松规制改革应当分为三个阶段。阶段一，重定规制机构职能与目标。由于规制机构利益损失比垄断企业的损失要小，同时，规制机构对放松规制改革态度模糊的原因在于规制机构的国有资产保值增值目标。为了使规制机构能够支持放松规制改革，需要在放松规制的初期重新设计规制机构国有资产保值增值的责任。而这很容易通过国家对规制机构目标的重新设计而实现。因此按照渐进式改革战略，应当走先易后难的改革路径，放松规制改革的第一步，应当是取消或者淡化或者重新设定规制机构的国有资产，保值增值目标。阶段二，放松进入规制，引入竞争，建立竞争性市场结构。由于在第一阶段对规制机构目标重新设定后，规制机构对放松规制开始持支持态度，新企业可以进入市场与在位国有企业进行竞争，在位国有企业将在竞争的压力下提高效率，降低成本，降低价格，进而降低利润。这样，国有企业的租金将减少，国有企业员工高工资福利的现象将得到有效缓解，消费者福利也将得到一定提高。阶段三，重构并建立科学规制体系。垄断产业又好又快的发展离不开良好的规制环境与规制体系。在完成第二阶段改革后，垄断产业改革要形成自我推动的良性机制，必须重构并建立科学的规制体系。在建立科学的规制体系后，国家将逐步淡出对垄断产业的过多干预，规制机构将成为仁慈、公正的仲裁者，在进行必要引导的条件下，让市场与竞争机制成为引导垄断产业发展的指南针，形成充满活力的产业，推动这些产业又好又快发展。

4.8　小结

本章对我国自然垄断行业规制改革过程及在改革过程中利益集团的行为进行了描述分析，并研究了利益集团的博弈过程，可以得到如下结论：

垄断企业和消费者是规制政策的被实施对象，他们为争取到对本集团有利的规制政策而相互竞争，通过各种方式向规制机构施加影响。而作为规制政策制定者的规制机构，欲通过规制政策来实现本集团的经济和政治目标的最大化。垄断企业和消费者的政治经济实力和规制机构的利益追求决定了规制政策的具体内容。而随着规制政策的实施，各个利益集团的经济实力会受到影响，从而改变他们对规制政策制定的影响力。因此，具体规制政策是利益集团博弈的均衡结果。据此，我们规制改革中应对各利益集团进行协调，使其不至于因为利益分配的不公引发集团冲突而导致社会不稳定。

第5章 垄断行业激励性规制下新型共谋与防共谋博弈契约设计

近年来,通过运用博弈论和信息经济学,学者们已经开始在行业组织内研究共谋理论,主要是从信号传递和信息甄别的角度进行研究。但是现实生活中很多共谋现象不能从这些角度分析,例如,当规制者制定规则时,他很有可能受他的私人偏好影响,因此,规制者能够转移私人偏好从一个利益集团到另一个利益集团,从而获取贿赂。此时,在这种情况下做出的最优规制将损害另外一方的利益。对于政府来说,必须确使规制者制定规则时保持对利益集团的偏好一致。因此,应该建立事前和事后防共谋契约来阻止共谋。基于这个想法,本章中考虑了一类新型共谋问题,即当规制者制定规则的时候,能够被他对消费者和垄断者的私人偏好所影响,而不像以前研究共谋理论主要从信息传递和信号甄别的角度考虑。

5.1 非对称信息下自然垄断行业的一类新型共谋

新型共谋问题包括四个参与人:政府、垄断者、规制者和消费者。其中规制者是委托人,政府授权给规制者来监管垄断者。假定垄断者完成一个项目,垄断者是代理人,当他完成项目时带给消费者的社会价值为 S。项目的成本函数为

$$C(\xi,e(\xi))=c_1\xi-c_2e(\xi) \tag{5-1}$$

并且可以被规制者观测到,其中 ξ 是垄断者的类型,$e(\xi)$ 是垄断者的努力水平,c_1 是类型的单位成本,c_2 是努力水平的单位成本。为了简单起见,c_1 和 c_2 取值为 1。ξ 是属于区间 $[a,b]$ 内的连续参数,已知它的概率密度为 $f(\cdot)$ 和分布函数为 $F(\cdot)$。参数 a 意味着垄断者是高效的,参数 b 意味着垄断者是低效的。为了不失一般性,垄断者努力水平的负效用函数定义为

$$\psi(e)=\frac{1}{2}e^2,e\geqslant 0 \tag{5-2}$$

规制者完全偿付观测到的成本,并且支付给垄断者的净转移支付为 1。因此,垄断者的效用函数为

$$U=t-\psi(e) \tag{5-3}$$

由于项目的资金来源于直接税收,因此,消费者的效用函数定义为

$$V = S - (1+\beta)(C+t) \tag{5-4}$$

其中参数 $\beta > 0$，β 的含义是公共资金的资金成本。

一般，规制者能够观测到垄断者私人信息的信号，并且根据信号做出规制。当规制者不是仁慈的时候，即他有私心的时候，他可能和垄断者发生共谋，并且隐藏他观测到的信号来换取贿赂。在这种情况下，应该建立防共谋契约来阻止共谋行为。本章中假设规制者不能观测垄断者私人信息的信号，相反，规制者做规制时有可能被其对消费者和垄断者的私人偏好所影响。因此，对于规制者来说，他有可能转移他的私人偏好从消费者到垄断者来换取贿赂。在这种情况下，应该分别建立事前和事后防共谋契约来阻止共谋行为。在本章中做出如下假设：

(1)概率密度 $f(\cdot)$ 和分布函数 $F(\cdot)$ 满足单调风险率条件：

$$\frac{\mathrm{d}\left(\frac{F(x)}{f(x)}\right)}{\mathrm{d}x} \geqslant 0$$

(2)规制者是理性人并且是风险中性的，但是拥有一个有限责任的约束。

下面分两种情况进行讨论：一种情况是规制者没有私人偏好，在这种情况下，分析了完全信息和不完全信息下的最优规制；另外一种情况是规制者有私人偏好，在这种情况下，也分别讨论了完全信息和不完全信息下的最优规制。

5.1.1 规制者无私人偏好的规制模型

在本小节中，讨论规制者对消费者和垄断者没有私人偏好的情况，这意味着规制者是没有私心的。规制者的目标是设计一个直接显示机制 $(U(\cdot),e(\cdot))$ 来最大化社会福利函数，该函数为

$$\begin{aligned} W(\xi) &= V(\xi) + U(\xi) = S - (1+\beta)(C+t) + t - \psi(e) \\ &= S - (1+\beta)\left[\xi - e(\xi) + \frac{1}{2}e^2(\xi)\right] - \beta U(\xi) \end{aligned} \tag{5-5}$$

对于垄断者来说，类型是他的私人信息。当垄断者的真实类型是 x，并且他声称的类型也是 x 时，他将收到净转移支付 $t(x)$，并且被规制者观测到的成本也是 $C(x,e(x))$。然而，对于垄断者来说，他很有可能谎报自己的类型来获取更多的净转移支付。当垄断者的真实类型是 x，但是他声称的类型是 y 时，他将收到净转移支付 $t(y)$。此时，被规制者观测到的成本为 $C(y,e(y))$。在这种情况下，为了掩盖他谎报的类型，垄断者会调整他的努力水平为 $x - C(y,e(y))$。在这种情况下，垄断者的效用函数为

$$\varphi(x,y) = t(y) - \psi(x - C(y,e(y))) \tag{5-6}$$

对任意给定的 $y \in [a,b]$，为了诱使垄断者真实地显示自己的类型，垄断者的激励相容约束为

$$\varphi(x,x) \geqslant \varphi(x,y), \forall x,y \in [a,b] \tag{5-7}$$

为了确使垄断者参与这个项目，规制者提供给垄断者转移支付，使得垄断者的效用水平不低于参与项目的保留效用。为了简单起见，把垄断者的保留效用标准化为0。垄断者的参与约束为

$$\varphi(x,x) \geqslant 0, \forall x \in [a,b] \tag{5-8}$$

根据激励相容约束式(5-7)和参与约束式(5-8)，规制模型可以写为

$$\begin{cases} \max\limits_{U(\cdot),e(\cdot)} E(W) \\ \varphi(x,x) \geqslant \varphi(x,y), \forall x,y \in [a,b] \\ \varphi(x,x) \geqslant 0, \forall x \in [a,b] \\ e(x) \geqslant 0, \forall x \in [a,b] \end{cases} \tag{5-9}$$

在不完全信息下，规制者不知道垄断者的类型，并且不能观测到他的努力水平。规制者在激励相容约束式(5-7)和参与约束式(5-8)下，建立式(5-9)最大化期望社会福利函数。

根据激励相容约束，对任意固定的 x，$\varphi(x,y)$ 满足下面的一阶条件和二阶条件：

$$\begin{cases} \dfrac{\partial \varphi(x,y)}{\partial y} \Big|_{y=x} = 0 \\ \dfrac{\partial^2 \varphi(x,y)}{\partial y^2} \Big|_{y=x} < 0 \end{cases} \tag{5-10}$$

根据一阶条件，可得

$$\frac{\mathrm{d}t(x)}{\mathrm{d}x} = e(x)\left[\frac{\mathrm{d}e(x)}{\mathrm{d}x} - 1\right] \tag{5-11}$$

对式(5-3)关于 x 求导，可得

$$\frac{\mathrm{d}U(x)}{\mathrm{d}x} = \frac{\mathrm{d}t(x)}{\mathrm{d}x} - e(x)\frac{\mathrm{d}e(x)}{\mathrm{d}x} \tag{5-12}$$

将式(5-11)代入式(5-12)可得

$$\frac{\mathrm{d}U(x)}{\mathrm{d}x} = -e(x) \tag{5-13}$$

同时，根据二阶条件，可得

$$\frac{\mathrm{d}^2 t(x)}{\mathrm{d}x^2} + \left[\frac{\mathrm{d}e(x)}{\mathrm{d}x} - 1\right]^2 + e(x)\frac{\mathrm{d}^2 e(x)}{\mathrm{d}x^2} < 0 \tag{5-14}$$

对式(5-11)关于 x 求导，然后代入式(5-14)可得

$$\frac{\mathrm{d}e(x)}{\mathrm{d}x} < 1 \tag{5-15}$$

根据式(5-13)可知参与约束满足 $\dfrac{\mathrm{d}U(x)}{\mathrm{d}x} \leqslant 0$，即 $U(x)$ 是减函数。因此，参与约束式(5-8)可以写成

$$U(b) \geqslant 0 \tag{5-16}$$

垄断者的效用函数是有社会成本的，因此式(5-16)是紧的，即

$$U(b) = 0 \tag{5-17}$$

式(5-9)可以写为下面最优控制问题

$$\begin{cases} \max\limits_{U(\cdot),e(\cdot)} \int_a^b \left\{ S-(1+\beta)\left[x-e(x)+\frac{1}{2}e^2(x)\right]-\beta U(x) \right\} f(x)\mathrm{d}x \\ \frac{\mathrm{d}U(x)}{\mathrm{d}x}=-e(x) \\ \frac{\mathrm{d}e(x)}{\mathrm{d}x}<1 \\ e(x)\geqslant 0, U(b)=0 \end{cases} \tag{5-18}$$

首先忽略掉约束 $\frac{\mathrm{d}e(x)}{\mathrm{d}x}<1$，然后验证最优规制是否满足该约束。最优控制问题的哈密顿函数为

$$H(x,U,e,\lambda) = f(x)\left[S-(1+\beta)\left(x-e+\frac{1}{2}e^2\right)-\beta U(x)\right]-\lambda e \tag{5-19}$$

应用庞特里亚金极大值原理，可得状态方程

$$\frac{\mathrm{d}\lambda(x)}{\mathrm{d}x}=-\frac{\partial H}{\partial U},\quad \frac{\partial H}{\partial U}=-\beta f(x)$$

根据边界条件 $\lambda(0)=0$，可得 $\lambda(x)=\beta F(x)$。

在不完全信息的条件 $e\geqslant 0$ 下最大化哈密顿函数可得

$$\bar{e}(x)=\begin{cases} 1-\frac{\beta}{1+\beta}\frac{F(x)}{f(x)}, 1-\frac{\beta}{1+\beta}\frac{F(x)}{f(x)}>0 \\ 0, 1-\frac{\beta}{1+\beta}\frac{F(x)}{f(x)}\leqslant 0 \end{cases} \tag{5-20}$$

当 $\frac{F(x)}{f(x)}=\frac{1+\beta}{\beta}$ 时，必存在一点 $x_0\in[a,b]$ 满足此式。因此，最优努力水平为

$$\bar{e}(x)=\begin{cases} 1-\frac{\beta}{1+\beta}\frac{F(x)}{f(x)}, a\leqslant x\leqslant x_0 \\ 0, x_0\leqslant x\leqslant b \end{cases} \tag{5-21}$$

根据假设(1)，显然 $\frac{\mathrm{d}\bar{e}(x)}{\mathrm{d}x}\leqslant 0$，因此约束 $\frac{\mathrm{d}e(x)}{\mathrm{d}x}<1$ 是成立的。

性质1：在不完全信息下，最优规制 $(\bar{U}(x),\bar{e}(x))$ 满足：

(1) $\bar{U}(x)=\begin{cases} \int_x^b \left[1-\frac{\beta}{1+\beta}\frac{F(x)}{f(x)}\right]\mathrm{d}x, a\leqslant x\leqslant x_0 \\ 0, x_0\leqslant x\leqslant b \end{cases}$

(2) $\bar{e}(x)=\begin{cases} 1-\frac{\beta}{1+\beta}\frac{F(x)}{f(x)}, a\leqslant x\leqslant x_0 \\ 0, x_0\leqslant x\leqslant b \end{cases}$

性质 1 中的结论(1)表明,在不完全信息下,垄断者拥有信息优势,所以他能得到信息租金 $\overline{U}(x)$。进一步地,因为 $1-\frac{\beta}{1+\beta}\frac{F(x)}{f(x)}>0$,能够推断出 $\bar{e}(x)$ 小于 1。此外,根据假设(1),还能得到垄断者的信息租金和努力水平都是向下扭曲的。本章中垄断者的私人信息刻画为连续变量,在这种情况下,得到的最优规制是连续的,这在实际中更具有指导意义。

5.1.2 规制者有私人偏好的规制模型

在本小节中,考虑了规制者对消费者和垄断者拥有私人偏好的情况,其中 r 是对消费者的私人偏好,$1-r$ 是对垄断者的私人偏好。因为规制者拥有有限责任的约束,因此只讨论 $r\in(0,1)$ 的情况。在这种情况下,规制者的社会福利函数变成

$$\begin{aligned}W(\xi)&=rV(\xi)+(1-r)U(\xi)\\&=r[S-(1+\beta)(C+t)]+(1-r)[t-\psi(e)]\\&=r\left\{S-(1+\beta)\left[\xi-e(\xi)+\frac{1}{2}e^2(\xi)\right]\right\}+(1-r\beta-2r)U(\xi)\end{aligned}\tag{5-22}$$

对应于规制模型(5-9)变成

$$\begin{cases}\max\limits_{U(\cdot),e(\cdot)}E(W)\\\varphi(x,x)\geqslant\varphi(x,y),\forall x,y\in[a,b]\\\varphi(x,x)\geqslant 0,\forall x\in[a,b]\\e(x)\geqslant 0,\forall x\in[a,b]\end{cases}\tag{5-23}$$

式中,$W=W(\xi)$,如式(5-22)所示。

下面分析在不完全信息下的最优规制问题。

在不完全信息下,利用 5.1.1 小节的方法来求解模型(5-23)。

根据激励相容约束式(5-7),对任意固定的 x,$\varphi(x,y)$ 满足下面的一阶条件和二阶条件:

$$\begin{cases}\dfrac{\partial\varphi(x,y)}{\partial y}\Big|_{y=x}=0\\\dfrac{\partial^2\varphi(x,y)}{\partial y^2}\Big|_{y=x}<0\end{cases}\tag{5-24}$$

根据一阶条件可得

$$\frac{\mathrm{d}t(x)}{\mathrm{d}x}=e(x)\left[\frac{\mathrm{d}e(x)}{\mathrm{d}x}-1\right]\tag{5-25}$$

对式(5-3)关于 x 求导,可得

$$\frac{\mathrm{d}U(x)}{\mathrm{d}x}=\frac{\mathrm{d}t(x)}{\mathrm{d}x}-e(x)\frac{\mathrm{d}e(x)}{\mathrm{d}x}\tag{5-26}$$

将式(5-25)代入式(5-26)可得

$$\frac{\mathrm{d}U(x)}{\mathrm{d}x}=-e(x) \tag{5-27}$$

同时,根据二阶条件,可得

$$\frac{\mathrm{d}^2t(x)}{\mathrm{d}x^2}+\left[\frac{\mathrm{d}e(x)}{\mathrm{d}x}-1\right]^2+e(x)\frac{\mathrm{d}^2e(x)}{\mathrm{d}x^2}<0 \tag{5-28}$$

对式(5-25)求导代入式(5-28)可得

$$\frac{\mathrm{d}e(x)}{\mathrm{d}x}<1 \tag{5-29}$$

根据式(5-27)可知参与约束式(5-8)满足 $\frac{\mathrm{d}U(x)}{\mathrm{d}x}\leqslant 0$,即 $U(x)$ 是减函数。因此,参与约束式(5-8)可以写成

$$U(b)\geqslant 0 \tag{5-30}$$

如果 $\frac{1}{2+\beta}\leqslant r<1$,那么信息租金拥有社会成本。在这种情况下,显然可知式(5-30)是紧的,即

$$U(b)=0 \tag{5-31}$$

如果 $0<r<\frac{1}{2+\beta}$,那么增加信息租金对社会福利函数有正的作用。因此信息租金满足

$$U(b)>0 \tag{5-32}$$

如果 $\frac{1}{2+\beta}\leqslant r<1$,模型(5-23)可以写为下面最优控制问题:

$$\begin{cases}\max\limits_{U(\cdot),e(\cdot)}\int_a^b\{r[S-(1+\beta)(x-e(x)+\psi e(x))+(1-r\beta-2r)U(x)]\}f(x)\mathrm{d}x\\ \dfrac{\mathrm{d}U(x)}{\mathrm{d}x}=-e(x)\\ \dfrac{\mathrm{d}e(x)}{\mathrm{d}x}<1\\ e(x)\geqslant 0,U(b)=0\end{cases} \tag{5-33}$$

如果 $0<r<\frac{1}{2+\beta}$,模型(5-23)可以写为下面最优控制问题

$$\begin{cases}\max\limits_{U(\cdot),e(\cdot)}\int_a^b\{r[S-(1+\beta)(x-e(x)+\psi e(x))+(1-r\beta-2r)U(x)]\}f(x)\mathrm{d}x\\ \dfrac{\mathrm{d}U(x)}{\mathrm{d}x}=-e(x)\\ \dfrac{\mathrm{d}e(x)}{\mathrm{d}x}<1\\ e(x)\geqslant 0,U(b)>0\end{cases} \tag{5-34}$$

应用庞特里亚金极大值原理求解模型(5-33)和(5-34)。

首先忽略掉约束 $\frac{\mathrm{d}e(x)}{\mathrm{d}x}<1$，然后验证最优规制是否满足该约束。最优控制问题的哈密顿函数为

$$H(x,U,e,\lambda)=f(x)\left\{r\left[S-(1+\beta)\left(x-e+\frac{1}{2}e^2\right)+(1-r\beta-2r)U(x)\right]\right\}-\lambda(x)e$$

应用庞特里亚金极大值原理，可得状态方程

$$\frac{\mathrm{d}\lambda(x)}{\mathrm{d}x}=-\frac{\partial H}{\partial U},\quad \frac{\partial H}{\partial U}=-f(x)(1-r\beta-2r)$$

根据边界条件 $\lambda(0)=0$，可得 $\lambda(x)=F(x)(1-r\beta-2r)$。

在不完全信息的条件 $e\geqslant 0$ 下，最大化哈密顿函数可得

$$\bar{e}(x)=\begin{cases}1-\dfrac{2r+r\beta-1}{r+r\beta}\dfrac{F(x)}{f(x)},1-\dfrac{2r+r\beta-1}{r+r\beta}\dfrac{F(x)}{f(x)}\geqslant 0\\ 0,1-\dfrac{2r+r\beta-1}{r+r\beta}\dfrac{F(x)}{f(x)}<0\end{cases}\tag{5-35}$$

当 $\frac{F(x)}{f(x)}=\frac{r+r\beta}{2r+r\beta-1}$ 时，必存在一点 $x_1\in[a,b]$ 满足此式。因此，最优努力水平为

$$\bar{e}(x)=\begin{cases}1-\dfrac{2r+r\beta-1}{r+r\beta}\dfrac{F(x)}{f(x)},a\leqslant x\leqslant x_1\\ 0,x_1\leqslant x\leqslant b\end{cases}\tag{5-36}$$

如果 $\frac{1}{2+\beta}\leqslant r<1$，显然 $\frac{\mathrm{d}\bar{e}(x)}{\mathrm{d}x}\leqslant 0$，因此约束 $\frac{\mathrm{d}e(x)}{\mathrm{d}x}<1$ 是成立的。

如果 $0<r<\frac{1}{2+\beta}$，为了使得最优规制满足条件 $\frac{\mathrm{d}e(x)}{\mathrm{d}x}<1$，需要增加如下条件：$\frac{\mathrm{d}\left(\frac{F(x)}{f(x)}\right)}{\mathrm{d}x}<\frac{r+r\beta}{1-2r-r\beta}$，如果条件不满足，那么 $\frac{\mathrm{d}e(x)}{\mathrm{d}x}<1$ 也不一定成立，在这种情况下，如果去掉额外的条件，那么上面得到的最优规制应该被修订。

性质 2：在不完全信息下，最优规制 $(\tilde{U}(x),\tilde{e}(x))$ 满足以下条件。

如果 $\frac{1}{2+\beta}\leqslant r<1$，那么

$$\tilde{U}(x)=\begin{cases}\displaystyle\int_x^b\left[1-\frac{2r+r\beta-1}{r+r\beta}\frac{F(x)}{f(x)}\right]\mathrm{d}x,a\leqslant x\leqslant x_1\\ 0,x_1\leqslant x\leqslant b\end{cases}$$

$$\tilde{e}(x)=\begin{cases}1-\dfrac{2r+r\beta-1}{r+r\beta}\dfrac{F(x)}{f(x)},a\leqslant x\leqslant x_1\\ 0,x_1\leqslant x\leqslant b\end{cases}$$

如果 $0 < r < \frac{1}{2+\beta}$ 且 $\frac{\mathrm{d}\left(\frac{F(x)}{f(x)}\right)}{\mathrm{d}x} < \frac{r+r\beta}{1-2r-r\beta}$，那么

$$\widetilde{U}(x) = \begin{cases} \int_x^b \left[1 - \frac{2r+r\beta-1}{r+r\beta}\frac{F(x)}{f(x)}\right]\mathrm{d}x + U(b), a \leqslant x \leqslant x_1 \\ 0, x_1 \leqslant x \leqslant b \end{cases}$$

$$\widetilde{e}(x) = \begin{cases} 1 - \frac{2r+r\beta-1}{r+r\beta}\frac{F(x)}{f(x)}, a \leqslant x \leqslant x_1 \\ 0, x_1 \leqslant x \leqslant b \end{cases}$$

其中，$U(b) \geqslant 0$。

首先，考虑 $0.5 < r < 1$ 的情况，此时意味着规制者偏好消费者。与规制者有私人偏好时的完全信息情况下相比，努力水平的边际社会收益少于他的边际成本，因此，能推断出最优努力水平小于1。在这种情况下，垄断者的最优努力水平和信息租金小于规制者无私人偏好时不完全信息下的最优努力水平和信息租金。其次，考虑 $r = 0.5$ 的情况，此时意味着规制者对消费者和垄断者保持相同的偏好。在这种情况下，能得到与性质1一样的结论。最后，分析 $\frac{1}{2+\beta} \leqslant r = r_1 < 0.5$ 的情况，此时意味着规制者偏好垄断者，但是还没有被垄断者完全收买，因为信息租金含有社会成本。与规制者有私人偏好时的完全信息情况下相比，努力水平的边际社会收益少于他的边际成本。同理，最优努力水平小于1，由于规制者偏好垄断者，垄断者的最优努力水平和信息租金大于规制者无私人偏好时在不完全信息下的最优努力水平和信息租金。在这种情况下，垄断者多获得了一部分信息租金，也就是收买的交易成本。收买的交易成本为

$$\Delta U_1 = \widetilde{U}(x) - \overline{U}(x) = \int_x^b \left[1 - \frac{2r_1}{r_1 + r_1\beta}\frac{F(x)}{f(x)}\right]\mathrm{d}x, \frac{1}{2+\beta} \leqslant r_1 < 0.5$$

垄断者用 $k\Delta U_1$ 去收买规制者。

考虑情况 $0 < r = r_2 < \frac{1}{2+\beta}$ 意味着规制者严格偏好垄断者。垄断者完全收买与规制者有私人偏好时的完全信息情况下相比，即规制者被努力水平的边际社会收益大于他的边际成本，因此，最优努力水平大于1。当规制者严格偏好垄断者时，垄断者的信息租金不仅没有社会成本，而且增加信息租金会对社会福利函数有正的作用。进一步地，信息租金是 x 的减函数，因此令 $U(b) \geqslant 0$ 来满足参与约束(5-8)，在这种情况下，增加信息租金会对社会福利函数有正的作用，因此规制者希望 $U(b)$ 的值越大越好。在这种情况下，垄断者的最优努力水平和信息租金大于规制者无私人偏好时在不完全信息下的最优努力水平和信息租金。垄断者会额外获得更大的信息租金，也就是完全收买的交易成本，即

$$\Delta U_2 = \int_x^b \left[\frac{1-2r_2}{r_2+r_2\beta}\frac{F(x)}{f(x)}\right]dx + U(b), 0 < r_2 < \frac{1}{2+\beta}$$

在这种情况下，显然完全收买的交易成本比 $\frac{1}{2+\beta} \leqslant r = r_1 < 0.5$ 大。垄断者能够用 $k\Delta U_2$ 完全收买规制者。因为规制者是理性人并且是风险中性的，因此只要规制者和垄断者发生共谋，到最后规制者一定能够被垄断者完全收买，即只要规制者和垄断者发生共谋，$\frac{1}{2+\beta} \leqslant r = r_1 < 0.5$ 情况一定不会发生。因为规制者在 $0 < r = r_2 < \frac{1}{2+\beta}$ 时获得的利益多于 $\frac{1}{2+\beta} \leqslant r = r_1 < 0.5$ 时，即

$$\Delta U = \Delta U_2 - \Delta U_1 = \int_x^b \left[\frac{r_1 r_2}{r_1 r_2(1+\beta)}\frac{F(x)}{f(x)}\right]dx + U(b)$$

式中，进行收买的交易成本 ΔU_2、ΔU_1、ΔU 是 r 的减函数。

通过上面的分析，能够得到下面的定理。

定理：只要规制者和垄断者发生共谋行为，到最后规制者一定能够被垄断者完全收买。

性质 3：在不完全信息下，可得到以下结论。

(1)如果 $0.5 < r < 1$，那么 $\tilde{e}(x) < \bar{e}(x)$，因此 $\tilde{U}(x) < \bar{U}(x)$。

(2)如果 $r = 0.5$，结论与性质 1 相同。

(3)如果 $\frac{1}{2+\beta} \leqslant r_1 < 0.5$，那么 $\tilde{e}(x) > \bar{e}(x)$，因此 $\tilde{U}(x) > \bar{U}(x)$。

(4)如果 $0 < r < \frac{1}{2+\beta}$，那么 $\tilde{e}(x) > \bar{e}(x)$，因此 $\tilde{U}(x) > \bar{U}(x)$。

5.2 防共谋契约设计

在 5.1 节，通过对比最优规制，得到了两个结论：一个结论给出规制者会被垄断者收买的原因；另外一个结论揭示出只要规制者与垄断者共谋，到最后垄断者一定能完全收买规制者。一旦规制者和垄断者共谋，将会严重损害消费者的利益。而且，如果共谋行为被政府发现，将会造成严重的社会影响。因此，对于政府来说，必须确保规制者在保持对消费者和垄断者偏好一致的情况下最大化社会福利函数。规制者从政府获得收入 $s > 0$，现在，对于政府来说，关键的问题在于怎么样建立防共谋契约。

一个做法是在事后阻止共谋。如果规制者与垄断者发生共谋行为，并在事后被政府以概率 p 发现，此时，政府会给规制者一个惩罚 D。为了简单起见，假设惩罚只给规制者。在这种情况下，规制者的期望收益为

$$p(s+k\Delta U_2-D)+(1-p)(s+k\Delta U_2)=s+k\Delta U_2-pD$$

式中，$\Delta U_2=\int_x^b\left[\dfrac{1-2r_2}{r_2+r_2\beta}\dfrac{F(x)}{f(x)}\right]\mathrm{d}x+U(b),0<r_2<\dfrac{1}{2+\beta},k\in[0,1]$。

规制者受到的惩罚满足 $D\geqslant\dfrac{k}{p}\Delta U_2$，减少参数 r 或 p 的值，或者增加参数 k 的值将导致惩罚增大。但是，由于在不同情况下概率 p 的取值是不同的，因此很难确定 p 的值。对于政府来说，能采取严厉的惩罚措施 D 来面对不同的共谋情况。

注 1：在事后防共谋契约中，政府应该加强监管和增大信息纰漏的力度，提高发现共谋的概率，以此来阻止共谋。

另外一个做法是在事前阻止共谋。对于政府而言，政府可以重新设计规制者的收入 $\tilde{s}$ 来事前阻止共谋。因此，防共谋契约满足

$$\tilde{s}\geqslant s+\Delta U \tag{5-37}$$

对于消费者而言，他额外承担的社会成本是 $\tilde{s}-s$，在这种情况下，规制者的目标函数为

$$\begin{aligned}W&=\frac{1}{2}[S-(1+\beta)(C+t-s+\tilde{s})]+\frac{1}{2}[t-\psi(e)]\\&=\frac{1}{2}[S-(1+\beta)(C+\psi(e)+\tilde{s}-s)]-\frac{\beta}{2}U\end{aligned} \tag{5-38}$$

在不完全信息下，模型(5-23)可写为

$$\begin{cases}\max\limits_{U(\cdot),e(\cdot),\tilde{s}}E(W(\xi))\\\varphi(x,x)\geqslant\varphi(x,y),\forall x,y\in[a,b]\\\varphi(x,x)\geqslant 0,\forall x\in[a,b]\\e(x)\geqslant 0,\forall x\in[a,b]\\\tilde{s}-s\geqslant k\Delta U_2,\forall x\in[a,b],k\in[0,1]\end{cases} \tag{5-39}$$

根据式(5-7)，对于任意固定的 x，$\varphi(x,y)$ 满足下面的一阶条件和二阶条件：

$$\begin{cases}\dfrac{\partial\varphi(x,y)}{\partial y}\Big|_{y=x}=0\\\dfrac{\partial^2\varphi(x,y)}{\partial y^2}\Big|_{y=x}<0\end{cases} \tag{5-40}$$

根据一阶条件可得

$$\frac{\mathrm{d}t(x)}{\mathrm{d}x}=e(x)\left(\frac{\mathrm{d}e(x)}{\mathrm{d}x}-1\right) \tag{5-41}$$

对式(5-3)关于 x 求导，可得

$$\frac{\mathrm{d}U(x)}{\mathrm{d}x}=\frac{\mathrm{d}t(x)}{\mathrm{d}x}-e(x)\frac{\mathrm{d}e(x)}{\mathrm{d}x} \tag{5-42}$$

将式(5-41)代入式(5-42)可得

$$\frac{dU(x)}{dx}=-e(x) \tag{5-43}$$

同时,根据二阶条件,可得

$$\frac{d^2t(x)}{dx^2}+\left[\frac{de(x)}{dx}-1\right]^2+e(x)\frac{d^2e(x)}{dx^2}<0 \tag{5-44}$$

对式(5-41)关于 x 求导代入(5-44)可得

$$\frac{de(x)}{dx}<1 \tag{5-45}$$

根据式(5-43)可知参与约束式(5-8)满足 $\frac{dU(x)}{dx}\leqslant 0$,即 $U(x)$ 是减函数。因此,式(5-8)可以写成

$$U(b)\geqslant 0 \tag{5-46}$$

因为信息租金拥有社会成本,在这种情况下,显然可知式(5-49)是紧的,即

$$U(b)=0 \tag{5-47}$$

而且,参与约束式(5-37)也是有社会成本的,因此,它也是紧的,即

$$\tilde{s}-s=k\Delta U_2 \tag{5-48}$$

模型(5-39)可以写为下面最优控制问题:

$$\begin{cases}\max\limits_{U(\cdot),e(\cdot)}\int_a^b\left\{\frac{1}{2}\left[S-(1+\beta)\left(x-e(x)+\frac{1}{2}e^2(x)+\tilde{s}-s\right)-\frac{\beta}{2}U(x)\right]\right\}f(x)dx\\ \frac{dU(x)}{dx}=-e(x)\\ \frac{de(x)}{dx}<1\\ e(x)\geqslant 0,U(b)=0\\ \tilde{s}-s=k\Delta U_2\end{cases} \tag{5-49}$$

首先忽略掉约束 $\frac{de(x)}{dx}<1$,然后验证最优规制是否满足该约束。最优控制问题的哈密顿函数为

$$H(x,U,e,\lambda)=f(x)\left\{\frac{1}{2}\left[S-(1+\beta)\left(x-e+\frac{1}{2}e^2+\tilde{s}-s\right)-\frac{\beta}{2}U(x)\right]\right\}-\lambda(x)e$$

应用庞特里亚金极大值原理,可得状态方程

$$\frac{d\lambda(x)}{dx}=\frac{\beta}{2}f(x)$$

根据边界条件 $\lambda(a)=0$,可得 $\lambda(x)=\frac{\beta}{2}F(x)$。

在不完全信息的条件 $e\geqslant 0$ 下,最大化哈密顿函数可得

$$e^{2*}(x)=\begin{cases}1-\dfrac{\beta}{1+\beta}\dfrac{F(x)}{f(x)}, a\leqslant x\leqslant x_0\\ 0, x_0\leqslant x\leqslant b\end{cases} \tag{5-50}$$

根据假设(1),显然 $\dfrac{\mathrm{d}e^{2*}(x)}{\mathrm{d}x}\leqslant 0$,因此约束 $\dfrac{\mathrm{d}e(x)}{\mathrm{d}x}<1$ 是成立的。

性质 4:在不完全信息下,最优规制 $(U^{2*}(x), e^{2*}(x), \tilde{s}^*)$ 满足

(1) $U^{2*}(x)=\begin{cases}\int_x^b\left[1-\dfrac{\beta}{1+\beta}\dfrac{F(x)}{f(x)}\right]\mathrm{d}x, a\leqslant x\leqslant x_0\\ 0, x_0\leqslant x\leqslant b\end{cases}$

(2) $e^{2*}(x)=\begin{cases}1-\dfrac{\beta}{1+\beta}\dfrac{F(x)}{f(x)}, a\leqslant x\leqslant x_0\\ 0, x_0\leqslant x\leqslant b\end{cases}$

(3) $\tilde{s}^*=s+k\Delta U_2$

为了确使规制者对消费者和垄断者保持相同的偏好,消费者需要额外承担的社会成本为 $k\Delta U_2$,在这种情况下,规制者能得到与性质 1 一样的最优规制,并且规制者的收入增加到 $\tilde{s}^*$。

注 2:在事前防共谋契约中,有时候政府可以采取一些措施来提高规制者的道德水平,以此来阻止收买。然而,这只会减少共谋的发生,不会完全阻止共谋的发生。

5.3 小结

规制者做出规制是受他对消费者和垄断者之间偏好所影响的,本章主要从不完全信息情况下,建立了规制者没有私人偏好的规制模型和规制者有私人偏好的规制模型,在这两种情况下,分别得到了最优规制设计。

通过对比这些最优规制设计,本章得到以下结论:

(1)在不完全信息下,垄断者拥有信息优势,所以在激励性规制中垄断者能得到信息租金;垄断者的信息租金和努力水平都是向下扭曲的。

(2)在不完全信息下,只要规制者和垄断者发生共谋行为,到最后规制者一定能够被垄断者完全收买。

(3)为了阻止共谋,可分别考虑事前和事后防共谋契约。在事前防共谋契约中,消费者需要承担额外的成本来阻止共谋;在事后防共谋契约中,一旦发生共谋行为,政府需要采取严厉的惩罚措施来阻止共谋。

(4)在事后防共谋契约中,由于发现共谋行为的概率数值很难确定,政府需要采取足够大的惩罚措施来面对不同情况。然而,政府能通过加强监管和提高信息

纵漏的力度,来提高发生共谋行为的概率。在事前防共谋契约中,有时政府会采取一些措施来提高规制者的道德修养,来阻止共谋行为。然而,这只能减少共谋发生的次数,而不能完全阻止共谋。为了确使规制者对消费者和垄断者保持相同的偏好,消费者需要承担一个额外的成本来阻止共谋。而政府会根据他们的实际情况采取不同的防共谋契约来阻止共谋。

第6章　垄断行业中激励规制改革的路径

垄断行业改革要坚持商业化和市场化方向，坚持正确处理垄断和竞争的关系，坚持激发市场主体活力，坚持推进政府职能转变。进一步推进垄断行业市场化改革和规制，应切实促进有效竞争的形成，大力加强对自然垄断环节的规制，建立并完善相关法律法规及程序，设立职能完备的现代规制机构。

6.1　深化垄断行业改革的要求和原则

1. 经济体制改革进入攻坚期，要求必须深化垄断行业市场化改革

我国经济体制改革正在全面系统推进，深化垄断行业市场化改革，更好地发挥市场在资源配置中的决定性作用，是其中的重点和难点。垄断行业因自然垄断和行政垄断交织，市场化改革难度大、进展慢，大部分可竞争性环节尚未形成有效竞争。铁路行业至今尚未在地方层面实现完全的政企分开，中国国家铁路集团有限公司(以下简称国铁集团)在铁路行业占据绝对垄断地位。反映电力产品特性的现货市场尚未建立，竞争性电力批发市场尚未形成，两大电网公司仍在零售电市场占三分之二以上份额。天然气上游勘探开采仍由三大石油企业在各自区域内垄断，批发环节形成单一卖方市场，下游城市燃气企业和大用户无议价能力。中国移动和中国电信分别在移动电话和固定电话业务中占60%以上市场份额，三大全业务电信公司垄断骨干网基础设施，中小型增值服务商和潜在竞争者在接入骨干网及增值业务竞争中处于劣势地位。以运输总周转量衡量，2016年中航集团、东航集团、南航集团和海航集团的市场份额 (CR4) 达到87.8%。

2. 为"更好发挥政府的作用"，要求尽快推进垄断行业规制体系建设

党的二十大提出要更好发挥政府作用。垄断行业经济性规制是现代市场经济国家政府重要经济职能之一，关系到垄断行业和经济社会可持续发展，关系到社会公平公正。然而，市场经济中的经济性规制和传统政府经济管理在目标、原则、手段和方式等方面存在明显不同。目前，我国尚未建立适应市场经济要求的垄断行业规制体系，主要表现在：一是现行法律未对垄断行业规制做出法律授权和系统安排，特许经营制度、定调价规则、技术标准和服务质量标准等仍不健全。二是价格、质量、投资规制等职能分散于不同部门且缺乏有效协调，人员编制严重不足、专业构成不合理，对垄断企业规制缺位与越位并存。三是缺乏有效规制手段和工具。例如，价格定期调整机制尚未建立，价格结构未能反映各类用户成本进而引导合理需求，技术标准和服务质量标准滞后于技术发展和用户需求增长且执行不到位，规制机构与被规制企业之间存在严重的信息不对称。四是有效制约规制者的监督体系尚未建立。例如，信息公开的广度和深度不够，专业的消费者组织特别是发挥专家代表作用的机制缺失。

6.2 深化垄断行业改革的思路

深化垄断行业改革，应继续坚持充分发挥市场在垄断行业资源配置中的决定性作用，更好地发挥政府在纠正市场失灵、增进社会公共福利等方面的作用，为垄断行业实现由高速增长到高质量发展提供制度保障，切实保护消费者利益。

1. 切实促进有效竞争的形成

1)培育竞争性市场结构

对天然气勘探开采和长距离管道输送业务进行纵向拆分，放宽勘探开采环节准入门槛，形成多元化市场主体。铁路行业按网运纵向分离或区域(干线)横向分拆或二者相结合的方式，形成竞争性市场结构。按“输配-售”或“输-配售”模式对电网企业进行纵向分拆。此外，对市场集中度明显较高的行业，还需进一步拆分、重组。

2)保障公共网络公平无歧视开放

在未进行纵向分拆的行业或纵向分拆实现以前，对公共基础设施网络实行所有权和运行权分离，设立独立系统运行机构，负责公共基础设施规划、运行和质量安全，保障所有市场成员能公平使用公共网络，平等参与市场竞争。

3)通过混合所有制等方式吸引和鼓励民营资本进入垄断行业

除直接关系公共利益和保障公平竞争的网络调度环节，应实行国有独资或直接设立公益性机构外，非公有资本可以通过控股、参股等方式广泛参与垄断行业。垄断行业的竞争性环节可加大引入非公资本。全国性的电力、铁路、天然气管道等主干网是关系国民经济命脉的重要行业，可逐步引入混合所有制，现阶段为保障安全，应实行国有绝对控股。

4)推进电力和天然气批发市场建设

电力和天然气因具有较强的系统性，其市场在竞争性市场结构形成后并不会自动形成，须政府进行系统设计。如，电力是系统集成的产品，其大宗交易的方式与电力系统供需实时平衡特性相兼容，是电力市场区别于普通商品市场的本质特征。电力批发市场设计首先需要确定交易模式，明确市场主体的交易和权责关系，进而设计批发市场架构以及运行机制。

2. 大力加强对自然垄断环节的规制

1)完善价格、服务质量的规则体系

尽快出台成本规制和价格定期调整规则,完善价格水平核定方法,逐步建立反映分类用户成本的价格结构。修订、完善技术标准和产品服务质量标准体系,并加强落实。

2)建立规制信息系统

根据履行规制职能所需的企业信息,设置规制信息上报系统,规定企业定期按规定格式和要求填报和提交,规制机构就重要信息进行定期评估。

3)加强激励性规制方法的运用

更好地发挥特许经营权制度在事前竞争中发现价格的功能,在价格规制和服务质量规制中引入价格上限、浮动收益率、区域比较(标尺竞争)等激励性方法。建立服务质量奖惩机制,对不同地区的企业成本和绩效进行综合对标,对企业效率和服务质量提高以及可控成本下降设置合理的要求。

4)构建全方位、多层次的监督制衡体系

完善规制决策的程序,包括规制机构制定规则和执行规则的程序。例如,重大政策出台前必须经过专家咨询,向利益相关方公开征求意见,建立完善的听证制度等。提高规制的公开透明程度,完善信息公开制度,将被规制企业的必要信息公开,发布年度规制报告,公开规制决策的结果、详细依据和决策过程等。保证利益相关方的充分参与,建立消费者有效参与机制,在规制机构内部设立专职的消费者保护部门,充分发挥经济、财务、技术、法律等专家在代表消费者利益中的作用。建立问责机制,规制机构对主管部委或上级部门负责,提交年度报告;当被规制企业或消费者(组织)认为利益受损时,可向法院或上级机构上诉要求变更或撤销规制决策。

3. 建立并完善相关法律法规及程序

垄断行业市场化改革和规制现代化属系统性工程,既要有目标和路径整体设计,也要有持续性落实、完善的制度和机制保障。我国正在推进“法治中国”建设,要完善垄断行业法律法规体系,提高政策稳定性和可预期性,促进垄断行业可持续发展。一是修改或制定行业法,明确市场化改革目标、实施路径,制定垄断行业规制法案,明确规制的目标、范围以及规制机构设置、职权范围和履职程序、责任等。二是制定详细的市场化改革和规制规则。三是建立法律法规定期修改机制,以适应垄断行业动态发展需要。四是完善制定、修改法律法规的程序,建立公开辩论机制,充分征求利益相关方的意见,对征集的意见是否予以采纳以及理由须向社会公开,从法律法规制定源头上防止垄断。

4. 设立职能完备的现代规制机构

现代市场经济国家普遍设立了独立或半独立的垄断行业规制机构。这些机构的核心目标是保护消费者利益，实现的途径包括促进可竞争环节竞争、纠正自然垄断环节的市场失灵等。为在垄断行业更好发挥政府作用，我国也应当设立适应市场经济要求的现代规制机构：一是整合分散于各部门的职能，设立职能完备的规制机构，统一行使价格、投资、质量、准入退出等规制职能。在省级层面，可采取国际主流的省公用事业委员会模式。在中央层面，可借鉴美、英模式，成立若干包含一个或多个行业的独立规制机构，也可借鉴德国等国的综合性半独立机构模式，即在国家发展改革委下成立半独立性质的垄断行业规制局。从我国国情看，德国模式在起步阶段更为可行。二是提高规制机构专业化能力，包括优化专业结构，按一定比例配置技术专家、经济学家、法律专家等；加强业务培训，持续提高机构人员专业素质；加强与外界的沟通和联系，了解国外垄断行业市场化改革进展、规制制度安排和动态变化等。

6.3 中国垄断行业激励性规制的模式选择

6.3.1 转轨时期中国自然垄断产业激励性规制模式选择

当前我国正处在转轨时期，基本现状为：受计划经济影响深远，相关的制度不完善，缺乏改革实践经验。在这种情况下，在自然垄断行业引入竞争机制是个非常复杂的问题，要涉及很多部门的利益，不是短时间能实现的，这就需要理清思路一步一步来。总的来说，我国自然垄断行业规制改革相比起发达国家有着很大的差异，行政垄断主导、多种垄断并存是我国的突出特征。目前对我国自然垄断行业，政府规制改革的主要目标是反行政垄断。只有在认清这个主要问题的基础上，才能更好地分析行业现状，找出规制失效的深层次问题，为实现规制改革提供依据和方向。

6.3.2 对垄断性业务实行激励性规制

根据目前我国各个自然垄断产业发展阶段的体制环境和产业状况，在总体目标模式的基础上，研究各种激励性规制方案的适用范围。

由于行业特殊性，自然垄断行业的有些环节还是不宜竞争的，如管网的重复建设是不经济的：铁路平行线的建设会使双方的运输能力都出现闲置的现象、单位服务成本上升，甚至竞相压价，最终使双方损失惨重。对这些沉没成本高的部分，科学的管理办法是实行激励性规制，以对传统规制下的信息不对称等缺陷进行补救。其目的在于通过设计科学合理的制度来减少规制成本，激发企业提高效率的积极性。诸如基于业绩指标的价格上限和价格调整机制，企业具有实现成本最小化的奖励。美国联邦电信委员会已使用价格上限来代替收益率规制的方法，不再审查利润函数的成本方面。激励性规制“通过给予被规制企业提高内部效率的刺激，给予被规制企业以竞争压力或提高生产效率的正面诱因”，使非竞争性环节受到利润刺激或竞争性刺激，促进企业削减经营成本，提高生产效率以及更好地配置资源。

经营网络的管理部门的职责主要有：一是受国家监管，委托承担经营责任；二是负责对管网的调度管理，收取管网使用的费用，其标准由规制部门监管；三是网管部门用赢利部分对原有管网进行维护、改造和修理；四是制订发展与投资计划，承担投融资的责任和任务。

相关的运作方式如特许投标制、价格上限规制、社会契约制，具体可参考如下。

1. 对新入企业采用特许投标制

政府对自然垄断行业逐步放开规制后，对试点的企业进行资质、信誉、经营实力等方面的评估，选择某一特定企业进行一定期限的承包，给予企业特许经营权。为了给予企业提高效率的刺激，在特许期限后再通过竞争投标的方式来选择新一轮的特许经营企业。

2. 改革后规制部门对价格的制定，可实行对价格上限的规制

规制部门与被规制企业签署价格变动合同，企业定价时原则上只能在这一上限之下自由变动。价格上限规制避免了以往价格制订过程中详查成本的复杂程序，是对企业提供不对称信息的解决措施，但从另一方面来看，规制部门需要获得有效经营下的成本和服务信息。

3. 采用社会契约制（成本调整契约）规制

规制部门与自然垄断企业在修订价格时就设备运转率、热效率、燃料费、外购电力价、建设费等签订合同，企业如能达到比合同更好的成绩则予以奖励，否则予以处罚。虽然激励性规制存在一定缺陷，但很大程度上改善了传统规制存在的问题，在欧美等国家的实践中取得了良好的效果。这些制度对我国的自然垄断行业的改革有着积极的参考作用。

6.3.3 选择符合产业特征的具体规制模式

一个垄断行业的不同业务部分其自然垄断性的强弱是不同的，对其规制的力度和方法也应有不同的选择，分类管理则是一种比较科学的方法。对于完全具有自然垄断性的部分，对企业进入、价格、服务等方面要严格规制，保证实现经济合理性；对于自然垄断性弱的部分，实行适当的放松规制，引入竞争，激发行业活力；而对于已经不具有自然垄断性的部分就应该放开竞争，让这些业务在市场经济中得到充分发展。这就需要对这些错综复杂的业务进行有效的分解。

1. 垄断环节进行激励性规制

在自然垄断行业中，并非所有业务都具有垄断性。自然垄断行业中的规模经济条件强、沉淀成本大的业务环节，如电力、煤气、自来水线路，输送管道网络、铁路的运输线路网等，如果对这些环节进行过度投资则会造成浪费，甚至降低效率，不能简单引入竞争机制。对于这些垄断性的业务要进行科学的管理，即实行激励性规制。

2. 非垄断环节引入竞争机制

竞争可以提高企业生产效率，优化资源配置。美国自20世纪80年代起，在自然垄断行业的放松规制改革已经取得了明显的效果，美国各行业的效率大大提高，如民航业的全要素生产率提高了，管道天然气行业的效率提升了。在收费方面也明显下降，从放松规制改革以来到1996年，美国长途电话费率降低了70%以上。对于自然垄断行业中这些适合引入竞争的部分，应当遵循市场规律，引入竞争机制。如果依旧走垄断发展的道路，这些业务环节必将在市场经济中走向绝路。

1）在自然垄断行业分拆现有垄断企业

自然垄断行业的现有垄断企业长期居于垄断地位，竞争是不容易被打破的，要在垄断行业引入竞争很大程度上需要靠打破垄断、对现存企业进行分拆来实现。分拆垄断企业，不仅可以削弱现存垄断企业的垄断力量，直接分拆出几个可以相互竞争的企业，还可以划分出可竞争业务和不可竞争业务，由不同企业经营。美国政府曾对电信垄断企业AT&T进行了分拆，将其"一分为八"。日本政府也对日本国内电信垄断经营者NTT"一分为三"。最近几年我国也开始对一些垄断企业进行分拆，引入竞争。

2）放松规制，让竞争者得以产生

在自然垄断行业，进入壁垒的问题普遍存在，放松规制最重要的就是对进入规制的放松，这也是让竞争者产生的关键。一方面，通过放松进入规制，使新企业能够进入自然垄断行业的部分业务中去；另一方面，对于原来占垄断地位的企业要放松对其的价格规制，以便使这些老企业也能快速适应新的竞争环境，在竞争中找到适合自己的发展道路，增强竞争能力。

3）实行非对称性管理，让竞争者得以生存和发展

非对称性管理包括业务范围、价格规制、电信互联互通政策等多个方面。基本思想是：第一，对占垄断地位的企业和不占垄断地位的新企业，采取不同的规制政策和规制办法，一般是对占垄断地位的企业严格规制，而对不占垄断地位的企业较少规制或不规制。第二，当占垄断地位的企业与不占垄断地位的企业竞争时，规制政策向不占垄断地位的企业倾斜。这是西方国家和我国自然垄断行业引入竞争中一项重要措施，这一政策实际上不是简单引入竞争即可，而是在引入竞争后注重对

新企业的培养政策，使新企业能够壮大成长。

6.4 激励性规制模型设计

6.4.1 激励性规制模型设计中激励与抽租的权衡关系

政府规制的起因是市场失灵，市场失灵最终造成的损失希望能通过政府规制来弥补，但是政府规制过程中也有成本高低之分。对规制的效果进行评析，有利于我们完善规制措施，降低规制成本，以有效规制促进有效竞争，提高效率。为了维护一个规制机构正常运转，需要投入大量的人力和物力。现在各国正在积极实施的规制改革的内容之一就是规制机构本身的改革，目的是减少规制支出。

规制的经济效应所造成的间接成本包括三个方面。第一，利益集团俘虏规制政策制定者所造成的损失。利益集团收买规制政策制定者主要是寻求垄断地位并获得垄断租金。垄断会造成无谓损失。在多个利益集团为寻租而展开竞争时，寻租的成本可能会等于垄断租金，导致租金耗散。第二，规制者与企业之间信息不对称导致的成本。信息约束限制了规制机构控制产业的效率。信息约束习惯上被区分为两种形式：道德风险和逆向选择。道德风险的存在要求规制者必须给予企业降低成本的激励。逆向选择使企业能够从与政府的相互作用中获取信息租。规制者在促使企业降低成本和抽取企业的信息租之间相互冲突。除了最极端的情形以外，企业在获得信息租的同时激励程度被降低。第三，规制者缺乏承诺导致的成本。由于交易约束和法律上的原因，规制者往往缺少承诺能力。在长期关系中，规制者缺乏承诺能力会导致“鞭打快牛效应”。如果企业在初始时期干得出色，规制者会推断企业的技术条件是优越的，那么在以后的阶段，规制者会变得更加苛刻，尽力抽取企业的租金。因而，企业不会努力降低成本。提倡竞争的引进和政府的规制双重效用，才可能避免在自然垄断规模报酬递增的情况下出现竞争性进入过度的极端和规制成本的无限扩张。

6.4.2 自然垄断行业非对称进入规制的激励机制问题

进入规制是自然垄断行业规制的另一个重要研究内容。进入规制的本质，就是对企业投资行为的一种限制，就如同价格规制是对企业定价行为的限制一样。

非对称规制的实质是在从打破垄断到形成充分竞争的过渡时期，为了尽快改变不对等竞争的局面，政府对原有企业和新进入企业实行待遇不同的规制。对握有控制性网络的原有企业实行比新进入企业更严格的规制，或者说对基本和重要业务的新进入者实行比对原有垄断经营者更优惠的待遇，目的是使新进入者在一段时间内能够较快地发展。

非对称规制政策的实行引起了一些争议,偏向新进入者的非对称规制政策可能对原有企业并不公平,如长期实行,必定扭曲价格信息、恶化资源配置。所以,非对称规制是一种特殊时期的特殊政策。当市场真正形成有效竞争的局面后,也就是原有企业的市场份额降到一定程度,而新企业的市场份额达到一定比例后,政府就可以逐步取消对新进入企业的优惠措施,把非对称规制政策改为中性的干预政策,以充分发挥市场的调节功能。从总体趋势上看,非对称规制将随着市场竞争的不断发展逐步减弱实施力度。在注重培养新进入者的同时,也应当注重对新进入者的政策扶持,以防止非效率准入带来的不良后果。并且实行非对称规制政策的对象,不应是传统经营者,而应是占支配地位的主导企业。

1. 自然垄断行业进入规制的目的

可竞争市场理论为那些主张在自然垄断行业放松规制或取消规制的人提供了理论上的依据,但是可竞争市场理论并不完全适用于自然垄断行业。通过前面对自然垄断行业网络的系统结构属性的分析,可以知道自然垄断行业的系统结构属性的网络具有固定资产投资大、成本沉淀性强的网络技术经济特征。因此,对于高沉淀成本的自然垄断行业来说,可竞争市场理论"可以作为政府规制的指南,而不是取消政府规制"(鲍莫尔,威利格)。也正是由于自然垄断行业网络的高沉淀成本特征,政府才必须对其实施一定的进入规制。政府实施进入规制的目的主要有两点:一是由于大规模的固定资产投资的高沉淀性和专用性,自然垄断行业的过度投资和网络叠加重复建设必将导致大量社会资源的浪费,并且这类固定资产的价值转移非常有限,也十分困难,比如城市供水管网和供气管网;二是由于网络成本的高沉淀性,对于一旦进入自然垄断行业的企业来说,形成了天然的巨大退出障碍,所以企业为了维持生存就会不惜采取恶性竞争的策略来保持已有的市场份额,这种破坏性的竞争也会导致大量社会资源的浪费。进入规制也是一把双刃剑,进入规制的存在往往使自然垄断行业内的企业缺乏竞争压力,从而导致较低的生产效率,因此,垄断企业的低效率问题常常同进入规制紧密地联系在一起。

规制的真正目的应该是,通过对进入自然垄断行业的企业的投资行为进行一定的限制,来避免企业过度的投资进入,从而保证自然垄断行业的合理性结构。因此自然垄断行业的进入规制并不是说自然垄断行业就应该成为一个封闭、僵化的领域,保证自然垄断行业的良性进入和市场结构,从而保持规制下的适度市场竞争,依然是实现资源配置效率和生产效率提升的关键。政府的进入规制并不是为了完全禁止行业的进入,而是为了保证有效率的进入,从而实现规制下的竞争。换句话说,政府的进入规制也应该从两个方面来理解:一是通过政府的进入规制来避免市场的过度进入,从而避免过度投资所带来的资源浪费;二是通过政府的进入规制来保证有效率的进入,即形成良性的市场竞争结构。通常,避免过度进入的政府规制在自然垄断行业是比较容易实行的,但是保证有效率的进入却大多会受到自然垄断行业在位企业的策略行为的限制。也就是说，自然垄断行业的在位企业往往会为了保持其垄断地位，运用一些策略性行为来阻止新企业的进入（Fudenberg和 Tirole）。一般来说，在位企业会采取如下几种策略方式。

（1）威胁。新企业进入自然垄断行业的动机通常是“有利可图”，进入市场决策是基于预期进入后收益一定是超过成本的，是建立在进入市场后能取得利润这一信念基础之上的。对于在位企业来说，为了阻止新企业的进入，就要设法动摇新企业能在该市场中获取利润的信念，一个重要的策略行为就是承诺对新企业的进入做出强烈反应，比如做出大幅降低价格的可信承诺，从而使潜在进入者相信，进入该市场是无利可图的，最后做出放弃进入的决策。有学者认为，大幅度降价的策略行为会造成在位企业与新企业两败俱伤，因此不是一个可信的承诺。但本书认为，在位企业为了获得长期占领市场的垄断利润，会不惜在短期内牺牲利润采取掠夺性定价的策略行为，至少在理论上是存在这种可能的。

（2）在位企业可以采取追加固定资产投资、提高产能并保持较高的富余生产能力等非价格策略阻止新企业的进入。由于保有巨大生产能力的投资已经成为在位企业的沉淀成本，因此会使试图进入的新企业相信在位企业的定价威胁承诺，相信在位企业会不惜一切代价来保持自己的市场份额，从而使潜在进入者相信在进入之后无法获得正常利润而放弃进入。

（3）在位企业可以通过事先收购专利技术，以使潜在的竞争者无法取得参与竞争的技术，从而达到阻止新企业进入的目的。其中的关键因素是，在位企业获取专利的激励往往要强于新企业，即使某项专利技术低于正在使用的专利技术，在位企业也会收购该项专利。因为，如果在位企业能从技术上阻止新企业的进入，就能保证其市场的垄断地位，并获得长期的垄断利润，为此，在位企业宁可将专利技术收购回来之后束之高阁也在所不惜。

（4）在位企业可以凭借自己的先发优势，通过抢先提高自身的技术能力，从而间接地增加新企业的进入成本，提高潜在进入者的进入壁垒。比如在位企业持续采用更为先进的技术，不断地推动技术升级等。

总之，除了运用价格手段来阻止新企业的进入之外，在位企业还可以通过广告、产品差异和品牌等市场营销方面的策略行为来阻止潜在竞争者的进入。正是由于在位企业往往会通过策略性行为来阻止新企业的进入，因此，规制者通常会采取非对称的规制措施，以使新企业在短期内具备与在位企业进行市场竞争的能力。

2. 自然垄断行业的非对称进入规制

在自然垄断行业，正是由于在位企业往往会通过策略性行为来阻止有效市场竞争目标的实现，因此，规制者一般会对在位企业和新企业实施非对称规制，以有意扶持新企业的快速成长，即赋予新企业更多的优惠政策，以使其处于市场竞争的有利地位，目的是在自然垄断行业保持一定程度的市场竞争力，以通过有效率的市场竞争结构，确保自然垄断行业的资源配置效率和企业生产效率的提高。

从竞争能力上讲，新企业与在位企业之间并不是一种对称的竞争，这其实和自然垄断行业的技术经济特征紧密相关。自然垄断行业一般需要巨额的固定资产投资，而且这些固定资产由于具有很强的专用性，因此也就具有了明显的成本高沉淀性特征，而具有系统结构属性的网络又具有资源的稀缺属性，这就决定了进入该行业的新企业不仅要筹措大量的资本，进行大规模的固定资产投资，还要逐步建立和扩展自己的业务网络，与在位企业争夺稀缺的用户和网络资源。在位企业则在技术和资源占有上都具有先发优势，不仅具有了相当大的经济规模，而且还占有了大量的优质网络资源，从而具有了巨大的市场垄断力。更重要的是，新企业为了吸引用户和扩大市场规模，必须要利用在位企业所拥有的结构化网络资源，由此就不可避免地要面对在位企业对其所进行的种种限制，比如接入结算价格和互联互通的质量等。因此，为了建立良性的市场竞争结构，培育有效的市场竞争机制，规制者就有必要对在位企业和新企业实施非对称规制，以适应市场竞争的非对称性。

对自然垄断行业的在位企业和新企业实施非对称规制，是目前世界各国政府在进入规制实践中所普遍采用的一项基本原则。一方面，非对称规制通常会对新企业给予一定政策上的优惠，以促使其尽快地成长；另一方面，非对称规制对在位企业的策略性行为会实施一定的限制。因为在网络型自然垄断行业，新企业进入市场之后，由于其自身有拥有的网络资源较小，难以扩大其服务的范围。如果新企业要建立起与在位企业同样的网络规模，不仅需要长时间、大量的固定资产投资，而且还要面临资源稀缺性的制约，相对来说可能要付出比在位企业更多的建设成本，从而不具有竞争上的优势，除此之外，网络的重复性建设投资还会造成社会资源的巨大浪费。因此，政府对网络型自然垄断行业的规制，常常强制在位企业对新企业开放自己的网络，并要保证网际互联互通的服务质量。同时，在新企业使用在位企业网络的费用支付上，政府也要求新企业只按照边际成本支付价格，而不需承担在位企业固定资产投资的费用，以弥补新企业的竞争劣势。除了在互联互通方面实行非对称规制之外，政府还可以规定，在短期内新企业可以不承担普遍服务义务，从而使新企业可以以较低的成本拓展盈利性强的业务，增加新企业的财务实力。并且，政府还会允许新企业采取比在位企业更为灵活的定价策略，以便新企业利用价格优势吸引更多的消费者，拓展市场份额。当然，非对称规制只是一种短期的权益手段，当新企业经过一段时间的发展，具有与在位企业相当的竞争能力的时候，政府就应当取消非对称规制，而实行公平的规制措施，进而实现公平的市场竞争环境。

3. 非对称进入规制的实践

在电信行业的进入规制中，非对称规制是一种非常普遍的做法。

表 6-1 欧美主要国家的非对称规制措施

规制内容	美国联邦通信委员会	英国电信局	法国电信监管局	德国邮政电信规制局	日本邮政省
价格规制	目前主要对地区贝尔运营公司(RBOC)实施价格上限规制	对英国电信(BT)实施价格上限规制	对法国电信公司(FT)的电信业务零售价进行监督并提出修改意见	对住宅电信业务、办公电信业务实施价格上限规制	传统电信运营商的资费必须经过邮政省许可
互联网	本地互联费根据长期增量成本计算	1997年10月以前根据BT的全部成本并由英国电信局决定,以后根据长期增量成本计算	处于主导地位的电信运营商提出的互联费必须得到电信监管局的认可	互联费的计算以成本为基础,德国电信公司(DT)的收费必须得到邮政电信管制局的认可	以成本为基础计费
普通服务	普通服务基金	BT的义务	市场份额占25%的电信运营商有义务提供	德国电信公司的义务,必须强制执行	日本电报电话公司(NTT)改组以来,由东、西地区电信公司提供
有线电视(CATV)进入	1996年电信法规定可以互相进入	BT不得进入CATV,可以提供电信业务	传统电信运营商可以经营CATV		

资料来源:吴宏.外国电信管理[M].北京:北京邮电大学出版社,2001.

英国政府在电信行业的规制改革中,就打破了过去的独家垄断转而采取了双寡头垄断政策,并为此制定了相应的非对称规制措施。英国政府着力培育了电信行业的新的竞争者水星电信公司,以形成与英国电信公司的双寡头垄断竞争格局。英国政府所采取的主要措施如下。

(1)英国政府只允许一家企业进入电信行业,而没有完全开放电信行业的投资准入,主要是基于电信网络需要巨额固定资产投资以及投资回报周期较长的考虑,为的是避免过度投资高沉淀性资产所导致的社会资源的浪费,当然也有出于尝试改革需持谨慎态度的考虑。

(2)英国政府在允许一家企业进入的条件下,并没有完全依赖于市场的力量,而是对这一新企业提供了大量的进入"帮助",目的是希望尽快能形成有效的市场竞争机制。

(3)强制要求英国电信公司向新企业以较低的成本价格提供市内电话通信网络服务,以帮助水星公司抵消其在长途电话运营中的劣势。

(4)允许水星公司采取"撇脂战略",选择通信业务量最大的线路和地区作为其经营范围,以较低的成本取得较高的利润。英国政府在典型自然垄断行业的非对称规制实践,虽然在短期内不符合公平竞争的原则,但从长期来看,则有利于培育新的竞争力量,以实现更为有效的市场竞争。

在我国电信行业的规制实践过程中,非对称规制也被政府所采用,但政策的实施效果并不理想。例如,1994 年,中国联通的成立打破了新中国成立以来电信行业被邮电部独家垄断经营的格局,从而为我国电信行业发挥市场竞争机制的作用创造了初始的制度条件。国务院当时规定:国家只授权中国电信和中国联通经营电信业务,其他专用通信网可以加入中国联通,但不能另行成立独立的电信公司。我国电信行业的双寡头垄断市场格局也由此初步形成。但是,从市场竞争能力上来说,中国联通根本无法与中国电信相比。国务院当时规定,中国联通的电信业务接受邮电部的行业管理,中国联通投资改造和建设的通信网与邮电部的公用网互联互通、自动接续、公平计价,共享通信资源。政府虽然赋予了中国联通一定的政策优惠,但在非对称规制的力度上却非常有限。按照当时国务院对中国联通业务范围的规定,中国联通在保证铁道、电力专用通信需要的前提下,将剩余能力向社会提供通话服务;在公用市话网覆盖不到或公用市话能力不足的地区可以开展市话业务。也就是说,中国联通不能像英国水星公司那样采取"撇脂策略",从而在短期内确立竞争优势,以便对中国电信形成强有力的竞争力量。在移动通信领域,虽然中国联通具有一定的灵活定价优势,但是无论其网络资源还是用户资源都依然无法与中国电信相抗衡。

实施了十几年的非对称规制,并没有使中国联通达到规制者所期望的目标。应该说,我国电信领域实施的非对称规制初衷无疑是非常美好的,然而非对称的规制措施却并没有能够成功地培育出新的市场竞争者,这也是需要我们认真研究的。失败的规制不仅造成电信行业良性竞争机制长期无法得以建立,而且由于社会对电信行业垄断日益强大的舆论压力,政府又不得不推动一次又一次的电信行业的重组改革,从而造成了社会资源的巨大浪费。

其实,在进入规制的实践中,单纯的非对称规制并不能够解决自然垄断行业的适度竞争问题,或者说,非对称规制措施的成功与否在一定程度上其实依赖于技术和市场需求的条件。如前文所述,自然垄断的根本性成因在于具有系统结构属性的网络,网络的系统结构属性提高了消费者的转移成本,从而使网络成为一种稀缺性的资源。但是当技术或需求条件的改变降低了消费者的转移成本时,网络资源的稀缺性特征也会发生改变。也就是说，当消费者可以低成本地在不同的网络之间进行选择时，原有企业对系统结构属性的网络资源的垄断就会被打破，也只有在这样的条件下，规制下的适度竞争才可能实现。对于规制者来讲，应该随着科学技术的发展和市场需求结构的变化，动态地调整规制政策，适时地放松进入规制，对市场渗透性进入行为采取容纳策略，为垄断企业提高生产效率提供较强的激励。

6.4.3 自然垄断行业在进入规制下实现竞争的条件

本部分提出了在自然垄断行业中采用渗透性进入策略的投资行为方式可以获得规制者的容纳，并构建了一个市场渗透性进入策略的模型，给出了在避免出现破坏性竞争的情况下，市场渗透性进入和规制容纳的条件。

1. 市场渗透性进入的内涵

所谓市场渗透性进入，是指在受到进入规制的自然垄断行业中，潜在进入者所采取的一种避免与在位者正面竞争的差异化的进入策略行为，也可以说是产品差异化竞争的一个细分，但是“渗透性”要比“差异化”能够更加形象描述出进入者的投资行为方式。一般来说，市场渗透性进入需要具备以下几个条件。

(1)市场渗透性进入的需求前提是市场的可细分性，并且在一定的时期内，所进入的细分市场是不被在位企业重视的。

(2)新企业所提供的产品或服务与原有的产品或服务具有低替代性，从而避免在位企业的强烈抵制，如果新企业的进入能够填补在位者的市场空隙，那么可以比较容易地获得规制者的非对称进入规制许可。

(3)市场渗透性进入往往伴随着规制者的非对称进入规制，它可以保证进入者在进入的初期不会受到规制者与在位企业的双重挤压。

(4)新企业渗透性进入的投资面临的主要障碍来自规制者的体制性安排和在位企业的进入阻止，如果进入失败，投资所形成的沉没成本比例要远远高于一般的固定资产投资，消除或减少这种障碍的最优选择是通过产品的差异化或精确的市场定位，来弱化规制者和在位企业的强烈抵制。总而言之，自然垄断行业的渗透性进入策略，是在非对称进入规制下所提出的差异化进入理论，它为激励性进入规制实践提供了一个具有指导意义的理论分析框架。政府规制的根本目的在于解决市场失灵的问题，这也是公共利益理论的核心思想。利益集团理论基于规制失败所提出的放松规制的政策主张，并不符合政府规制的历史逻辑。事实上，在发达市场经济国家相当长的规制历史当中，在规制出现之初，即使几乎所有的受规制产业都表现出了低效率的特征，规制失败也没有被完全杜绝。政府规制也从未终止，并且20世纪50至70年代还出现了政府规制的第二次高潮。只是到了20世纪80年代，世界范围内才出现了放松乃至取消政府规制的趋势。从经验层面上观察，我们会发现，规制放松改革推进最为彻底的行业，往往是那些技术进步和消费者需求结构变化最为迅速的行业，比如电信、航空和金融业等。因此，从某种意义上说，规制放松并不是源于规制失败，而是源于更为根本的技术和需求的变化。

技术进步和需求变化在一定程度上降低了市场失灵对资源配置的扭曲程度，从而为规制放松提供了有利的条件。例如，在较早出现放松规制趋势的电信行业，由于微波和光纤等新的传输技术的出现，不仅使得电信行业的投资成本和服务成本显著下降，而且改变了传统系统结构属性的网络的稀缺性特征，基于新技术的系统结构网络的出现为新企业的市场渗透性的进入策略提供了机会。而从消费者需求结构变化的角度来看，随着国民收入水平的提高，以往被人们认为是奢侈品的手机等产品逐渐变成了生活必需品，在消费量急剧上升的同时，消费的层次差异也会越来越明显，从而改变了消费者对传统网络的依赖，而转向使用更新的网络。在这种情况下，一方面由于大量的消费者剩余被垄断者占有，从而给垄断者带来巨大的社会和政治压力；另一方面，多样化的市场需求也为新企业提供了渗透性进入的投资机会。在两方面原因的共同作用下，规制者和垄断企业不得不逐步放弃完全垄断的市场结构，开始适度容纳新企业的进入。因此，随着技术和需求的变化，自然垄断行业的进入规制就会不断放宽，从而形成规制下适度竞争的市场结构。

从目前自然垄断行业规制的发展趋势来看，传统的僵化规制方式已经被世界多数国家所弃用，代之的是激励性更强的规制机制。比如在价格规制方面，给予垄断企业更大定价自主权的价格上限规制开始被广泛采用，而非对称进入规制则进一步促进了自然垄断行业的适度竞争。众所周知，自然垄断行业的技术经济特殊性，决定了规制者不可能完全取消进入规制，尤其是网络型自然垄断行业，完全自由进入更是不现实的，而且也是缺乏效率的。

因此，对自然垄断行业实施一定的进入规制在世界各国也是一种普遍的现象。但是自然垄断行业如果缺乏外部竞争机制，那么就会损害行业的可持续发展能力。因此，如何实现规制下的适度竞争，就成为规制者需要认真研究的问题。事实上，技术和市场需求条件的变化，已经为新企业进入自然垄断行业提供了机会。从需求层面上看，由于需求层次的差异在一定时期内会使某一行业形成多个细分市场，而某一细分市场则被在位垄断企业所忽视。如果新企业所提供的产品与原有产品之间的替代性较低，在位企业则一般不会对新企业采取毁灭性的策略行为。从供给层面上讲，由于新企业在技术能力方面相对于在位企业存在一定的劣势，因此，它可以通过满足某一细分市场消费者的需求，以产品差异化的方式与在位企业进行非正面的策略竞争。有关新进入者与在位企业之间的策略性竞争问题，经济学家已经构建了许多模型。贝斯曼（Baseman）对进入的可持续性问题进行了研究。他认为允许在位企业依照边际成本法则降低价格（而非掠夺性定价）虽然能够实现次优，但必须满足三个条件：①在位者与进入者在同一市场上竞争；②在位者的平均非沉没成本低于进入者的总平均成本；③在位者的价格在进入发生前等于平均成本。对于多产品或多市场而言，次优的目标在大多数情况下并不能实现。白让让和郁义鸿认为他的论述涉及了对进入的规制，但没有将规制者的反应考虑进来。汉密尔顿(Hamilton)分析了需求变动对自由进入的寡头垄断市场结构的影响。他认为，在非竞争市场环境下，在位者的产出和产业绩效与由需求变动所引发的价格变化负相关，因此按照“边际成本-价格”的规制效率会因自由进入而丧失，其原因是企业之间可以形成某种默契合约来抬高价格。汉密尔顿所分析的虽然是自由进入的寡头垄断市场，但是其将需求变动引入模型当中，则为非自由进入或非对称规制的研究提供了启示。玛鲁格(Malueg)和施瓦兹(Schwartz)则构造了一个“立足点”进入模型。该模型所称的“立足点”是指，新进入企业可以利用先期的沉没成本和后期的计划生产来与原在位者竞争；由于在位者无法模仿进入者的投资行为，因此，进入阻止往往是低效的甚至是不可能的。显然，他们的研究结果更适合于垄断竞争市场，而不适合受规制的寡头市场。但是在规制者对新企业和在位企业存在不同的倾向性偏好时，新进入企业的投资行为则更容易受到政府规制政策的影响。因此，从本质意义上说，自然垄断行业的渗透性进入的投资行为，并不是一般意义上的产品差异化策略行为，而是由于规制权力运用方式的不同所产生的市场进入问题。本书所构建的市场渗透性进入策略模型，对规制机制与企业投资行为的关系进行了分析，从而为激励性进入规制的机制构建提供了理论基础。

2. 市场渗透性进入模型的构建

我们首先假设一个受规制的自然垄断行业，其市场结构是独家垄断的。某一时期由于技术进步或需求结构的变化，出现了一个潜在的进入者，于是该行业存在四个参与者：消费者、规制者、在位者与潜在进入者(新企业)。由此，我们做如下假设。

(1)假设消费者的需求函数为 $p(q)$，该需求函数是连续的且严格递减的，消费者在消费过程中所获得的净效用可以表示为

$$S(q)=U(q)-qp(q) \tag{6-1}$$

式中，$U(q)=\int_0^q p(x)\mathrm{d}x$，$\partial U(q)/\partial q<0$。

(2)假设在位企业的成本函数为 $C_1(q_1,\theta_1)$，其中，θ_1 代表技术参数。在独家垄断的市场结构下，企业的总收入为 $R_1=p(q_1)q_1$。由于该行业是受规制行业，企业不拥有完全的定价权，假设规制者给予企业的补贴为 t_1，其中，当 $t_1>0$ 时表示企业获得政府的补贴，当 $t_1<0$ 时则指企业需要向政府缴纳垄断租金。因此，在位企业所获得的净利润可以表示为

$$\omega_1=p(q_1)q_1-C_1(q_1,\theta_1)+t_1 \tag{6-2}$$

(3)假设规制者的目标是最大化社会净福利，因此，其目标函数可以表示为

$$\mathrm{Max}\,W=S(q)+\omega_1 \tag{6-3}$$

$$\text{s. t. } \{p, N\} \equiv \{\bar{p}, \overline{N}\}$$

(4)假设新企业的成本函数可以表示为 $kF + C_2(q_2, \theta_2)$，其中，F 表示固定成本，$0<k<1$ 表示沉淀成本的比例。同时，由于新企业可能受到来自规制者或在位企业的阻止或排斥而导致进入失败，因此，会有一个纯粹的进入费用成本 E，即其成本函数修正为 $kF + C_2(q_2, \theta_2) + E$。新企业进入成功才能获得收入，假设成功的概率为 $\alpha(0 < \alpha < 1)$，其收入函数可以表示为 $R_2 = \alpha p(q_1, q_2)q_2$。由此，新企业的净利润函数可以表示为

$$\omega_2 = \alpha p(q_1, q_2)q_2 - kF - C_2(q_2, \theta_2) - E \tag{6-4}$$

在上述假设条件下，规制者、在位企业与新企业的序贯博弈以如下顺序展开：

第一步，新企业投资开发一个与在位企业存在低替代性的产品或服务，并向规制者提出进入申请，如果遭到拒绝那么博弈结束。

第二步，规制者对新企业的进入申请做出容纳或拒绝的决定。

第三步，在位企业在观察到新企业的投资行动之后，可以采取接受或抵制的策略，如果抵制，则试图获得规制者的支持。

第四步，如果规制者允许新企业进入，在位企业则可以采取默认或是继续抵制的策略，如果是后者，新企业进入之后就会与在位企业展开价格竞争，以决定各自的市场份额。

以下我们将着重分析规制者的规制政策对新企业投资策略的影响，以便得到渗透性进入策略的激励性进入规制机制的若干条件。

3. 市场渗透性进入与规制容纳激励

从理论上讲，规制下的适度竞争更有利于规制者实现最大化社会净福利目标。因此，在面对新企业进入的时候，规制者不会采取拒绝一切进入的原则，但是保持自然垄断行业的有序、平稳，无疑会对规制者的政策制定构成约束。因此，规制者在面对新企业进入时，既不会一律拒绝，也不会任其自由进入。尤其是在我们所构建的市场渗透性进入策略的模型中，如果新企业的进入对在位企业的短期冲击不大，而且不会导致企业间的过度竞争，那么容纳就可能成为一个纳什均衡。否则，在位企业就会采取激烈的策略行为，来抵制新企业的进入，而规制者为了避免过度竞争则会选择拒绝。以下我们将给出规制者对市场渗透性投资选择容纳的条件。

如假设(3)所示，在原有市场结构和规制机制下，规制者的效用函数为

$$W = S(q_1) + \omega_1 \tag{6-5}$$

如果规制者对新企业采取容纳策略，则新的效用函数为

$$W^* = S(q_1 + q_2) + (1 - \beta)\omega_1 + \omega_2 \tag{6-6}$$

式中，$0 \leqslant \beta \leqslant 1$，$1-\beta$ 表示在位企业的利润在新企业进入之后的变化。当 $\beta = 0$ 时，在位企业的利润在进入前后没有变化；当 $\beta = 1$ 时，在位企业的利润在进入之后完全消失。

一般来说，只要 $W^{*}-W\geqslant 0$，即

$$[S(q_1+q_2)-S(q_1)]+(\beta\omega_1+\omega_2)\geqslant 0 \tag{6-7}$$

规制者就会对新企业的进入采取容纳策略，在市场渗透性进入策略的背景下，由于新企业所提供的产品或服务填补了细分市场的空隙，因此可以保证 $S(q_1+q_2)-S(q_1)>0$，即市场渗透性进入的投资可以提高消费者的净效用水平；同时也可以保证 $\omega_2>0$，否则新企业缺乏投资进入的激励。因此，不等式能否成立的关键变量就取决于 $(1-\beta)\omega_1$ 数值的大小。

假设新企业所提供的产品或服务是完全的替代品，且没有企业能力上的约束，即 $\theta_1=\theta_2$，那么在新企业进入之后市场将演化为双寡头结构，新企业与在位企业将分享市场利润，即 $\omega_2=\frac{1}{2}\omega_1$，在位企业也获得 $\frac{1}{2}\omega_1$，不等式就可以写成

$$[S(q_1+q_2)-S(q_1)]+\left(\frac{1}{2}\omega_1+\frac{1}{2}\omega_2\right)=[S(q_1+q_2)-S(q_1)]+\omega_1 \tag{6-8}$$

由于我们假设 $S(q_1+q_2)-S(q_1)>0$，因此，不等式成立。显然，新企业的进入改善了消费者的福利，但是生产者福利的总水平并没有变化。也就是说，总的生产者剩余并没有增加，而只是由两个企业分享了原来的生产者剩余。如果进一步分析，我们可以得出，在这样的不等式条件下，规制者很难做出"容纳进入"的决定。首先，由于新企业的产品具有完全的替代性，新企业进入之后将给在位企业带来巨大的竞争压力，因此，在位企业为了阻止新企业的进入必然采取激烈的抵制策略；如果新企业进入将采取破坏性价格竞争，也会迫使规制者拒绝新企业的进入。其次，由于总的生产者剩余没有增加，规制者从垄断企业那里获得的租金也不会增加，也就是说，在不同的市场结构下，规制者的收益没有获得改善，因此也缺乏激励去容纳进入。因此，可以推论，规制者会对完全替代性产品或服务的进入给予拒绝。但是在市场渗透性进入的投资情况下，无论是基于产品或服务的低替代性，还是基于市场的扩展，都会提高规制者进入容纳的激励。现在，我们来分析提供低替代性产品的市场进入对规制者行为的影响。假设新企业所提供产品的产出为 $q_1=q_m$，$p_1=p_m$，由于 q_m 所满足的市场需求并不是在位企业原有的市场，因此 $q-q_m$ 的需求就被排除在外，而不会损害在位企业的市场份额和利润。也就是说，新企业提供的产品满足了市场需求的空白，从而在这一市场上形成了独家垄断。如果能够防止消费者在两个市场之间的交易，那么容纳新企业进入对于规制者而言就意味着

$$W^{*}=[S(q_1+q_2)-S(q_1)]+(\omega_1+\omega_2) \tag{6-9}$$

显然，对于规制者而言，不仅消费者福利有所增加，而且总的生产者剩余也比在原来的市场结构下有所增加，规制者所获得的租金收入也会相应增加，因此，相对于完全替代产品的进入，规制者更愿意容纳这类新企业的进入。由此我们可以

得出如下结论：

如果市场渗透性进入的策略给规制者带来的效用增加大于因规制放松所产生的负效用，而新企业的进入对在位企业的市场侵蚀很小，甚至只是满足潜在的剩余需求，那么，{进入，容纳}就成为新企业和规制者的一个纳什均衡。

当然，在规制者容纳新企业的渗透性进入前，在位企业会与规制者进行合作博弈。在位企业面对规制者的{容纳，拒绝}策略选择时，也有两种策略选择，即{抵制，默许}。一般来说，在在位企业与规制者之间的合作博弈中，{抵制，拒绝}和{容纳，默许}是最具可能性的均衡结果。也就是说，在在位企业强烈抵制的情况下，规制者选择拒绝的可能性会很高，因为未来竞争结果的不确定性会让规制者选择保守策略。因此，我们很容易从在位企业与规制者之间的博弈中得出如下结论：在位企业与规制者的博弈取决于二者的预期效用，而效用水平与新企业和在位企业的产品差异化水平成反比，即产品之间的替代性越高，在位企业抵制和规制者拒绝的可能性越高。

以上分析所得出的结论就是在自然垄断行业中，采取渗透性进入策略获得规制者容纳许可的激励机制条件。

6.5 基于中国国情的价格规制模型构建

6.5.1 价格上限规制与资本收益(回报)率规制的比较分析

1. 两种规制方法的比较

RPI－X 的运作机制如下：假设某一年的通货膨胀率为 10%，即 RPI＝10%，X 为固定值，假设 $X=6\%$，那么提价的最高幅度就为 4%。这也就是说，企业在任何一年中制定的名义价格取决于 RPI 和 X 的相对值，如果 RPI 是负数，则企业必须降价，其幅度是(RPI－X)的绝对值。显然，X 值越高，企业成本降低的幅度越大，获得的额外收益也就越高，因此，RPI－X 具有降低成本的激励作用。

与传统的投资回报率规制相比，价格上限规制可以被视为一种动态的激励性价格规制机制，即在存在道德风险的情况下，允许自然垄断企业拥有一定的定价自主权和剩余索取权，从而激励企业不断降低成本和提高生产效率。1987 年，美国联邦通信委员会开始对美国的 AT&T 公司实施价格上限规制方案。截至 2002 年，价格上限规制已在美国的 38 个州得到应用，占到州总数的 76%，而采用投资回报率规制的州则仅为 8 个，由此也可见价格上限规制被接受的广泛程度。

一般认为，相对于投资回报率规制而言，价格上限规制具有如下几个方面的优势：①价格上限规制不依靠成本计算收益率，可以抑制过度投资，从而避免 A－J 效应；②通过赋予企业一定的定价自主权和剩余索取权，可以更有效地激励企业降低成本、提高效率，从而追求短期的超额利润；③减少了规制者对信息的需求，从而可以有效降低规制的成本；④依据一系列价格上限调整机制，可以有效限制规制者的相机决策能力，从而降低规制者被“俘获”的可能性；⑤从长期来看，可以给企业的技术进步提供更强的激励，从而促进社会福利的长期改善。

2. 构建符合我国国情的价格规制模型

国内学术界对英国的最高限价模型比较推崇，但实际上我们不能照搬这种模型，其主要原因是：①英国的最高限价模型实质上只是规定规制价格的上升（或下降）率，它是以有一个合理的基价为假设前提的，而基价的决定必然要以成本为基础，这就决定了中国在构建价格规制模型时不能回避成本问题。②在近期内，中国的许多产品价格（特别是一些生产资料价格）还属于价格调整阶段，零售价格的变动幅度较大，而且不稳定。同时，某些非价格因素会引起零售价格指数的变化，但不会导致企业成本的相应变化，这会使企业利润并不完全取决于企业的生产效率。如近几年来，中国的零售价格指数都很低，甚至出现负增长，如果再给企业规定一个生产效率增长率（即 X 值），则（RPI－X）必定是一个负数，这意味着需要较大幅度地调低规制价格。对目前规制价格水平较低的产业来说，可能会造成企业亏损，难以保证简单再生产，更不能维护企业的发展潜力。

在中国现行的自然垄断产业价格规制实践中，如何控制成本一直是主要的难题。针对这一问题，构建中国价格规制模型应重视成本约束原则，其根本思路是：虽然政府不能观察企业成本的实际运行过程，但政府能发现成本的运行结果，促使企业自觉提高效率，降低成本。同时，在正常情况下，自然垄断产业的经营企业应取得合理利润，以满足投资的需要，实现扩大再生产，但其前提条件是企业应具有较高的生产效率。这样，根据中国的实际情况，并借鉴经济发达国家的价格规制模型，一种可供选择的价格规制基本模型是

$$P_{t+1} = C_t(1 + \mathrm{RPI} - X) + P_{t+1} \times r \tag{6-10}$$

式中，等号右边第一项为单位成本项，第二项为单位利润项，经整理并考虑质量系数（Q）可得

$$P_{t+1} = C_t(1 + \mathrm{RPI} - X)/(1 - r) \times Q \tag{6-11}$$

式中，P_{t+1} 为下一期的规制价格，C_t 为本期的单位成本；RPI 为零售价格指数；X 为生产效率增长率（成本下降率）；Q 为产品与服务质量系数；r 为销售利润率。

在上面的模型中，$C_t(1 + \mathrm{RPI} - X)$ 为成本上限控制项，在制定下一期的规制价格时，首先要考虑本期的成本情况和成本变动因素，在影响成本的众多因素中，RPI 是一个综合性因素，随着 RPI 的变化，企业的原料、工资成本等也会发生相应的变化，因此，在决定下一期的成本水平时，在 C_t 不变的情况下，加上 $C_t \times \mathrm{RPI}$（在正常情况下，RPI 是一个正数，因此，$C_t \times \mathrm{RPI}$ 为成本增量）。为了促使企业提高生产效率，政府为企业规定一个下一期必须达到的生产效率增长率（X

值)，即成本下降率，因此，C_tX 为成本减量。如果 RPI－X＞0，则在下一期的规制价格中，成本可以增加，其净增量为 $C_t(\text{RPI}-X)$；反之，如果 RPI－X＜0，则在下一期成本必须减少，其净减量为 $C_t(X-\text{RPI})$。

由于 RPI 是客观的，对企业来说，是一个外生变量，而 X 是由政府规定的，因此，在销售利润率一定的情况下，企业要取得较多的利润，必须使企业实际的生产效率大于政府规定的 X 值。这就会刺激企业自觉提高生产效率，努力降低成本。而成本降低的结果也能使消费者享受较低的价格，分享因企业提高生产效率而带来的利益，从而促进社会分配效率。

在上面模型中，实行质量系数(Q)与规制价格挂钩的办法，目的是促使企业在成本上限控制的情况下，符合政府规定的产品质量标准，并向消费者提供较好的服务质量。同时，在模型中，不是以投资利润率而是以销售利润率决定企业的利润水平，其主要考虑是为了避免在投资利润率下企业可能发生的过度投资，而且对企业投资所形成的资产额的正确核算也是一项比较复杂的规制工作。相比之下，销售利润率比较客观，因为销售额的大小取决于销售量和销售价格，其中销售价格受政府约束，而销售量受市场约束，企业要增加销售量就必须通过增加投资、扩大经营范围、提高产品或服务质量等措施，以更好地满足市场需要。

从总体上说，上述模型能刺激企业自觉提高生产效率，降低成本，使消费者能享受较低的价格。政府能使企业获得合理的销售利润，而且只要企业实现的生产效率高于政府规定的生产效率，企业就能获得较多的利润，从而使企业具有一定的发展潜力。因此，合理使用上述价格模型能实现价格规制的三大政策目标。

6.5.2 价格上限规制下企业的信息获取和质量改善的激励机制

价格规制是自然垄断行业的规制理论研究及规制实践的核心内容。价格规制的目的是通过对企业定价权的限制来防止企业滥用市场权力的垄断定价行为，从而实现社会资源的有效配置。投资回报率规制等传统的价格规制方式，由于在企业效率的激励方面存在一定的缺陷，所以自 20 世纪 80 年代开始，多数国家纷纷开始采用激励性价格规制方式。价格上限规制是目前被普遍采用的自然垄断行业的价格规制方式，但随着在实践中的应用，也暴露出一些缺陷和问题。

价格上限规制的缺陷为信息质量问题及信息获取问题。价格上限规制虽然已被广泛应用于美、英等国的电信行业规制，但在实践过程中的一些问题，也受到了规制者的关注。价格上限规制的研究也更多地针对企业获取有价值技术和市场信息的激励问题。

在现实经济中，企业为了准确掌握不断变动的市场需求信息，以及影响成本条件的技术信息，往往需要支付高昂的市场调查和技术研发费用，即所谓的信息成本。在没有政府规制的竞争性行业中，由于企业的信息成本支出可以帮助其更好地决策，从而在所获得的更高利润中得到补偿，因此并不存在信息获取的激励问题。但是，在受到严格规制的自然垄断行业，由于企业的定价权是有限的，从而限制了企业利用更多信息以获取更高利润的机会。

由于企业缺乏获取更高利润以补偿信息成本的激励，因此企业在技术和市场需求方面所掌握的信息数量也会受到一定的限制。也就是说，尽管被规制的企业相对于规制者拥有一定的成本和需求信息优势，但是假设企业总是拥有精确的成本和市场需求信息也许并不符合现实。如果企业在获取有价值信息方面存在着激励不足，那么自然垄断行业的长期供给效率就会受到直接的影响，进而也会影响到消费者的长期福利。因此，如何激励企业获取更多有价值的需求和成本信息，才是激励机制设计所要解决的核心问题。

事实上，比斯利(Beesley)和利特柴尔德(Littlechild)针对 RPI－X 价格规制机制早就指出："RPI－X 机制不能假设成本和需求信息是给定的和已知的。事实上，真正的问题在于如何给企业提供足够的激励让其去揭示这些信息，目的是让企业选择低成本的技术并由此去满足更多消费者的需求。"

由于价格上限规制只是具有价格向下调整的灵活性，因此对企业获取有关成本信息的激励作用实际上非常微弱。价格上限的存在使企业并不能对价格进行充分的向上调整，因此当外部因素导致成本增加时，企业无法通过提高价格来补偿额外的费用支出。也就是说，在价格上限规制的条件下，外部成本的增加不能使企业获得任何好处，因此与不受规制的企业相比，被规制的企业往往缺乏足够的激励去获取更多有价值的成本和需求信息。如果企业在信息获取方面的激励太低，那么即使存在技术进步或需求条件改善的可能性，企业也不会主动去搜寻能够有效降低成本的技术信息或有效适应需求变化的市场信息，因此更低的或者社会最优的价格也就无法实现。当然，这一问题可以通过提高上限价格来获得暂时的解决，但这对于规制者和公众来说却缺乏足够的吸引力。

作为最简单的、最易于操作的并可以有效制约企业不滥用市场权力的价格规制机制，价格上限规制仍然被认为是最接近"次优"的规制方式。因此，关键的问题就在于，如何通过辅助机制的设计来更好地发挥价格上限规制的激励作用。

1. 价格上限规制的产品质量问题

价格上限规制不仅要面对信息获取问题，还可能面临企业降低产品质量的问题。尽管有效率的价格上限提供了降低成本的激励，但由于维护和提高质量需要投入，在需求具有刚性的条件下，企业会减少对质量的投入，以实现利润最大化。也就是说，在实行高强度的激励性规制(价格上限)条件下，企业具有降低成本与降低产品质量的激励。利特柴尔德指出，RPI－X 的质量规制问题反映了企业对消费者质量的总剩余效应的忽略。阿姆斯特朗(Armstrong)、卡文(Cowan)和维克斯(Vickers)也从理论上分析了高强度的激励性规制，如价格上限规制对产品质量的影响，指出被规制企业为获得成本降低的收益不惜降低质量，使消费者承担更多的剩余损失。因此，规制者有必要在运行有效率的价格上限时关注服务质量。罗维兹和汤普森认为质量必须由规制机构监控，有以下几种途径：要求企业公布质量统计，明确在价格上限条件下的质量标准，对低质量的产品要求企业建立补偿消费者的机制以及最低的质量标准。从某种程度上说，收益率规制不会导致质量恶化，比较而言，价格上限规制易导致成本锐减和质量恶化，与质量恶化之间似乎存在相关性，因为从理论上说，在价格上限规制下，企业为了通过降低成本来提高盈利，往往会牺牲服务的质量，而当消费者无法直接辨别服务质量水平的时候则更为严重。但在经验证据方面还不能充分证明价格上限规制导致了服务质量的降低。比如有的经验研究发现，在20世纪80年代末期，价格上限规制确实使英国电信公司的服务质量下降了(Armstrong，Cowan&Vickers)。但有的研究结论则认为，在价格上限规制的情况下，某些电信服务的质量有所提高，但有些服务的质量却降低了。萨平顿(Sapington)发现美国电信在激励规制下的服务质量在某些范围内受到限制，例如维修时间，而在另外一些方面有所改进，例如安装时间。正如班纳吉(Banerjee)和达斯古普塔(Dasgupta)所提出的，几乎没有实证数据表明价格上限实际上确实恶化了服务质量。另外，利斯顿(Liston)认为质量恶化不仅降低了成本同时也降低了需求，因此企业也面临着节约成本和潜在销售损失之间的权衡。

尽管经验方面的证据并不是非常一致，但是规制者却越来越重视质量规制的必要性。但是，迄今为止，质量规制的方法仍然非常不完善。事实上，“价格上限规制是一种边际约束，企业缺乏提高质量的激励。企业要承担质量提高的全部成本，但却只能获得由于需求增加所带来的收益的很小一部分。因此，价格上限规制经常要引入新的衡量质量的指标”(Laffont&Tirole)。首先，规制者可以设定一组消费者较为关注的绩效指标，并且要求企业按照绩效指标设定标准质量的服务目标，如果高于目标，企业会获得奖金，如果低于目标则要受到罚款处罚。其次，规制者通常会要求企业定期公布绩效承诺和统计数据。比如，澳大利亚、美国、英国和加拿大等国家的电信公司就被要求定期向规制机构提供绩效方面的统计数据。最后，价格上限规制还可以引入一个服务质量调整参数。如果服务质量的水平有所下降，则价格的上限标准也会降低，以代替先前针对企业的罚款。服务质量调整参数应该能够反映消费者在价格和质量之间的权衡。也就是说，被规制的企业可以让消费者在优质高价和低质低价二者之间选择。但是，如何在二者之间做出最优的权衡，理论却很难为规制者提供可行性的建议。

2. 信息获取的激励机制设计

1)信息获取的利润共享机制

目前，信息获取激励已经成为价格上限规制机制设计研究的重要内容。事实上，修正的信息结构假设已经被多数经济学家所接受。刘易斯和萨平顿就在标准的逆向选择委托-代理模型中引入了企业“无知”的可能性，并且指出信息的缺乏可能会导致企业只进行较少的决策。此后，他们还在标准的信息获取模型中，考察了如何激励企业去获取有价值成本信息的问题。他们发现，正是由于对信息管理问题的关注，才直接导致了成本分担规制契约的出现。克莱莫(Cremer)等人也将信息结构作为规制的外生变量，并且分析了激励或阻止企业获取成本信息的动态机制。通常认为，在价格上限规制中引入不同的收益分配机制，主要目的是解决公平分配与效率激励的权衡问题，但事实上，不同的收益分配机制也会对企业的信息获取行为产生重要的影响。利润共享机制就是一种解决价格上限规制中信息获取激励的方法。这一模型是由理查德(Richard)提出的，政府先根据预计成本来确定价格，然后监控企业的成本变化情况，定期调整价格。如果实际成本低于价格，政府要求企业降低价格，通过降低价格，把一部分高额利润从企业转移给消费者。为了鼓励企业增加产出规模，降低成本，不能把企业降低成本和扩大规模带来的利益全部转移给消费者，要在消费者和生产者之间合理分配这一效益。利润共享机制允许企业在一段时间内通过降低成本获得较高的预期利润，然后重新核定价格，通过适当降低价格把企业节约成本带来的利润转移一部分给消费者。这种方法的激励机制关键在于允许企业获得高利润的周期长短。如果周期定得太短，企业没有积极性降低成本；如果周期太长，消费者将受到较大损害。我国在施行利润分享规制的同时，也在施行价格上限规制，因此，企业还可能谎报成本，导致规制者在下一年制定更高的价格，这样不仅产品或服务的价格被提高了，而且还不能激励企业进行技术创新，而是引导企业进行过度投资，这造成了社会福利的巨大损失。

2)信息获取的收入共享机制

萨平顿和韦斯曼(Weisman)等人提出了在纯粹价格上限规制中引入收入共享机制，以有效解决企业的信息获取激励问题。所谓收入共享机制，是指将垄断企业所获收入的一部分以一次性总付的形式返还给消费者。该机制的应用条件是，当企业选择较低的价格时，其可以保留所获收入的一定比例。众所周知，较高的成本是与较高的价格和较低的利润相联系的，而收入共享机制则通过提高利润对外部技术和市场条件的敏感性，提高了成本和需求信息的价值。收入共享机制所具有的重要福利效应，正是通过降低技术进步和市场改善条件下的最大化利润价格来实现的。也就是说，收入共享机制虽然并不能总是获得比纯粹价格上限规制更低的价格，但是它能够更好地激励企业去获取更多有价值的信息。尤其是当产业存在可能的技术进步或更大的市场发展潜力时，信息获取激励可以更有效地降低长期供给价格，这对于技术进步较快或市场成长较快的产业来说，具有更为明显的长期福利效应。也就是说收入共享机制是通过设定几个参数，使得被规制企业如果选择花费一部分成本获取外部信息的话，它所得到的利润大于其不获取外部信息的利润。这样结合了收入共享机制的价格上限规制就既拥有了降低成本的激励又具有了获取外部市场信息的激励。因此，在给定的技术条件下，收入共享机制可以确保价格是较低的而福利却是较高的。由于收入共享机制允许企业拥有成本降低的剩余索取权，因此可以给企业提供不断提高生产效率的强激励。更为重要的是，它不会降低被规制企业使运营成本最小化的激励，而且也不会激励规制者拒绝企业正常的成本增加，而剥夺企业所应该享有的收益。由于企业收入用于返还给消费者的部分通常是一个常数，萨平顿和韦斯曼证明，收入共享机制可以有效地抑制价格歧视行为和被规制企业的游说活动。

3)收入共享机制模型的构建

假设垄断企业的目标是利润的最大化，规制者的目标是消费者剩余和企业利润之和的最大化。如此假设的原因在于，我们所关注的是收入共享机制所产生的福利，是通过对企业获取信息激励的影响而得到的，而不是因为收入再分配。众所周知，如果规制者不关注收入再分配，最优的结果可以通过规制者与企业的直接沟通而获得，我们通过简化的假设排除了这种可能性。

企业的实际成本函数是 $C=(\beta-e)q$，其中，q 表示产品数量，e 表示企业管理者的努力水平。用货币单位衡量的努力的负效用函数为 $\psi(e)$，在 $e>0$ 的情况下，满足 $\psi'>0,\psi''>0,\psi'''\geqslant 0$。随机变量 β 表示影响成本或市场条件的外部因素。β 在 $[\underline{\beta},\bar{\beta}]$ 区间满足概率分布函数 $F(\beta)$，分布密度函数为 $f(\beta)$。

市场需求函数为 $q(\beta,p)$，满足 $q'_p<0,q''_p=0$（条件有所简化是为了便于分析)，其中 p 表示价格。

供给函数 $S(p)$ 满足 $S'(p)=-q(\beta,p)$，$S''(p)=-q'(\beta,p)$ 表示净消费者剩余。

假设规制者可以观测到价格水平，但不能观测到总成本和企业的努力水平。

假设在初始状态下，规制者和企业都不知道 β 的真实值，但是企业通过支付成本 K 可以得到 β 的真实值。高昂的成本会阻止规制者和第三方获得有关 β 真实值的信息。

假设规制者知道 K 值，但是并不能观测到企业获取信息的过程，因此规制者也就不能简单地命令企业去获取信息。于是，问题的焦点就在于，企业是否有足够的激励去支付获取 β 真实值的信息成本。

在实践当中，由于受规制的企业往往被要求报告其有关运营成本和市场需求的数据，因此规制者尽管不具有成本和需求的完备信息，但也多少能知道一些。因此为了分析的方便，我们假设信息结构是二元的，即要么拥有完全的信息要么一无所知。也就是说，企业所提供的数据并不能精确地反映其真实的成本和需求条件，因此规制者仍然需要花费时间和精力去评估这些数据。另外，假设规制者能够观测到 K 值，在 K 被用以解释技术研究或市场调查费用时其实是可以被验证的，因为就这一点来说并不存在成本和需求信息的非对称，而且企业的规模和较长的存续时间也可以帮助规制者准确地估计信息获取的成本。

4)收入共享机制模型的激励机制分析

下面来分析一下引入收入共享机制的情况下，价格上限规制在企业的信息获取方面所具有的激励机制。

假设规制者制定的价格上限为 $\overline{P}$，企业可以在 $p \leqslant \overline{P}$ 的条件下具有价格的自由决策权，也就是说，价格具有向下调整的灵活性。收入共享机制要求企业把收入的一部分以一次性总付的形式返还给消费者，因此收入的一部分可以表示为企业索要价格的函数，令 $a(p)$ 为企业保留的那部分收入，对任意的 p，该函数满足 $0 < a(\cdot) \leqslant 1$。为了便于分析，我们将函数简化为线性函数 $a(p) = a - bp$，其中 $a \in (bp, 1 + bp]$。由此，可以分四种情况进行分析：

(1)$b=0$ 且 $a=1$ 时，不存在收入共享。

(2)$b=0$ 且 $a<1$ 时，存在收入共享，且企业保留的收入部分是一个常数。

(3)$b>0$ 且 $a=1$ 时，存在收入共享，企业保留的收入部分是其所选价格的减函数。事实上，在 $b>0$ 时，$a=1$ 不是必需的，任意的 $a \in (bp, 1 + bp]$ 都是可能的。我们之所以在 $b>0$ 时，设定 $a=1$，主要是便于与纯粹的价格上限规制比较。

(4)$b<0$ 且 $a \in (bp, 1 + bp]$ 时，存在收入共享，企业保留的收入部分是其所选价格的增函数。

情况(1)表示纯粹的价格上限规制，情况(2)、(3)、(4)则是引入收入共享机制后价格上限规制的不同形式。在给定 a 的情况下，较高的 b 值对应于较高水平的收入共享(如果 b 是负的，则意味着更小的绝对值)；对于任意给定的 p，$a(\cdot)$ 是随着 b 递减的。给定 b 的情况下，较高的 a 值代表较低的收入共享水平；对于任意给定的 p，$a(\cdot)$ 是随着 a 递增的。企业的利润可以表示为

$$\pi(\beta, a, b, p) = (a - bp)pq(p) - [\beta - e(p)]q(p) - \psi(e(p)) \tag{6-12}$$

式中，$e(p)$ 代表企业的努力水平，由 $\psi'(e) = q(\beta, p)$ 推导而来。令 $p^M(\beta, a, b)$ 为企业利润最大化时的价格水平。当企业知道真实值时，它会选择价格

$$p^I(\beta, a, b) = \min\{\overline{P}, p^M(\beta, a, b)\} \tag{6-13}$$

由于 $p^M(\beta, a, b)$ 对于任何 a、b 来说都是 β 的非递减函数，因此，对于任何价格上限 $\overline{P}$ 和收入共享方案 (a, b)，都存在一个 β 值。令 $\beta^M \in [\underline{\beta}, \overline{\beta}]$，则 $\overline{P} = p^M(\beta^M, a, b)$。因此对于 $\beta < \beta^M(\cdot)$，拥有信息的企业将索要利润最大化的价格，而当 $\beta \geqslant \beta^M(\cdot)$ 时，价格上限将约束企业的定价行为，企业只能选择价格上限 $\overline{P}$。β^M 是随着价格上限递增的，而随着利润最大化价格递减。反之，当企业不知道真实的 β 值时，它会选择 $p^N \equiv \min\{\overline{P}, p^M(E(\beta), a, b)\}$。其中，$p^M(E(\beta), a, b)$ 是垄断企

业垄断期望利润下最大化的价格，$E(\beta)=\int_{\underline{\beta}}^{\overline{\beta}}\beta f(\beta)\mathrm{d}\beta$。

令 $\overline{P}(a,b,K)$ 为价格上限的最优价格水平，在给定收入共享方案的情况下，如给定 a、b 值，包括纯粹的价格上限规制，当规制者希望诱使企业获取信息时，那么 $\overline{P}(a,b,K)$ 可以满足

$$\max_{\overline{P}}\int_{\underline{\beta}}^{\overline{\beta}}[V(p^I(\beta,a,b))+\pi(\beta,a,b,p^I(\beta,a,b))]f(\beta)\mathrm{d}\beta-K \quad (6-14)$$

$$\text{s.t.}\begin{cases} E_\beta\pi(\beta,a,b,p^I(\beta,a,b))-K\geqslant 0 \\ \pi(\beta,a,b,p^I(\beta,a,b))\geqslant 0,\beta\in[\underline{\beta},\overline{\beta}] \\ E_\beta\pi(\beta,a,b,p^I(\beta,a,b))-K\geqslant E_\beta\pi(\beta,a,b,p^N) \\ p^I(\beta,a,b)=\min\{\overline{P},p^M(\beta,a,b)\} \end{cases}$$

式中，$V(p^I(\beta,a,b))=S(p^I(\cdot))+\{1-[a-bp^I(\cdot)]\}p^I(\cdot)q(p^I(\cdot))$ 表示总消费者剩余。约束条件 1 表示当企业获取信息时，它希望获得非负的期望利润；约束条件 2 表示当揭示 β 的真实值时，企业仍然愿意进行生产；约束条件 3 表示企业宁愿为获得有关 β 真实值的信息而支付费用，也不愿意保持对此一无所知的状态，即激励相容约束。

令 $\overline{P}(a,b)$ 为价格上限，在不考虑前三个约束条件的情况下，它可以实现社会福利（消费者剩余与企业利润之和）的最大化。在上限价格水平为 $\overline{P}(a,b)$ 时，信息对于企业的价值可以用有信息与无信息时的期望利润之差来表示，即企业在拥有信息时，会选择 $p^I(\beta,a,b)=\min\{\overline{P}(a,b),p^M(\beta,a,b)\}$；而在不拥有信息时，企业会选择 $p^N\equiv\min\{\overline{P}(a,b),p^M(E(\beta),a,b)\}$。为了使表达更为简便，我们主要关注 $p^M(E(\beta),a,b)\geqslant\overline{P}(a,b)$ 的情况，此时 $p^N=\overline{P}(a,b)$。信息对于企业的价值可以表示为

$$I(a,b)=\int_{\underline{\beta}}^{\beta^M(a,b)}\int_{\underline{\beta}}^{\beta^M(a,b)}[q^M(p^M(s,a,b))-q(\overline{P}(a,b))]\mathrm{d}s\mathrm{d}F(\beta) \quad (6-15)$$

式中，$\beta^M(a,b)$ 可以由 $\overline{P}(a,b)=p^M(\beta^M,a,b)$ 导出。

由此，我们可以对模型做简单的分析。首先，$I(a,b)$ 随着 β^M 的增加而增加。当 $\beta\geqslant\beta^M$ 时，关于 β 的信息是没有价值的，因为它不影响企业的选择（由于价格上限的约束，有信息和没有信息企业都会选择上限价格）。正是由于价格上限规制的这一性质，切断了价格和成本及需求之间的联系。其次，当 $\beta<\beta^M$ 时，对应于每一个 β 值，信息对于企业的价值，是与有信息和无信息的企业产出差额成比例的。事实上，这一差额越大，企业利润对技术参数或市场条件就越敏感，由此企业从所获取的信息当中得到的利润也就越高。随之而来的是，较高的价格上限和较低的利润最大化价格将提高信息的价值。

从以上的分析中可以看出，如果 $I(a,b)\geqslant K$，价格上限为 $\overline{P}(a,b)$ 时的规制机制就可以激励企业去获取信息，并且可以实现社会福利的最大化。但是如果 $I(a,b)< K$，企业则会选择无知且始终保持上限价格。也就是说，在这种情况下，被规制的企业不会考虑消费者的福利损失，消费者只能承受企业缺少信息获取激励的痛苦，因为他们不能享受到由于成本或市场条件的改善和价格上限规制的价格向下弹性所带来的低价格。因此，当 $I(a,b)< K$ 时，最优的做法是修正价格上限规制机制，以提高企业的信息获取激励(除非 K 是如此之高以至于使信息获取变为次优)。在价格上限规制中引入收入共享机制，主要是为了让消费者能够分享垄断企业的一部分收入，但通过上述模型分析可以证明，收入共享机制不仅能够解决收入再分配的问题，还可以提高自然垄断行业的长期供给效率。正如上述模型所分析的，在缺少收入共享机制的情况下，规制者只能通过提高价格上限和增加至少与 K 增加的比例相同的期望利润来实现对企业的激励；而在引入收入共享机制之后，则可以有效提高信息对于企业的价值，从而给企业更大的获取有价值信息的激励。

因此，与收入共享机制一样，利润共享机制也能导致企业选择低价格，而且这种低价格也是源于较低的技术参数值，即在任何给定的努力水平下成本都有所降低。但是生产效率与利润共享之间的关系，却往往在运营成本上对企业产生负效应，因为在给定的技术参数水平下，企业往往更倾向于选择降低努力水平或提高管理成本来增加实际所占有的利润份额。因此，如果从企业的努力水平和信息获取激励相结合的角度出发，收入共享机制比利润共享机制更加可取。

3. 质量改善激励机制的设计

1)质量调整参数的确定

价格上限规制的 PRI－X 基本模型为

$$P_{t+1}=P_t(1+\mathrm{RPI}-X)\qquad(6-16)$$

在实际应用中，为了揭示垄断企业关于质量情况方面的信息，通常会引入一个质量调整参数 Q，则模型为

$$P_{t+1}=P_t(1+\mathrm{RPI}-X)+Q\qquad(6-17)$$

对于引入质量调整参数的价格上限规制实践的复杂性，柯瑞尔(Currier)进行了较为深入的探讨，并且指出了 Q 参数在实际规制操作中的难点。该模型假设被规制企业只生产一种产品 x，销售价格为 p，进一步假设企业所生产的产品的质量指数为 q。由此可得消费者剩余为 $V(p,q)$。假设 V 是二阶可导的，且满足罗伊恒等式，即 $(\partial V/\partial p)(p,q)=-x(p,q)<0$，其中，$x(p,q)$表示产品的市场需求。令 $v=(\partial V/\partial q)(p,q)>0$ 作为在价格 p 的情况下质量的边际社会价值。

在价格上限规制的情况下，企业在时期 t 的价格满足 $p^t\leqslant$

$p^{t-1}(1+\mathrm{RPI}-X+Q)$。其中，RPI 是通货膨胀率；$X$ 是生产率参数，用以反映由于技术进步和成本节约所导致的生产率的增长；Q 是服务质量调整参数，它确保价格下降的幅度与服务质量的降低相对应。柯瑞尔为了重点解释 Q 的适当形式，对该模型做了简化，假设 $\mathrm{RPI}=X$，这就意味着价格上限调整函数的形式为 $p^t \leqslant p^{t-1}(1+Q)$。

为了使 Q 精确地反映质量与价格的替代率，假设 $V(p,q)=\bar{V}$，由于 $V'_p=-x<0$，可得 $\mathrm{d}p/\mathrm{d}q=v/x$。柯瑞尔给出两种可能的评价方式，即滞后期和当期，与之相对应的是时期 t 的参数 Q 可以分别表示为

$$Q^L=\frac{1}{p^{t-1}}\frac{v^{t-1}}{x^{t-1}}(q^t-q^{t-1}) \tag{6-18}$$

$$Q^C=\frac{1}{p^{t-1}}\frac{v^t}{x^t}(q^t-q^{t-1}) \tag{6-19}$$

式中，L 和 C 分别代表滞后期和当期。假设在任何情况下，企业会根据公式(6－12)选择最大化 t 期利润 π^t 的 (p^t,q^t) 组合。如果企业选择了 $q^t=q^{t-1}$，则价格上限方程允许企业选择 $p^t=p^{t-1}$。如果如此，那么无论是 Q^L 还是 Q^C，应用上述公式都不会降低利润，即 $\pi^t \geqslant \pi^{t-1}$。社会福利函数被定义为非加权的消费者剩余和利润的总和，即 t 期的社会福利函数为 $W=V^t+\pi^t$。柯瑞尔证明，Q^L 不能保证社会福利的增加，但 Q^C 则可以确保增加社会福利。也就是说，只有在同期的服务质量指标值、需求值以及消费者的质量估值都被引入 Q 参数时，才能够确保价格上限规制能增加社会福利。

柯瑞尔指出，一些实践方面的困难会影响到 Q^C 的实际可操作性。首先，同期的市场需求（x^t）和质量估值（v^t）都必须依赖于规制者的预测，但是预测本身存在着误差，而且成本高昂，因此需要耗费大量的时间对企业和规制者的需求预测值进行仲裁，这就给 Q^C 的应用带来了很多实际的问题。即使规制者可以准确地预测市场需求，时期 t 的质量估值 v^t 也是运用 Q^C 的严重障碍。尽管针对消费者在价格与质量之间的权衡尝试过一些结构性调查，但是每一次规制程序都进行这种调查所需要的高昂费用，也给 Q^C 的运用带来了极大的困难。另外，规制者所面对的企业通常是提供多种服务的，而质量往往是多种维度的，因此规制者无法准确判断消费者的偏好。

柯瑞尔由此认为，为了防止价格上限规制导致企业服务质量降低，完全有必要在价格上限方程中引入服务质量调整参数。但是规制者应该试图通过价格和质量的权衡，来确保企业能够按照优质高价和低质低价向消费者提供服务。在规制实践中，由于引入质量调整参数会面临很多操作性的障碍，因此，如果在消费者效用函数中引入实际的消费水平和服务质量变量，就可以揭示价格和质量之间的某种替代关系，即服务质量的降低可以视为价格的上升，反之，服务质量的提高则可以

视为价格的降低。修正后的拉式价格上限规制可以运用质量矫正价格，即由实际价格以及当期和滞后期的质量水平共同决定的价格。如果这一过程是重复性的，那么长期的价格和质量是有效率的，由此会提高由消费者剩余和利润构成的整体福利。

2)将投资作为规制参数引入价格上限规制

质量规制通常有两个最基本的方法，就是激励和惩罚。激励通常包括绩效统计数据，以及绩效是否达标；而惩罚则包括对未达质量标准的企业实施罚金，并用于对受影响消费者的补偿。近些年来，自然垄断行业的服务质量问题，尤其是电信和电力行业服务质量的下降所带来的诸多消费者投诉，已经使规制者面临越来越大的来自公众的压力。尽管对于价格上限规制是否降低了服务质量的经验证据是不确定的，但是面临巨大压力的规制者则越来越倾向于采取惩罚性的措施来确保服务质量标准的满足。

实践中，从直观的角度看，企业服务质量水平的高低通常取决于企业在质量改善方面的投资水平，那么价格上限规制也必须与投资激励相结合才能有效解决服务质量的问题。当然，在价格上限规制的情况下，被规制企业对服务质量进行投资的激励，会随着价格上限水平的提高而增加，但是不断提高价格上限水平却很难得到消费者的认可。因此，本书将投资作为规制参数引入价格上限规制中，以构建投资和价格的综合规制机制，来尝试解决质量改善的激励机制问题。

4. 以投资为规制参数的价格规制模型

假设政府作为规制者代表消费者的利益对自然垄断企业进行规制。θ 表示垄断企业的类型，企业知道自己的确切类型，而政府并不拥有 θ 的完全信息，但是规制者知道投资 I 与产品质量 q 之间具有相关性，即 $q=\theta I$，假设 $\theta\in[0,1]$，所以并不是所有的投资都会带来产品或服务质量的增加。如果 $\theta=1$，则一单位投资可以带来一单位质量的增加；如果 $0<\theta<1$，则一单位投资只会带来小于一单位质量的提高；如果 $\theta=0$，则投资没有带来质量的提高。垄断企业的投资成本 $c(I)=\theta I$，并且知道 θ 服从正态分布 $U[0,1]$。

假设政府知道产品或服务质量对于消费者的价值函数，该函数可以表示为

$$h(q)=\frac{1}{\beta}q^{\beta},\beta\in(0,1) \tag{6-20}$$

假设规制者为垄断企业提供一份规制合约(p,I)，企业的净剩余可以表示为

$$u=p-c(I) \tag{6-21}$$

规制者的效用可以表示为

$$v=h(q)-p \tag{6-22}$$

我们暂时不考虑企业参与约束，对于我国自然垄断企业都是国有企业的现实，可以不考虑参与约束，因为企业无论什么情况下都必须进行经营。

为了分析上的方便，我们令 $I(1)=\bar{I}, p(1)=\bar{p}$，事实上，$\bar{I}$ 可以被看作提高产品或服务质量的规制者最希望的投资水平，$\bar{p}$ 可以被看作是最优质量的产品或服务的价格上限水平，$\bar{I}\equiv 2^{\frac{1}{\beta-1}}, \bar{p}\equiv 1$。规制者所面临的问题就可以表示为

$$\max_{f(\cdot)=[p(\cdot),I(\cdot)]} T_{\theta}\{h[\theta I(\theta)-p(\theta)]\} \tag{6-23}$$

那么就有：如果 $f(\cdot)$ 满足激励相容约束，那么引入投资规制参数的最优规制合约 $(p^{*}(\theta), I^{*}(\theta))$ 是存在的。

假设存在一份规制合约 $(p(\theta), I(\theta))$，$\hat{\theta}$ 是垄断企业报告的类型，企业实现最优的一阶约束条件是 $p'(\hat{\theta})-\theta I'(\hat{\theta})=0$，二阶约束条件是 $p''(\hat{\theta})-\theta I''(\hat{\theta})\leqslant 0$。一阶约束条件对 θ 求导，可得

$$p''(\hat{\theta})-I'(\hat{\theta})-\theta I''(\hat{\theta})=0 \Rightarrow -I'(\hat{\theta})\geqslant 0 \Rightarrow I'(\hat{\theta})\leqslant 0 \tag{6-24}$$

由此，规制者所面临的问题就可以表示为

$$V=\max_{p(\theta),I(\theta)}\int_0^1\{h[\theta I(\theta)]-p(\theta)\}\mathrm{d}\theta \tag{6-25}$$

$$\text{s.t.}\begin{cases} p'(\theta)-\theta I'(\theta)=0 \\ I'(\theta)\leqslant 0 \\ I(1)=\bar{I}, p(1)=\bar{p} \end{cases}$$

我们暂时不考虑第二个约束条件，先解决下面的问题：

$$V=\max_{p(\theta),I(\theta)}\int_0^1\left\{\frac{1}{\beta}[\theta I(\theta)]^{\beta}-p(\theta)\right\}\mathrm{d}\theta \tag{6-26}$$

$$\text{s.t.}\begin{cases} p'(\theta)-\theta I'(\theta)=0 \\ I(1)=\bar{I}, p(1)=\bar{p} \end{cases}$$

运用汉密尔顿方法，可以得出 $I^{*}(\theta)=\bar{I}/\theta$，这一结果满足 $I'(\theta)\leqslant 0$，因此这就是最优化的一个解。

根据 $p'(\hat{\theta})-\theta I'(\hat{\theta})=0$，我们可以求出 $p^{*}(\theta)=\theta I(\theta)-\bar{I}\ln\theta$，由此可以证明最优规制合约 $(p^{*}(\theta), I^{*}(\theta))$ 是存在的。

从该模型中可以看出，规制者要使垄断企业提供符合消费者质量要求的产品或服务，可以通过最优规制合约的设计来实现。但是如果仅仅通过价格规制却很难能实现规制者的质量要求，因此，还需要将价格上限规制与投资规制结合起来。也就是说，纯粹的价格上限规制不可能有效解决产品的服务质量改善的问题，合约的设计应该涉及价格和投资两个因素，因为质量与投资具有相关性。

5. 小结

本节针对价格上限规制这一目前世界各国普遍采用的规制方式进行了深入研

究，从信息获取和质量改善两个方面进行了探讨，针对信息获取的激励问题构建了一个引入收入共享机制的价格上限规制模型，通过模型分析证明了收入共享机制不仅能够解决收入再分配问题，还可以提高自然垄断行业的长期供给效率；针对质量改善的激励问题创新性地提出价格上限规制中尝试将投资作为规制参数引入质量改善的激励机制设计，并通过模型对规制机制进行了分析，为价格上限规制中引入服务质量调整参数以防止企业服务质量降低的规制实践提供了理论上的补充。

6.6　垄断行业改革中引入竞争机制的路径研究

6.6.1　垄断行业引入竞争的理论基础

在我国，由于规制机构与垄断企业具有复杂的联系，很容易导致政企同盟，如果规制机构与国有垄断巨头结成同盟，将会获得巨大的经济利润，同时阻碍竞争者的进入。在推进市场化改革中，规制机构长期对非国有机构实施歧视性的规制政策，更倾向于维持原有国企的垄断地位。在放松规制的过程中，规制机构要与国企、新竞争者进行博弈。

1. 动态博弈模型中垄断行业引入竞争的效果

1)模型假设

模型假设存在一个规制机构，被规制企业是现有国企和放松规制后的新进入企业，模型假设在位的国企放松规制前只有1家，放松规制后新进入企业有 n 家($n=0$表示没有放松规制，$n>0$ 表示放松规制)。国企产量为 q_0，新进入企业产量为 q_i，$i=1,2,\cdots,n$。在不影响分析问题本质的情况下，为计算简单起见，假设所有的企业平均成本都相等且为 c。

同时假设各企业进行产量竞争，被规制企业只能调整自己的产量，反需求函数为

$$p=a-\left(q_0+\sum_{i=1}^{n}q_i\right) \tag{6-27}$$

2)模型的求解

博弈的顺序可以分为三个阶段，第一阶段规制机构决定新进入企业的数量 n，第二阶段国有企业根据规制政策制定自身的产量 q_0，第三阶段新进入企业决策产量 q_i。

下面根据逆向归纳进行模型求解。

从第三阶段开始：第 i 个新进入企业的利润函数为

$$\pi_i=(p-c)q_i=[a-(q_0+q_1+q_2+\cdots+q_n)-c]q_i \tag{6-28}$$

根据利润最大原则，$\max\pi_i$ 的一阶条件为

$$-q_i+[a-(q_0+q_1+q_2+\cdots+q_n)-c]=0 \tag{6-29}$$

考虑到新进入企业的对称性，有 $q_1=q_2=\cdots=q_n$，代入式(6-29)有

$$q_1=q_2=\cdots=q_n=\frac{a-c-q_0}{n+1} \tag{6-30}$$

然后是第二阶段：原垄断企业进行决策，制定产量，同样的方式我们可以得到原垄断企业的利润为

$$\pi_0=(p-c)q_0=[a-(q_0+q_1+q_2+\cdots+q_n)-c]q_0 \tag{6-31}$$

将约束条件

$$q_1=q_2=\cdots=q_n=\frac{a-c-q_0}{n+1}$$

代入式(6-31)得 $\max\pi_0$ 的一阶条件为

$$a-c-2q_0=0 \tag{6-32}$$

则有

$$q_0=\frac{a-c}{2} \tag{6-33}$$

$$q_1=q_2=\cdots=q_n=\frac{a-c}{2(n+1)} \tag{6-34}$$

相应的市场价格为

$$p=a-\left(q_0+\sum_{i=1}^{n}q_i\right)=\frac{a-c}{2}-\frac{n(a-c)}{2(n+1)}=\frac{a-c}{2(n+1)} \tag{6-35}$$

新进入企业的利润为

$$\pi_i=(p-c)q_i=\frac{(a-c)^2}{4(n+1)^2} \tag{6-36}$$

原垄断企业的利润为

$$\pi_0=(p-c)q_0=\frac{(a-c)^2}{4(n+1)^2} \tag{6-37}$$

社会福利函数为

$$W=\int_0^{\frac{a-c}{2}-\frac{n(a-c)}{2(n+1)}}(a-q-c)\mathrm{d}q=\frac{(4n^2+8n+3)(a-c)^2}{8(n+1)^2} \tag{6-38}$$

$$\frac{\mathrm{d}W}{\mathrm{d}n}=\frac{(a-c)^2}{4(n+1)^3}>0 \tag{6-39}$$

利用社会福利来分析存在一个严重的缺陷，因为我们没有考虑到固定成本。垄断行业不同于一般性行业，在一般性行业中，固定成本相对较少，进入壁垒较低，竞争者的进入与退出比较自由。但是在垄断行业，其一个很重要的特征是存在大量的固定成本，例如电力的输电网络建造、电信行业覆盖全国的信号塔投入、铁路行业铁路网的建设等都需要前期大量的固定资产投入，这些资产专用性强，难以转化为其他用途。如果对进入的企业数量没有限制，那就会导致重复的固定资产投

入,带来低效率的资源配置。

作为规制机构来讲,不但要关注引入竞争,还要关注规制效率,如果大量竞争者的引入导致了大量无效率的固定资产投入,那么引入竞争就失去了价值。因此从规制机构来讲,采用一个考虑固定成本的模型来决策进入厂商的数目。

假设国有企业的沉没成本在引入竞争前已经发生,在规制机构的效用函数中不予考虑,每一个新进入厂商的固定成本相同,为 FC,规制机构的效用函数为

$$U = W - n \times \mathrm{FC} = \frac{(4n^2 + 8n + 3)(a - c)^2}{8(n+1)^2} - n \times \mathrm{FC} \tag{6-40}$$

规制机构效用最大化的一阶条件为

$$\frac{\mathrm{d}U}{\mathrm{d}n} = \frac{(a-c)^2}{4(n+1)^2} - \mathrm{FC} = 0 \tag{6-41}$$

此时

$$n = \frac{a-c}{2\sqrt{\mathrm{FC}}} - 1 \tag{6-42}$$

因此最优的企业进入数量就为

$$n = \frac{a-c}{2\sqrt{\mathrm{FC}}} - 1$$

2. 模型结果分析

由上述的分析结果我们可以知道:随着新进入企业数量 n 的不断增加,原有垄断企业的产量不变,新进入企业的产量逐渐下降,均衡价格不断下降,与此同时,原有垄断企业与新进入企业的利润都在下降,社会总福利上升,说明在垄断行业引入竞争的结果是积极的,是值得的。

在前文讨论的三阶段模型中,首先是规制机构决定引入竞争企业的数目,其次是原垄断企业根据规制机构的条件决定产量,这就赋予了原有垄断企业一个先发优势,优先决定产量就在竞争中占据了主动,从博弈结果来看,原有垄断企业的产量比新进入者产量高,利润也比新进入企业高,这与垄断行业的现状是相符的。由于我国垄断行业都起源于国有部门,与行政部门联系非常紧密,而规制机构往往也是垄断企业原有的上级部门,这导致规制机构在制定规制政策时会自然地偏向垄断企业。这在刚开始引入竞争者时比较明显,随着市场逐渐开放,竞争逐渐加剧,原有垄断行业的垄断势力会逐渐减弱,最终会趋向于多个在位企业同时制定产量决策。

用社会福利衡量竞争效果时没有考虑固定成本的存在,但是垄断行业不同于一般行业支出就在于大量的固定成本投入。我们站在规制机构的角度,引入固定成本参数,以规制机构效用最大化为目标,得出了最优的进入竞争企业数目。从结果可以看出:固定成本越大,允许进入的企业数目越少。这与现实也是高度吻合

的，当一个行业存在巨大的固定成本时，进入门槛过高，很少有企业能够有资金实力进入该行业，如果有大量企业投入大量固定成本重复建设，对于规制机构来讲也是规制失效的，因此规制机构会限制新进入厂商的数目，与我们模型的结果基本一致。

以通信行业为例，现在市场上有三家运营商拥有全国性的基站，如果规制机构引入大量的竞争者，这些新竞争者的加入会加剧竞争，但是每一家竞争者都要建立一张覆盖全国的网络，这就造成了资源的浪费。因此目前通信行业改革中，也只是初步开放了虚拟运营商，虚拟运营商无须建立全国性网络，只需向三大运营商批发基站、信号、网络的使用权，这就大大降低了新竞争者的固定投入，可以批转十几家虚拟运营商进入通信服务领域。当然这种模式有很大弊端，新进入竞争者受到原有垄断者的制约，原垄断企业控制着网络资源的批发价格，虚拟运营商只能依附垄断企业生存。

固定成本对规制机构决策的影响也为我们提供了一个垄断行业改革的方向，即想办法降低新进入企业所要投入的固定成本，这样就可以引入更多的竞争者。例如，可以通过纵向产权分离，将垄断业务与非垄断业务剥离，新进入竞争者可以与原有垄断者一样，平等地使用垄断业务的资源，这样就减少了固定资产投入，可以带来更有效的资源配置。对于难以剥离固定资产成本的行业，在引入竞争者时应该谨慎，不宜一次引入过多的竞争者。

6.6.2　垄断行业引入竞争的模式选择

1. 垄断行业引入竞争的背景

改革开放以来，我国经济从农业经济转向为工业化经济，从社会主义计划经济体制转为社会主义市场经济体制。尽管多年来各领域的改革不断深入，但是旧体制的痕迹依然存在，已经开放了的行业，之前的垄断势力可能依然存在。同时在改革过程中，权力寻租导致的规制低效率也严重影响了市场资源的优化配置。党的十八届三中全会通过的《中共中央关于全面深化改革若干重大问题的决定》指出："经济体制改革是全面深化改革的重点，核心问题是处理好政府与市场的关系，使市场在资源配置中起决定作用和更好发挥政府作用。"其中市场配置资源起决定性作用，就要推行市场化，进一步深化改革，引入竞争，而更好发挥政府作用，就是提高规制的效率。

政府经济性规制是我国垄断行业的垄断壁垒的来源，从规制经济学的角度看，政府规制分为经济性规制、社会规制和反垄断规制三大类。日本学者植草益认为，经济性规制是指在自然垄断和存在信息不对称的领域，为了防止发生资源配置低效率和确保利用者的公平利用，政府机关运用法律权限，通过许可和认可等手段，对企业的进入和退出、价格、服务的数量和质量、投资等有关行为加以规制。经济性规制是针对特定产业的价格、市场进入、投资和服务标准等方面的控制，它是政府对某个特定产业的纵向制约。按照不同的行业监管原因，潘胜文等认为可以将产业分为以下几类，如表6－2所示。

表6－2 行业大类(细分行业)中经济性规制行业

经济性规制类型	数量	经济性规制行业(细分行业)具体类型
自然垄断产业	8	电力、热力的生产和供应业，水的生产与供应业，铁路运输业，航空运输业，管道运输业，水上运输业，邮政业，电信和其他信息传输服务业
潜在竞争产业	1	广播、电影、电视和音像业
存在严重信息不对称且其运行存在很强外部性的产业	4	银行业、证券业、保险业、其他金融活动
基于社会目标的经济性规制产业	6	石油和天然气开采、烟草制品业、石油加工炼焦及核原料加工业、地质勘探业、新闻出版业、盐业

从表6－2中可以看出，本小节研究的电力、电信、铁路、航空、邮政业都属于自然垄断行业，这些行业存在的一些共性也更便于放在一起研究。

自然垄断产业的成本劣加性为垄断提供了一定的合理性，但是随着技术的进步，原先看似属于垄断行业的自然垄断产业链上，也存在着非垄断业务，对于那些不满足成本劣加性的环节，我们可以放松或解除规制，引入竞争。以电力行业这类具有固定网络的行业为例，其产业可拆分为发电、配电、输电、供电四个主要业务，其中输电、配电需要固定网络，具有成本劣加性，但是发电和供电并不具备自然垄断属性(见表6－3)。但是这四种业务需要高度协调，对技术的要求很高，这个时候范围经济的要求就导致了这几项业务无法完全拆分。但是随着技术的进步，范围经济性逐渐下降，即可以将业务进行拆分，在非自然垄断业务中引入竞争。

表6－3 部分自然垄断产业内部不同性质的业务

自然垄断产业名称	自然垄断业务	非自然垄断业务
电力产业	输电、配电	发电、供电
电信产业	本地电话网	长途电话、移动电话、增值业务等
铁路运输业	路轨网	货运、客运、铁路物资运输

对电信行业而言，由于无线网络技术的发展，目前只有本地市话网具有自然垄

断性,其他业务如增值服务、长途电话等都具有可竞争性。而对于铁路行业来说,铁路网的规划设计、修建具有自然垄断性,随着运输市场的发展,公路、航空运输的客运与货运对铁路的客运和货运形成了巨大的竞争压力,一方面路网经营与路网提供的服务之间具有范围经济性,另一方面路网服务之间不存在显著的规模经济性,如何取舍是一个关键。

20 世纪 80 年代以来,随着技术进步、可竞争理论的出现,规制的低效率以及规制失灵问题,英美等发达国家在电力、电信、铁路、民航、煤气、供水等自然垄断行业出现了放松规制的趋势。以放宽市场准入为导向,采取了包括取消价格规制、允许自由进入等政策,从而引入了竞争机制,减少了规制成本,改进了企业的服务水平与运营效率,通过市场开放培育相应规模的企业进行自由竞争,从而为市场注入了有活力的竞争机制。西方国家在垄断行业的做法与成功经验,可以为我国垄断行业改革提供参考。

2. 垄断行业引入竞争的模式选择

垄断行业引入竞争机制的模式主要表现为政府对垄断企业实行放松进入规制、纵向或横向分割的规制政策。垄断行业改革的目标是在规模经济与竞争活力之间找到一个平衡点,提高垄断行业经济效率。从目前看来,建立竞争型市场结构的模式大致有五种。

1)垂直一体化的接入规制模式(见图 6-1)

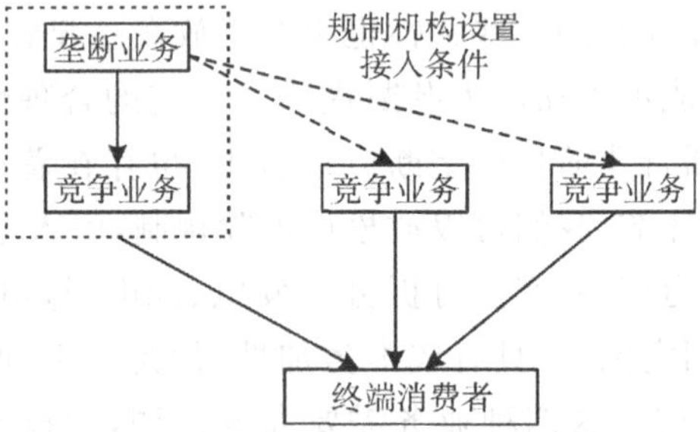

图 6-1 垂直一体化的接入规制模式

该模式的特点是放松进入规制与加强接入规制相结合,原有垄断企业垂直一体化经营模式不变,但是政府允许新企业进入竞争性业务,强制要求原企业向新进入的竞争企业公平地提供接入服务。该模式的优点是阻力小,可保持原有垄断企业范围经济性;缺点是难以保证垄断企业公平地向其竞争对手提供接入服务。

2)纵向产权分离模式(见图 6-2)

该模式将自然垄断环节与竞争环节实行纵向分离,自然垄断环节仍由原企业垄断,在竞争环节引入若干家竞争,原有垂直一体化模式被打破。优点是避免垄断行业排斥竞争企业;缺点是垄断企业原先投入的专用性资产的配置无效率,纵向协调难度加大，协调成本高，可能会导致产业系统的无政府状态。

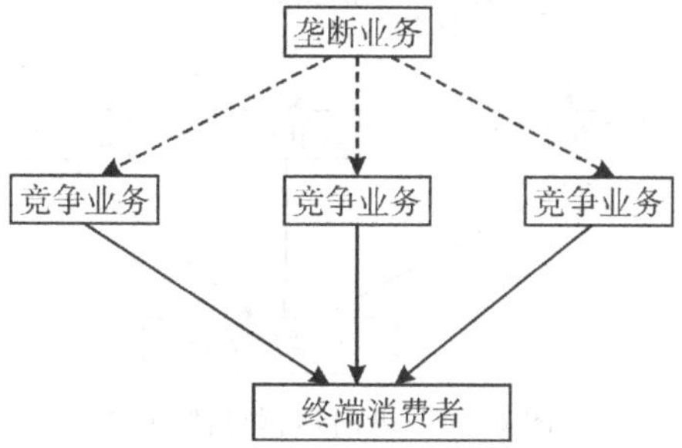

图 6-2　纵向产权分离模式

3）纵向联合持股模式（见图 6-3）

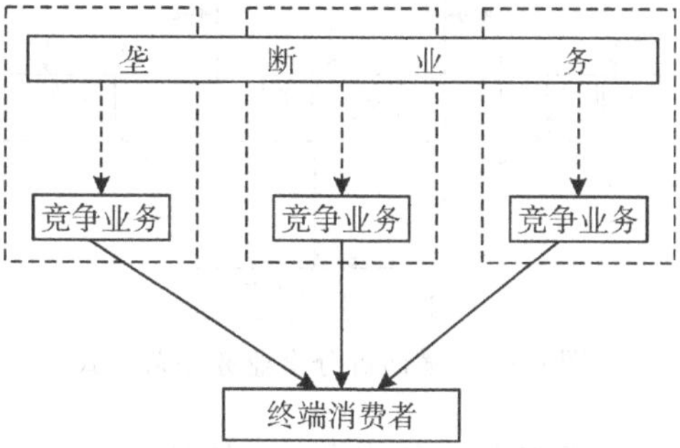

图 6-3　纵向联合持股模式

这种模式的特点是允许多家竞争领域企业共同持股自然垄断性业务的企业，首先对原有企业进行分割，垄断性业务由一家运营，由多家经营竞争性业务的企业共同持有该企业股份。该模式的优点是保持了垄断业务与竞争性业务的协调性，消除了垄断企业与竞争企业间的矛盾，但是缺点也很明显，运营竞争性业务的企业可能联合起来排斥新进入者，如果垄断行业的持股者过多也会导致公司治理问题。

4）纵向运营分离模式（见图 6-4）

该模式下政府指定一个非营利机构经营自然垄断业务，所有权保持原有垂直一体化企业的完整性，实现经营权与所有权的分离，在这种模式下向新进入竞争性业务的厂商提供接入，原垄断企业经营的竞争性业务与其他进入企业公平竞争。该模式的缺陷在于非营利机构没有利润动机，缺乏创新，没有动力去提升效率。

5）横向拆分全业务经营模式（见图 6-5）

这种市场模式是政府将原有垄断业务进行纵向切割，每个企业都同时经营垄断业务与竞争业务，由于网络正外部性的存在，刺激企业间主动进行联网，即自然垄断业务不仅向本企业的竞争业务开放，也向竞争对手的竞争业务开放。该模式主要适用于网络正外部性比较明显的电信产业等少数垄断行业。这种模式的优点

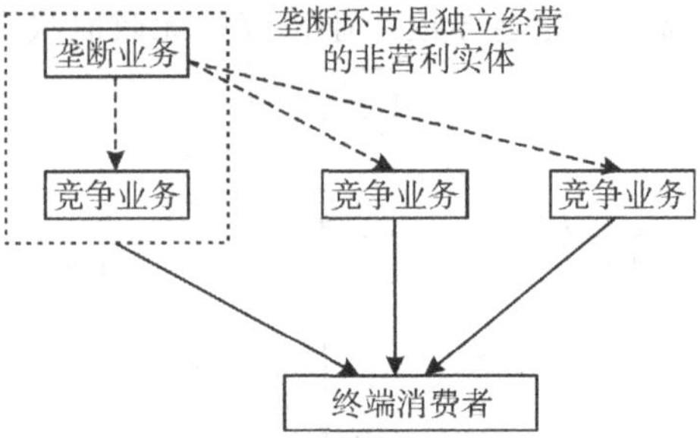

图 6-4　纵向运营分离模式

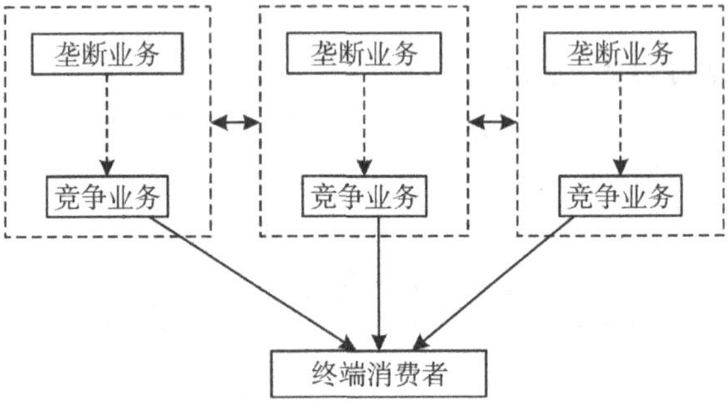

图 6-5　横向拆分全业务经营模式

是不仅有利于企业在竞争业务领域的竞争，也有利于打破自然垄断领域一家独大的状况，提高整个产业的效率。缺点是自然垄断环节的拆分会丧失部分规模经济性，企业间可能会出现串谋，弱化竞争。另外，若是各个企业间规模差异较大，规模大的厂商会排斥规模小的厂商实行联网。

3. 我国垄断行业引入竞争的现状

1)电力行业

2002 年，电力行业的改革将原先的垄断企业进行纵向分离，将发电与输配电市场分离。发电市场拆分为华能、华电、大唐、国电、中电投五大发电集团；电力输送与销售由国家电网、南方电网两家电网公司垄断，南方电网主要管理广东、广西、云南、贵州和海南五省(区)，国家电网管辖其余地区。将具有高度沉没成本的输配电网络剥离之后，发电市场的进入门槛就大大降低了，这样就在生产环节引入了竞争，提高了行业的运营效率。另一方面输配电环节按照地域划分为两部分，保持了网络化行业的规模经济性。与此同时，国家还开通了大客户直接购电，用电大户可以跳过输配电公司，直接与发电厂进行沟通，协商定价，这在一定程度上增加了电力市场的竞争，对配电公司形成了一定的竞争压力。电力行业基本业务架构和业务结构分别如图 6-6 和图 6-7 所示。

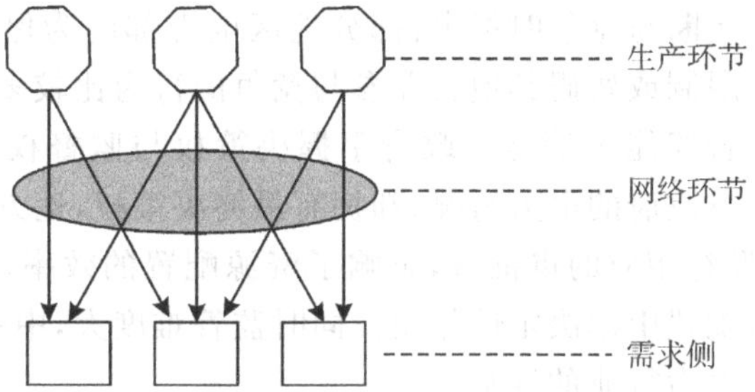

图 6-6 电力行业基本业务架构

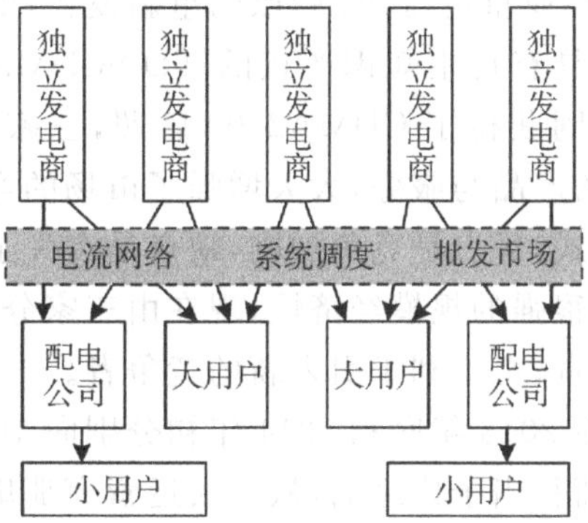

图 6-7 电力行业业务结构现状

尽管近些年来电力行业进行了一系列卓有成效的改革，但是市场化进程依然缓慢，仍旧存在诸多问题。

首先是供求失调。虽然发电行业与输电行业的资产投资稳步增长，但不少地区依然存在缺电的状况。近年来由于发电成本逐渐提高，但是电价却没有同步提高，由于电能的不可储存性与输配电市场的垄断，输配电企业掌握了上网电价与销售电价，发电企业与消费者都是市场中的弱势群体。

其次是电煤短缺。由于国家规制，加上上网电价由输配电公司垄断，电价出现扭曲，国家为了缓解这种状况规定电煤价格低于市场价，导致煤企不愿意将煤卖给发电企业，从而造成电煤短缺。同时民营发电企业无法享受到电煤的优惠，导致发电成本高昂，限制了更多的发电企业进入。

与此同时，电网公司以各种名义参股甚至直接投资发电企业，电厂与电网不完全独立使竞价上网变成了事实上的关联交易，造成了改革的倒退。龙涛指出输配电不分离是市场化电价未能形成的主要原因。

除此之外，输配电与供电没有分离使电网公司处于垄断地位，牢牢掌握着购电售电定价权，阻碍了市场化电价的形成。由于在电改过程中主要以省为主体进行自主经营，导致区域协调机制差，形成了诸侯割据的局面，跨区调度难上加难。雷冈在研究电力行业垄断与竞争时指出：部分地区电力部门为保护其特定行业的企业，而实施的排斥、限制或妨碍其他行业参与竞争的行为比较多见。

最后是政府监管职能不清楚。政府手握决策权与监督权，决策审批周期长。中央政府不了解地方政府的电力情况，却拥有最终决策权，地方政府虽然了解当地的真实情况，但是没有相应的审批权，影响了资源配置的效率。政府手握审批权，无法让市场在资源配置中起决定性作用。同时监管难度大，中央与地方、决策与监督的矛盾也导致了电力行业的混乱。

2)电信行业

2008年以后，经过行业重组与3G牌照的重新发放，电信行业三足鼎立的局面基本形成。移动获得了具有自主知识产权的TD-SCDMA牌照，联通获得了成熟的WCDMA牌照，电信则获得了CDMA2000牌照，三家运营商均为全业务运营商，三家几乎提供一样的产品与服务，大大增强了市场的竞争性。这种模式相当于横向拆分全业务经营模式，优点是竞争加剧，缺点是丧失了部分规模经济性。因为通信行业基站的建设有很强的规模经济性，现在由三家分别建造全国的基站网络，带来巨大的固定资产投资，也不利于引入新的竞争者。

与此同时，工信部在2013年底和2014年初分别向19家民营企业发放了虚拟运营商牌照，虚拟运营商相当于代理商，从三大运营商那里承包一定的通信网络使用权，然后发展自己的客户，拥有自己的计费系统、客服、营销、管理体系。这进一步增强了电信市场的竞争，虚拟运营商模式类似于垂直一体化的接入规制模式，但是三大运营商由于处于垄断地位，很难公平地为其他虚拟运营商提供接入服务，这是该模式能否有效促进竞争的重点。

刘克飞通过对我国电信行业宏观和微观环境及我国三家电信运营商竞争的基本情况进行分析，得出竞合是当前电信行业健康发展应该采取的主要模式，并运用博弈论的基本理论与方法，构建电信运营商的Stackelberg产量模型，为我国电信运营商竞合分析提供了理论依据。

2014年，中国铁塔股份有限公司成立，其成立初衷是组建一家“通信设施公司”，负责统筹建设通信铁塔设施，进一步提高电信基础设施共建共享水平。如果铁塔的建设由一家公司集中规划建造，有利于促进资源节约，降低行业建设成本，避免重复建设，有效盘活资产，使运营商能够集中精力聚焦核心业务，提升自身的竞争能力，加快转型升级。

3)铁路行业

铁路资源作为一种关系国计民生的战略性资源，一直以来处于铁道部的统一管辖之下，铁路行业改革进程也一直比较缓慢。随着国家进一步深化改革，铁路行业逐渐从追求社会效益的国家机构，转为利益导向的企业。2013年3月14日，铁道部被拆分，组建的国家铁路局负责拟定技术标准，监督铁路运输安全、质量以及铁路工程质量；组建中国铁路总公司，经营铁路客运、货运业务，而铁路发展规划和政策制定则交由交通运输部来执行，政企合一的模式终于被打破。

我国目前的铁路行业虽然进行了一些改革的尝试，但是相较于其他行业如电信业，改革依然处在初级阶段，很不充分、不彻底，目前主要存在的问题如下：

(1)立法落后。自1991年《中华人民共和国铁路法》颁布之后，再无新的立法，市场变化日新月异，但是立法却跟不上发展，没有一个改革的纲领性文件。

(2)缺乏内部竞争，各个铁路局没有独立的市场主体地位。由于全国铁路系统统一调度，由国铁集团独家垄断经营，地方铁路局之间竞争有限，大多都要服从集团管理，无法形成有效的竞争。

(3)价格规制。铁路行业价格的形成是报批制，是由国家相关部门核准的价格，在这种模式下未形成市场化的价格机制，不能正确反映市场的供求关系，不利于铁路企业运用价格机制调节供求，优化资源配置。

(4)投融资问题。虽然国家越来越强调引入外部资本进入铁路行业，但是由于立法不完善，铁路产权不明，权责不分，实际收效甚微，没有形成一个竞争性的市场格局。

基于上述问题的存在，我国铁路行业目前仍是独家垄断的格局，在各个方面的开放程度都很低，相较于运输业的快速发展来讲，改革步伐过慢。曾经一度被提出的“网运分离”一直没有实现，可竞争领域也一直没有开放，未来还有很长的路要走。

4)航空运输业

民航业原先也是政企合一，但是先后经历了两轮市场改革之后，已经摆脱了完全垄断的格局。1987年开始的第一轮重组实现了垂直一体化的纵向分割，将自然垄断业务与竞争性业务分开，拆分为空中交通规制、航空运输、后勤、机场服务等几个环节，并对航空公司环节进行了横向的拆分。第一轮的改革取得了一些成效，但是没有涉及产权改革，航空公司的横向分割有过度竞争的趋势。2002开始了第二轮改革，在吸取第一轮改革经验后，航空公司环节通过兼并重组，将原来十多家航空公司重组为国航、南航、东航三大航空集团公司，三家并非简单的地域划分，而是都在全国布局，有利于公司规模的扩张与竞争性。产权方面，民航总局不再管理，移交国资委对三大国有航空公司的资产进行管理。

与此同时，国家进一步放开了市场准入与规制，先后批准了春秋航空、吉祥航空、奥凯航空等30家民营航空公司进入市场，同时放松了外资进入的政策限制，大大增强了市场的竞争程度。但在航线准入方面的改革还不完善，民营航空公司在重要航线的获得方面还存在限制，而国有航空公司则享有一定的特权，这种不对称的规制阻碍了市场的充分竞争。

在机场服务业方面，机场属地化改革激发了地方政府参与投资建设的热情，这种产权改革将机场资产交由地方政府管理。同时一些地方机场通过收购、重组等形成了规模较大的机场集团，一方面地方政府缺乏机场管理经验，另一方面机场集团拥有技术、管理优势，但是机场集团的兼并重组行为在提高经营效率的同时又排除了竞争，政府如何规制这种行为是一个难题。

黄建伟将民航运输业分为机场服务业务、客货运输业务、空中交通规制业务、航空保障业务、航空延伸业务、航空器维修与培训业务等六个不同业务，其中航空客货运输业务（航空公司业）和机场服务业务（机场业）是两个最为重要的典型子行业，并提出对民航运输业的不同业务类型实施不同的规制措施。

首先，现阶段航空业存在的主要纵向并购问题，相当于是又重回垄断的趋势。其次，纵向分离不够彻底，上下游的业务存在一定的交叉，例如机场与航空公司在地面服务上存在交叉，国际上机场与航空公司都是独立运营的。最后，一些竞争性的业务领域尚未实现市场化竞争，例如航空信息服务产品主要由中国民航信息集团垄断，这些竞争性业务要逐渐引入竞争者，实现与垄断业务的彻底分离。

5）邮政业

倪同良指出：邮政行业的三个特征，即公共性、网络性和市场性，三者之间存在矛盾。邮政业具有规模经济性与范围经济性，同时邮政业又具有公益性与盈利性。一方面邮政企业需要承担普遍服务及特殊服务的义务，需要追求较低价格和较高质量来为大众服务，另一方面作为一个企业，邮政企业又需要追求利润，这两个目标难以很好协调。由于该行业是政府批准的专营，例如在报刊发行上中国邮政具有垄断地位，垄断的后果是经营效率低下，以及导致交叉补贴等行为。

在公务性、公益性、安全性上，邮政企业需要承担国家规定的义务，在偏远山区也要保证网络覆盖，这就增加了邮政企业的运营成本，这些业务是需要政府给予一定补贴的。按照不同的业务标准，邮政业务大概可以分为速递业务、物流业务、金融业务、报刊发行业务、公众服务业务。但是在目前的邮政体制下，这些业务并未做区分，有的是自然垄断业务，有的是可竞争业务，例如速递业务、物流业务、金融业务、报刊发行业务、商业信函等都是可竞争性业务。目前在速递业务上，民营快递业占据了大量的市场份额，中国邮政由于经营效率、服务质量低下，份额少。而公共服务业务，如信函、普通包裹等要求普遍服务以及较低价格，不宜开放。从改革的角度来看，邮政行业应该将业务按性质分离，将竞争性业务与公共服务业务分离，各自成立专业化公司经营，在竞争业务领域引入竞争，推进市场化改革，提高资源的配置效率；在公共服务领域，实行垄断经营，国家相应地给予补贴。

4. 垄断行业引入竞争机制存在的问题

第一，垄断行业中垄断业务与竞争性业务的划分不明确，改革不彻底导致业务盘根错节。例如，电力行业中电网公司投资发电公司，造成了改革的倒退，输配电与供电业务没有实现分离；航空业中机场与航空公司业务存在交叉，邮政业中公共职能与市场业务没有分离。

第二，监管机构监管不独立。监管机构一般既有监督权又有决策权，监管部门与垄断行业曾经存在行政关系，容易被垄断企业影响，有些行业垄断势力过于强大导致监管机构的作用有限。例如，电力行业中，各地的电力部门自主权较大，导致了跨地区输电的困难，不利于整体效率的最优化。

第三，政府行政干预过多。在引入竞争的改革中，政府的行政干预往往会导致市场的失真，例如国家将发电企业开放竞争，为了保证发电价格相对稳定，用行政手段干预了电煤的价格，电煤的供应不是由市场而是政府决定的。电煤价格过低又导致发电企业难以买到足够的电煤。

第四，新进入竞争者没有受到公正待遇。新进入企业特别是民营、外资等非公有制企业在进入垄断行业时，往往不能被公正对待，民营发电企业往往很难以国家规定的电煤价格买到所需的电煤，而国企则比较容易得到。在航空业中，国有航空公司容易获得干线的运营权，但民营企业则很难获得热门的航线。这种差别待遇客观上阻碍了竞争者进入的积极性。

5. 结论

本节重点研究了电力、电信、铁路、航空、邮政垄断行业，虽然不同行业间的改革进展不完全相同，具体的改革路径千差万别，但是有一个始终贯穿的思想：垄断行业改革首先要将自然垄断业务与竞争性业务分离，在竞争性业务方面引入竞争，放松规制。

通过对上述几个垄断行业的研究，以及运用数学模型对垄断行业引入竞争进行分析，我们可以得出垄断行业引入竞争的大致路径。

第一步：识别垄断行业业务属性，区分竞争性业务与垄断业务。随着技术的不断进步，原来垄断行业中被认为不可拆分的业务已经逐渐可以分离，例如供电行业，随着电力技术的发展，输配电与供电的分离已经成为可能，输电网络可以考虑由一家垄断，向售电企业提供平等的输电服务。通信行业，基站的建设与电信运营分离，就把垄断业务与竞争业务分开了。如果垄断业务与竞争业务不能区分开，那么引入竞争就没有可实施的基础。

第二步：选择规制模式。规制机构在考虑了行业现状之后，根据垄断业务与竞争业务的分离程度以及实施的可能性，选择相应的规制模式，例如前文所提到的垂直一体化的接入规制模式、纵向产权分离模式、纵向联合持股模式、纵向运营分离模式、纵向拆分全业务经营模式等。以通信行业为例，虽然我们知道基站与电信服务可以分离，但是实施起来比较复杂，中国铁塔股份有限公司成立也没有直接将三大运营商的基站收回，那就决定了只能采取类似垂直一体化接入的方式，引入虚拟运营商。虚拟运营商的引入打破了原有的横向拆分全业务经营模式，这说明垄断行业的改革是一步一步进行的，只能根据行业现状，采取适宜的规制模式。规制选择的前提是可行性。

第三步:根据选择的规制模式,评估相应进入企业的固定成本,决定进入竞争者的数目以及可经营的业务范围。从上文的模型求解结果我们可以看出,可进入竞争者的数目与行业的固定成本有很大关系,对于固定成本投入巨大的行业,应该限制竞争者数目。同时规制机构可以通过不同的规制模式,影响相应的固定成本,例如将一家垄断行业横向拆分为全业务经营模式,就可以降低企业的固定成本,比单纯引入竞争者的固定成本要低得多。

6.7 我国垄断行业政府规制的改革路径

6.7.1 西方国家规制改革的可借鉴经验

自 20 世纪 80 年代以来,发达国家对垄断行业的规制改革带来了很好的经济效益,如削减了政府开支,减轻了国民负担;同时通过引入竞争增强了企业活力,提高了企业的经济效率;降低了产品的价格和政府的收费水平,促进了服务的多样化;扩大了市场的需求,拉动了经济的增长。我国垄断行业的政府规制面临着许多和西方国家类似的问题,这就决定了西方国家的成功经验有我们可以借鉴的地方。规制改革有如下几点经验值得借鉴。

1. 放松规制与激励性规制并存

放松规制意味着放松和取消许多规制条款,如保留社会性规制、取消经济型规制的各项条款等。西方国家放松规制的改革领域主要是自然垄断的性质已经出现了变化的领域以及原本就是非自然垄断的业务部分,而对那些自然垄断性的业务,政府要继续对其实行规制。美国 20 世纪 70 年代开始了放松规制的改革,引入了竞争机制,不仅促进了行业的扩大,还大大提高了行业的发展效率,取得了巨大收益。1984 年,美国对电信行业的垄断企业 AT&T 进行了分拆,将其拆分为八个相互竞争的企业并进行严格规制,但对新进入的两个竞争者根本不规制,这种非对称规制政策一方面使得垄断力量有所减弱,另一方面也为新进入者的生存提供了可能性。1978 年,美国出台政策允许航空公司进入市场、开放价格,通过竞争压力促使航空公司减低成本和票价。

西方国家在放松规制的同时还引入激励性规制方式,包括最高价格上限、特许投标、社会契约制度等,如英国在电信、电力、煤气等行业都采取了价格上限的规制方式。美国在电力行业实行了社会契约制,规制机构与被规制者签订合同,明确规定了设备运转率、热效率、燃料费、建设费等,如果能实现比合同规定的更好成绩则给予被规制者奖励,否则给予处罚。这就刺激了被规制者提高效率、降低运营成本。

2. 完善自然垄断规制法律法规

西方各国的垄断行业规制改革的通行做法是先立法后改革，制定了细致完备的法律法规，以法律法规为改革基础和依据。如美国在铁路规制改革过程中，《铁路复兴和规章改革法》《斯塔格斯铁路法》都是放松规制的主要法律依据。美国的相关立法非常完善，也比较繁杂，为了保证执行准确，美国还制定了相关的执法手册，如美国先后制定了四个关于航空行政执法方面的执法手册，这些手册内容完备，可操作性强。英国政府在改革电信行业过程中，于 1984 年修改的《电信法》成为电信行业规制体制改革的纲领性文件。该法鼓励竞争、保护消费者利益，为英国电信改革提供指引和保障。日本同样制定了很多相关的规制法律法规，如《日本国有铁道法》明确了铁路公司具备经营自主权，还有《电信事业法》，以这部法律为依据对电信业实行分类规制。

3. 重组垄断行业的规制机构

各国政府在规制改革过程中都设立了相应的规制机构，或者对原有的规制机构进行了适当调整。美国联邦一级的规制机构都是独立的，职权集中，这些规制机构由国家立法授权专门规制某个行业，有专管权，但没有制定基本规制政策的权力。美国在改革过程中对规制机构及其权限也进行了相应的调整，如 1978 年《航空业放松规制法案》取消了民用航空委员会的定价权和航线决定权，允许航空公司自主决定；1985 年取消了民用航空委员会。英国规制改革中机构的设置与日本有很多相似之处，中央政府部门既是主办者又是规制者，但英国也在积极向美国的改革模式转变——设立了独立的规制机构。

4. 引入竞争机制与完善产权制度并存

美国在规制改革中注重竞争机制的引入，如 1984 年拆分 AT&T，打破了其对美国电信设备市场、长途电话市场和地区性电话市场的垄断，对新进入的竞争者进行扶持，保证竞争的公平性。西方各国也积极改革产权制度，只有真正进行产权改革，政企关系才能分离得彻底。英国和日本都进行了产权制度的改革，摆脱企业与政府的关系，使企业在经营中能够自负盈亏，同时注重产权制度改革与引入竞争同步进行。

通过国外的规制改革实践，我们可以看出虽然这些国家采取的措施不同，但是可以从中总结出对我国改革有益的经验。

(1)各国规制改革都与其国情相适应。美国是“自由型”的市场经济国家，政府仅负责为经济发展创建良好的环境，其余则交由市场自行解决；日本是“政府主导型”的市场体制，以“强政府”作为经济发展的保障，所以其政府规制是比较严厉的。由此可见，各国改革都是依据其具体国情而来的，改革的起点和现有体制在一定程度上制约着实施改革的具体措施及改革的最终成效。这些是我国在规制改革中应给予高度重视的,行政性垄断现象在我国具有其独特的性质,我国的规制体制也尚不完善,这些都是我国行政性垄断行业规制改革面临的实际情况。

(2)各国都建立了独立的规制机构并有完善的法律法规做保障。通过规制改革,各国政府并没有降低规制水平,而是通过采取更为合理、高效的方式来提高规制效率。在规制过程中各国也极为重视透明度原则的运用,对规制效果的评估也给予高度重视。这些改革举措是我国在规制改革中应该高度重视的。

6.7.2　我国垄断行业规制改革的方向

我国垄断行业面临着与西方国家相似的问题,这就决定了在规制改革过程中,可以借鉴西方成功的改革经验。同时我们还必须清醒地认识到我国垄断行业政府规制的特殊性,即我国是行政垄断主导、多种垄断交织存在,我国现阶段垄断行业政府规制改革的主要任务是反行政垄断,只有在尊重我国国情实际的基础上借鉴外国的成功经验才能真正促进我国垄断行业的发展。

1. 增强规制机构的独立性

在我国,由于长期计划经济体制的影响,行业垄断和政企合一的局面没有从根本上打破,规制机构与被规制企业仍然存在着千丝万缕的利益关系。虽然电信、民航等行业已经开展了一定程度的政企分离的改革,但离真正意义上的彻底剥离还有一定的距离。铁路的政企分开改革进展更慢。政企分离、政府职能的进一步细化,将减少对垄断行业的直接干预,同时还能保证对企业微观经济活动的宏观管理。

1)法律上的独立性是规制机构真正独立的前提

以法律的形式确立规制机构的独立性,赋予规制机构独立行使规制权的司法地位,避免政府任意对规制机构的活动施加影响。首先,要明确指定某一部门机构作为规制机构;其次,要以法律的形式明确规制机构的权力,其中最重要的部分是价格控制权力和行业进入退出的控制权力。另外,规制立法必须细化,对规制机构的具体权责、规制的目标、规制过程中的具体操作等做出详细的说明,使规制机构在法律框架内严格依法行事,减少或杜绝规制机构在规制过程中掺杂过多的人为因素。

2)在职责权限方面,明确部门权责

设立独立规制机构时必须处理好规制机构和其他政府部门的关系,要对原分散在各个相关部门的规制机构进行整合,将分散的规制权集中到新成立的综合性规制机构中去,很重要的一点是还要正确划分其他政府部门和规制机构之间的职责权限,以免出现政出多门、多头管理的局面。这些职责权限必须以法律的形式明确规定,让规制机构的规制行为有足够的法律依据,依法行使职权,同时也利于对其他政府部门是否干预了规制活动的行为进行判断。

还要明确中央规制机构和地方规制机构的关系，明确权责，给予地方规制机构充分的自主权。我国的国家体制是单一制，地方政府接受中央政府领导是必须的，但在规制体制上，可以借鉴美国的做法，在全国性和省际的垄断行业中，由中央政府规制机构负责；各省和地方规制机构规制本地的自然垄断业务。如电信的长途应该由国家规制机构规制，而本地的电话业务应该由省级或者地方规制机构规制；再如公路运输问题，省内路线由本省规制部门进行管理，涉及省际路线的规制权限则在全国性的规制机构。

3)要保证规制机构的独立，就必须保证规制机构人事上的独立性

规制机构的组成人员需由立法机关任命，要有一定的任期，政府不能随意任免规制机构人员，保证规制人员能够独立地行使职权。为满足规制机构对专业人员的需求，还可以吸收部分相关领域的专家进入，专家的专业性和独立性可以保证全面地获取被规制行业的信息，又能够大大降低规制过程偏袒被规制对象的可能，保证规制过程的公平性。同时不允许规制机构任职的人员调动到被规制企业中去任职，也不允许被规制企业的人员进入对该行业规制的规制机构任职。

2. 对垄断行业进行分类管理

一个垄断行业的不同业务部分其自然垄断性的强弱是不同的，对其规制力度和方法也应有不同的选择，分类管理是比较科学的方法。对于完全具有自然垄断性的部分，对企业进入、价格、服务等要严格规制保证其经济合理性的实现；对于自然垄断性弱的部分，适当放松规制，引入竞争，激发行业活力；而对于已经不具有自然垄断性的部分就应该放开竞争，让这些业务在市场经济中得到充分发展。这就需要对这些错综复杂的业务进行有效的分解。以下介绍目前几个典型的垄断行业的不同业务分类，如表 6-4 所示。

表 6-4　具体产业的自然垄断性业务与竞争性业务

产业名称	自然垄断性业务	(潜在)竞争性业务
电力	高压输电、地域性低压配电	电力生产、销售业务等
铁路运输	铁轨网络、信号基础设施	列车的运行、设备维修等
自来水	自来水管道网络	自来水生产、储存、销售业务
管道燃气	燃气管道网络	燃气生产、储存、销售业务

1)垄断环节进行激励性规制

在垄断行业中，并非所有业务都有垄断性，垄断行业中的规模经济性强、沉淀成本大的业务环节，如电力、煤气、自来水的线路，输送管道网络、铁路的运输线路网等，如果对这些环节进行重复投资则会造成浪费，甚至降低效率，因此不能简单地引入竞争机制，对于这些垄断性业务的科学的管理是实行激励性规制。

基于业绩指标的价格上限和价格调整机制是普遍采用的方法，企业定价时原则上必须在这一区间之内变动，使得企业有实现成本最小化的激励。

除了价格规制之外，特许投标制也是可采取的规制方法之一，政府对垄断行业逐步放开规制后，对试点企业进行评估，包括资质、信誉、经营实力等方面，选定某一特定企业进行一定期限的承包，给予被选中企业特许经营权，在特许期限结束后，则通过新一轮的竞争投标来选择新的特许经营企业。

除此之外还可以采取社会契约制规制，规制部门与自然垄断企业在设备建设、服务质量、服务价格、运营成本等方面订立合同，企业如能够以高于合同规定的标准完成，政府就可以给予报酬以对企业进行鼓励；如果不能实现合同要求，那么企业要受到惩罚。

2)非垄断环节引入竞争机制

竞争可以提高企业生产效率，优化资源配置。垄断行业中适合引入竞争的部分，应当遵循市场规律，引入竞争机制，如果依旧走垄断发展的道路，这些业务环节必将在市场经济中走向绝路。

(1)在垄断行业分拆现有垄断企业。垄断行业的现有垄断企业长期居于垄断地位，竞争是不容易被打破的，要在垄断行业引入竞争在很大程度上需要靠打破垄断、对现存企业进行分拆来实现。分拆垄断企业，一方面可以削弱现存垄断企业的垄断力量，另一方面直接分拆出几个可以相互竞争的企业；还可以划分出可竞争业务和不可竞争业务，由不同企业经营。

(2)放松规制，让竞争者得以产生。在垄断行业，进入困难的问题普遍存在，放松规制最重要的就是对进入规制的放松，这也是让竞争者产生的关键。一方面，通过放松进入规制，新企业能够进入垄断行业的部分业务中去；另一方面，对于原来占垄断地位的企业要放松对其的价格规制，以便使这些老企业也能快速适应新的竞争环境，在竞争中找到适合自己的发展道路，增强竞争能力。

(3)实行非对称性管理，让竞争者得以生存和发展。非对称性管理包括业务范围、价格规制、电信互联互通政策等多个方面。基本思想是：①对占垄断地位的企业和不占垄断地位的新企业，采取不同的规制政策和规制办法，一般是对占垄断地位的企业严格规制，而对不占垄断地位的企业较少规制或不规制。②当占垄断地位的企业与不占垄断地位的企业竞争时，规制政策向不占垄断地位的企业倾斜。这是垄断行业引入竞争的一项重要措施，这一政策实际上不是引入竞争，而是在引入竞争后对新企业的培养政策，使新企业能够壮大成长。

3. 推行产权制度改革

就目前我国垄断行业的产权结构来看，国家所有为主仍是其基本特征，但在不同的行业国有产权的表现形式有着很大的差别，如表 6－5 所示。

表 6-5　我国自然垄断产业的产权状况

行业	产权状况(包括表现形式与产权类别)
铁路	国家所有,铁路的监督归于国家铁路局,铁路的经营归于中国国家铁路集团有限公司
邮政	2006 年政企分开,但国家所有占主导的形式不变
航空	分为中国航空、南方航空、东方航空等几大集团公司,都已经上市,但是国有股一股独大
电信	分中国电信、中国移动、中国联通等几个集团公司,都已经上市,但是以国有股股份为主
自来水	具有地方性,有些地方仍然采用政企不分的经营模式,有些已经完由民间资本经营,有些则采用国有控股公司制。从整体上看,国家所有仍占主体,但实现形式各种各样

在各个行业中,对民营资本有着严格的进入限制;在采用了股份制的行业中,普遍特征仍是国有一股独大。虽然民航、电信、电力等垄断行业进行了一定程度的分拆、重组,但总的来说还是在国有产权框架内的部分调整,这种调整仍触及不到产权制度领域。这种产权结构的存在使得行业效率普遍较低,也不利于社会公平目标的真正实现。

考虑到目前我国经济体制改革的进展状况,现阶段我国垄断行业产权改革中的主要措施和重点应该是实现我国垄断行业产权多样化。对于垄断行业的竞争性业务,可以对民营企业完全放开,允许独资经营,或者与原来的企业形成业务上的互补关系,或者同他们竞争。而对于垄断性较强的业务可以采取国有企业与外资或者民营企业合资的方式,因为垄断行业关系国计民生,不可让外资独资经营,必须确保政府对行业的控制力;垄断行业沉淀成本大的特点也使得民资企业很难单独进入,因此采取合资的方式比较合适。出资对象共同投资和经营,按照出资比例获取收益、承担风险。但是对合资对象的具体条件要有明确严格的规定,经营中也要做好监督工作,保证服务质量。在我国垄断行业无论是引入外资还是民营企业的进入,都有成功的案例。新奥集团进入中国城市燃气市场,获得多个城市的燃气特许经营权,为民营资本进入垄断行业做了示范,也为其他垄断行业的产权改革提供了借鉴之处,即走民营化发展道路。各行业需要把握民营化的程度,即确定允许民营企业进入的业务领域,进入后要对这些民营企业进行有效规制,如经营行为的合法性、服务价格的上限管理、服务质量监督等,保证其经营不能脱离社会目标。

在改革过程中逐步理顺企业内部产权、财产和人事关系,逐步在垄断行业的企业中形成规范的公司体制和管理制度,减少政府的直接干预,提高自主经营权。产权制度改革过程中相关的配套制度也应完善。一方面,在产权改革过程中要完善相关的法律机制来控制改革的各个环节，防止国有资产流失和腐败现象出现。另一方面，代表国家和消费者权益保护的独立的规制机构应该尽早成立，以便及时对改革的各个环节进行监督和审查，把握好改革的进度，同时还要防止改革过程中企业股份过度集中于单个股东现象的出现，这样有利于产权结构多样化的实现。

4. 建立社会参与和监督体系，约束规制者行为

植草益认为：建立一个对作为"法定垄断者"的规制者的滥用权限加以限制、监视其是否按经济福利的最大化规范行动的体系，是非常必要的。完善制度化的公众参与机制，为决策的利益相关者提供发表意见的机会，也让公众参与到对规制者规制行为的监督中来，以预防或减小政府规制机构被俘获的可能性。一方面，无论是政府还是规制机构，都需要定期向公众进行信息披露和审查，同时还要建立健全相关的责任制度，促使制定和实施规制制度的人员对自己的行为负责。另一方面，还可以组成专门的委员会，吸收专家和消费者进人，征询专家的专业意见和民众意见，让他们参与到规制政策的制定过程中去。同时专门委员会还可以对规制工作进行监督和评估。还要结合舆论、法律、纪检、审计等部门实施完整体系的监督，对监管机构和官员进行"再规制"，从而保证监管过程的公正和公平。另外，听证会制度的完善也是约束监督规制者行为的有效制度。应进一步将听证制度制度化、规范化、法制化，进一步扩大公众的参与面；同时要实现听证的公开透明，除了涉及国家机密的内容，都可以公开听证，如电信资费、火车票价等事关广大消费者利益的听证会都应公开，防止规制政策损害公共利益，从而实现对规制机构行为的有效制约。

5. 法律配置的有效支持

在市场经济中，只有经过法律的认可，市场中的各个利益主体才能公平地享有权利、获取利益、承担责任。所以说，法律配置的有效支持是规制制度改革的有效前提。各国在制定规制制度的过程中都制定了明确的法律法规，严格以法律为依据进行改革。

1）确定规制改革的基本框架，避免重走部门立法的老路

就目前状况来说，自然垄断是具有超额潜力的高利润行业，但我国目前缺乏透明而全面的法律框架。目前我国的垄断行业普遍采取的是部门立法，带有明显的行业、部门保护特色，为打破这种局面，立法部门在立法过程中应遵循促进公平竞争、提高服务水平和经济效率的原则，着眼于改革的各个相关主体，包括政府、原有企业、新进入企业，分别制定相关法律，为规制改革确定一个基本的法律框架。在这个基本的法律框架下，无论是制定新的法律还是修改现行法律，部门立法的道路不可再走了，应该由全国人大常委会组织各个方面的代表组成专门的委员会，包括政府部门、行业专家、法学研究者、经济学家、律师、有关的企业代表以及消费者代

表等,综合各方面的意见和利益制定和完善相关法律。

2)减少原则性立法,增强法律的可操作性

立法是规制部门管理的依据,法律效力的实现需要法律有足够的灵活性,要容易理解,容易操作,才容易执行下去。因此在制定垄断行业规制的相关法律时,可操作性是必须考虑的问题。

(1)确定针对各个具体的垄断行业的基本规制政策和基本产业政策,包括行业的开放准入、资源管理、价格规制办法等具体内容,对这些政策的规定要具体、详细,哪些经营行为是合法的、哪些经营范围是允许的、哪些行为是要受到处罚的以及受处罚的具体程度等都要明确地一一列出,使被规制企业有明确的经营标准,减少他们钻法律空子的机会;同时也使规制机构有法可依,减少规制机构偏袒被规制企业的可能。

(2)明确规制机构的工作职权、规制范围、规制内容等,减少规制机构在规制过程中发挥自由的空间。同时还要明确规制机构在规制过程中应承担的责任,不能在立法上使规制机构有权力没责任,规制立法应直接起到对规制机构的制约作用。另外,还要完善相关的行政程序和外部监督机制,为规制机构的独立、透明提供法律依据,减少规制过程中的随意性,使规制机构有法必依,保证法律切实得到有效实施。

6.8 小结

随着经济的发展、社会的进步以及科技水平的提高,垄断行业也发生了相应的改变:垄断行业不同业务领域的自然垄断性有了新的变化,或减弱,或消失,或继续保持自然垄断性;公众对于垄断行业的服务需求数量和质量也不同于以往,如对电量的需求大增,对电力供应的持续稳定性的要求也大大提高;同时,垄断行业的低效率、高垄断利润的问题也日益凸显,对行业的规制失效也日益引起社会的关注。因此,对垄断行业的政府规制政策和措施都需要及时转变,刺激行业生产效率和服务水平的提高。但是受我国长期计划经济体制的影响,这一改革道路充满障碍。

对我国垄断行业的规制改革需要理清思路,各方密切配合。发达国家的规制改革起步较早,经验也比较丰富,对我国有很重要的借鉴意义;同时还必须尊重实际,看到我国垄断行业政府规制的特殊性,不能一味地照搬西方经验;在改革过程中要注重部门间的配合,以及相应的法律制度的配套。具体来说,一是要完善政府规制的法律体系,尤其是行业的专门立法,做到具体、细致、完善,用法治的方式代替行政命令的控制。二是要在垄断行业建立现代产权制度。我国垄断行业长期实行国有垄断经营,政府与国有企业关系紧密,政府自身就是这些行业的利益主体,政企不分的局面还未实现真正的突破。建立现代产权制度,引入外资或者民营企业，丰富垄断行业产权结构，增强行业的活力和竞争力。三是规制机构保持独立。一方面规制机构要独立于被规制企业，即规制主体与被规制企业彻底分离；另一方面也必须独立于政府政策部门，保证规制过程的独立性。另外，规制权要集中于独立的主管机构，避免规制责权分散、多头执法、规制不力的出现。

在当今社会，法治是约束权力的有力武器，在完善的法律体系下，政府权力才能真正得到制约、规制改革的道路才能明确方向、规制改革的成果才能得到巩固。现代产权制度的建立是真正实现政企分开的保证，行政部门、国有资本才会退出垄断的主导地位；只有保证规制机构的独立性，才能保证规制的科学性。我国垄断行业政府规制改革的方向应是限制政府权力，建立现代产权制度，向现代政府规制的方向迈进，从根源上消除行政垄断。

第 7 章　垄断行业改革的专题研究

7.1　垄断问题专题研究Ⅰ:垄断行业收入对社会收入分配差距贡献率的测度

随着中国经济的快速发展,社会收入分配差距呈现不断加大的趋势,这一问题逐渐引起学者们的关注。其中,行业收入之间的差距是一个重要的方面,特别是垄断行业收入与非垄断行业收入之间的差距是学者们尤为关注的问题。国外已有文献对这一问题的早期分析框架,主要是研究市场垄断部门和竞争部门并存带来的财富分配不均问题(Comanor & Smiley),并由兰克福德(Lankford)和斯图尔特(Stewart)建立了一般均衡分析框架。对于垄断和工资收入差距的实证研究,多马(Domar)、道尔顿(Dalton)等研究者基于美国数据进行分析,发现了市场垄断程度与工资增长之间的正向关系。以色列和南非也有相似的情况,市场垄断企业能够通过不同的内部收入分配方式提高其员工的工资。克里迪(Creedy)和狄克森(Dixon)的研究则进一步纳入了与消费相关的垄断性收入分配问题,他们基于澳大利亚的实证研究发现,与垄断力量相关的福利损失在低收入家庭更高;勃兰特(Brandt)和卡斯滕(Carsten)对中国经济中空间价格差异进行了估计和解读;洛拉(Lollar)等的研究发现,不同部门之间职工收入决定中的分割效应不仅存在,而且有不断增强的趋势,主要表现在垄断行业与竞争行业之间职工收入差距明显扩大;德缪杰(Démurger)等研究了有关农民工和城镇职工在垄断行业就业和收入上的差异。

国内的研究方面,许成安等认为垄断行业收入明显高出平均水平,是行业收入差距的最重要因素。傅娟利用分位数回归的结果表明,垄断行业与其他行业的收入差距显著地存在于不同收入阶层,而且差距随着收入层的提高而逐渐扩大。陈涛和臧志彭认为行政垄断、市场体制不完全、缺乏监管是垄断行业收入偏高的主要原因。

关于垄断因素的贡献率的研究方面,大部分的研究文献都是利用极值差、极值比等定性地论述了垄断的地位,对垄断行业收入的贡献率的研究较少,具有代表性的有:夏华利用泰尔指数从第一产业、第二产业及第三产业的角度计算了我国产业间收入差距;苑林娅对行业大类间、城乡间、区域间、所有制间的收入差距的泰尔指数进行了计算，并比较了各收入差距的大小，其使用的泰尔指数考虑了人口因素，并且具有可分性，但相关文献并没有对垄断做出分析；刘丽娜和吴丽华对 37 个细分行业的行业工资进行分析，建立了行业收入的公式模型，利用统计数据及 EViews 软件进行回归分析，得出了行业工资和垄断程度的相关系数。

本节将使用泰尔指数来衡量行业收入差距及其变化，对垄断行业对社会收入差距的贡献率进行实证分析，进一步地对哪些行业造成了收入差距的变化进行分析，通过分析每个行业的泰尔元素，分离出垄断行业对收入不平等程度的贡献。

7.1.1 垄断行业收入对收入差距的贡献率

1. 行业收入差距的计算方法的选取

关于行业收入差距的计算方法，武鹏认为任何一种测量行业收入差距的指标都不是完备的，都有其自身的优点和缺陷。行业收入差距若单从居民收入分配的角度来看，就只能按行业从业人口加权来计算基尼系数和泰尔指数。在测量收入差距的指标中，基尼系数运用得最为广泛，因为基尼系数能以一个数值非常方便地反映出总体收入差距状况，并且基尼系数是国际上最流行的指标，便于用来做收入差距的国际比较。但是，基尼系数也有它的不足之处，例如，它虽然源于洛伦兹曲线，但其计算方法却有很多，这些方法所要求的资料是不一样的，因而计算结果会有一定的差距，使得对收入差距大小的判断困难，相同的基尼系数可以代表极不相同的收入分配状况。而泰尔指数在一定程度上克服了基尼系数的上述不足，而且可用作群体分割分析。泰尔指数和基尼系数之间具有一定的互补性。基尼系数对中等收入水平的变化特别敏感。而泰尔指数是唯一一个能满足对称原则、总体原则、收入刻度独立性、可分解性等评价标准的指标，也是唯一一个可以分解的指标。泰尔指数分解后对高收入水平的变化和低收入水平的变化很敏感。泰尔指数的值越大，说明收入差距越大；值越小，说明收入差距越小。

我们在研究模型中将采用泰尔指数作为度量收入差距的参数。

泰尔指数是由经济学家泰尔(Theil)提出的，是利用在信息理论中熵的概念来计算收入差距时提出的。由于泰尔指数考虑了人口的因素，并且可以衡量组内差距与组间差距的各自贡献，并据此计算出贡献率，因此我们借用泰尔指数方法展开本研究。

泰尔指数公式为

$$T = T_{\mathrm{w}} + T_{\mathrm{b}} \tag{7-1}$$

国际上通用的用于分组数据的计算方法是

$$T = \sum_{i} \sum_{j} \left(\frac{Y_{ij}}{Y_i}\right) \ln\left(\frac{\dfrac{Y_{ij}}{Y}}{\dfrac{N_{ij}}{N}}\right) \tag{7-2}$$

$$T_{\mathrm{w}} = \sum_{i}\left(\frac{Y_i}{Y}\right)T_{\mathrm{w}i} = \sum_{i}\sum_{j}\left(\frac{Y_i}{Y}\right)\left(\frac{Y_{ij}}{Y_i}\right)\ln\left(\frac{\frac{Y_{ij}}{Y_i}}{\frac{N_{ij}}{N_i}}\right) \tag{7-3}$$

式中

$$T_{\mathrm{w}i} = \sum_{j}\left(\frac{Y_{ij}}{Y_i}\right)\ln\left(\frac{\frac{Y_{ij}}{Y_i}}{\frac{N_{ij}}{N_i}}\right)$$

$$T_{\mathrm{b}} = \sum_{i}\left(\frac{Y_i}{Y}\right)\ln\left(\frac{\frac{Y_i}{Y}}{\frac{N_i}{N}}\right) \tag{7-4}$$

$$t_{\mathrm{b}} = \frac{T_{\mathrm{b}}}{T}\times 100\% \tag{7-5}$$

式中：T 表示总泰尔指数；T_{w}表示组内差距泰尔指数；T_{b}表示组间差距泰尔指数；t_{b}表示组间差距贡献率；Y 表示总收入；N 表示总人口；Y_i表示第 i 基本收入单元的总收入；Y_{ij} 表示基本收入单元中的亚收入单元的收入；N_i表示第 i 基本收入单元的总人口；N_{ij}表示基本收入单元中的亚收入单元的人口。

2. 贡献率的计算

1)计算步骤

我们将使用泰尔指数对收入差距进行度量，并计算垄断行业对社会收入的贡献率。数据来源于《中国统计年鉴》。计算分为两个步骤：

第一步，从行业大类考虑，计算组间泰尔指数——行业收入差距的泰尔指数、总泰尔指数——社会收入差距泰尔指数，得出行业收入差距对社会收入差距的贡献率。

第二步，从细分行业考虑，以垄断行业与非垄断行业的标准分为两个大组，计算总泰尔指数——行业收入差距泰尔指数及组间泰尔指数，得出垄断因素对行业收入差距的贡献率。

综上，两个贡献率相乘即可得出总的贡献率，即垄断行业收入对社会收入分配差距的贡献率。

2)行业收入差距对社会收入分配差距的贡献率

我们使用了 2016—2018 年分地区分行业职工工资总额及各地区按行业分职工人数(年底数)两种表格，通过计算可得到几种泰尔指数并计算出贡献率。这两种表格分别陈列了 19 个大类行业：农、林、牧、渔业，采矿业，制造业，电力、热力、燃气及水生产和供应业，建筑业，交通运输、仓储和邮政业，信息传输、软件和信息技术服务业，批发和零售业，住宿和餐饮业，金融业，房地产业，租赁和商务服务业，科学研究和技术服务业，水利、环境和公共设施管理业，居民服务、修理和其他服务业，教育，卫生和社会工作，文化体育和娱乐业，公共管理、社会保障和社会组织，以及 31 个地区。具体步骤如下：

将整个数据进行分类，将同一行业中不同地区的数据看作一个数据组，这样共有 19 个数据组，计算总的收入差距泰尔指数 T、组间收入差距泰尔指数 T_b——T_h；其中 T 可以看作社会收入差距泰尔指数，T_h 为行业收入差距；据此可以计算出第一个贡献率 t_1，即行业收入差距对社会收入差距的贡献率。表 7－1 列出了主要计算结果。

表 7－1　社会收入差距泰尔指数及行业收入差距泰尔指数

大类行业	年份					
	2016		2017		2018	
	T_h	T	T_h	T	T_h	T
合计	0.0335	0.0806	0.0362	0.07953	0.03805	0.0824
农、林、牧、渔业	－0.014	－0.013	－0.013	－0.0116	－0.0114	－0.0109
采矿业	0.0075	0.0084	0.0070	0.00794	0.00856	0.00960
制造业	－0.05	－0.035	－0.045	－0.0389	－0.044	－0.0382
电力、热力、燃气及水生产和供应业	0.0118	0.0138	0.012	0.01263	0.0102	0.01163
建筑业	－0.016	－0.014	－0.019	－0.0155	－0.0185	－0.0164
交通运输、仓储和邮政业	0.0100	0.0120	0.0080	0.00993	0.00628	0.0080
信息传输、软件和信息技术服务业	0.0176	0.0198	0.0155	0.01715	0.01540	0.01752
批发和零售业	－0.007	－0.004	－0.007	－0.0030	－0.0053	－0.0027
住宿和餐饮业	－0.005	－0.004	－0.005	－0.0036	－0.0043	－0.0039
金融业	0.0317	0.0370	0.0362	0.04166	0.04319	0.05065
房地产业	0.0010	0.0018	0.0008	0.00140	0.00060	0.00134
租赁和商务服务业	0.0022	0.0037	0.0013	0.00270	0.00163	0.00365
科学研究和技术服务业	0.0125	0.0144	0.0137	0.01588	0.01428	0.01650
水利、环境和公共设施管理业	－0.004	－0.004	－0.004	－0.0028	－0.0034	－0.0029
居民服务、修理和其他服务业	－0.00004	－0.00003	－0.00006	－0.0006	－0.0008	－0.0007
教育	0.002	0.0062	0.0071	0.0113	0.0036	0.00767
卫生和社会工作	0.0066	0.0095	0.0064	0.00898	0.00507	0.00759
文化、体育和娱乐业	0.0028	0.005	0.0028	0.00382	0.00198	0.00299
公共管理、社会保障和社会组织	0.0107	0.0184	0.0154	0.02168	0.01376	0.01938

注：本表根据《中国统计年鉴》中的《各地区按行业分职工工资总额》《各地区按行业分职工人数（年底数）》整理计算。

由表 7－1 可以得出下面的结果，如表 7－2 所示。

表 7-2 2016—2018 年行业收入差距对社会收入分配差距的贡献率

年份	泰尔指数		
	T	T_h	t_1
2016	0.0806	0.0335	0.4156
2017	0.07953	0.0362	0.4552
2018	0.0824	0.03805	0.4618

3)垄断行业收入对行业收入差距的贡献率

具体使用了其中 2016—2018 年按细分行业职工平均工资及 2016—2018 年按垄断行业职工平均工资两种表格,通过计算可得到几种泰尔指数并计算出贡献率。具体步骤如下:

对各年的数据进行计算,可得总收入差距泰尔指数 T,记为 T'_h,将数据表分为两个大组,根据行业是否是垄断行业,将垄断行业各行业数据叠加、非垄断行业各行业数据叠加,即可得出垄断行业及非垄断行业职工工资总额、垄断行业及非垄断行业职工人数数据表;组间收入差距泰尔指数 T_b,记为 T_l,其中 T'_h为另一种计算角度下的行业收入差距,T_l表示垄断行业与非垄断行业的收入差距;据此可以计算出第二个贡献率 t_2,即垄断行业对行业收入差距的贡献率。计算结果如表 7-3 所示。

表 7-3 垄断行业收入对行业收入差距的贡献率

年份	泰尔指数		
	T'_h	T_l	t_2
2016	0.054794793	0.019798569	0.3615
2017	0.057382630	0.019618497	0.3422
2018	0.060428167	0.021332057	0.3533

综合表 7-2 及表 7-3,可以得出如表 7-4 的结果。

表 7-4 垄断行业收入对社会收入分配差距的贡献率

年份	贡献率		
	t_1	t_2	t
2016	0.4156	0.3615	15.02%
2017	0.4552	0.3422	15.58%
2018	0.4618	0.3533	16.32%
平均水平		15.64%	

注:$t = t_1 \times t_2$。

3. 数据分析

根据表 7-2、表 7-3 及表 7-4,对 2016 年、2017 年、2018 年的数据进行分析可发现：

(1)2016—2018 年我国社会收入分配的泰尔指数在 0.08 左右，2016 年为 0.0806，2017 年稍有下降，为 0.07953，而 2018 年增加了 0.00287，升至 0.0824，收入差距有加大的趋势。

(2)三年内我国行业收入差距不断加大。从大类行业的角度看，行业收入差距泰尔指数 2016 年为 0.0335，2017 年为 0.0362，2018 年为 0.03805，不断增加；从细分行业的角度看，行业收入差距泰尔指数 2016 年为 0.054794793，2017 年为 0.057382630，2018 年为 0.060428167，也呈不断上升趋势。

(3)垄断行业与非垄断行业之间的差距也越来越大，其泰尔指数从 2016 年的 0.019798569，2017 年为 0.019618497，2018 年则上升至 0.021332057。

(4)t_1 即行业收入差距对社会收入分配差距的贡献率不断加大，t_2 即垄断行业收入对行业收入差距的贡献率呈稳定水平，稍有波动，综合起来 t 即垄断行业收入对社会收入分配差距的贡献率，2016 年为 15.02%，2017 年为 15.58%，2018 年为 16.32%，三年的平均水平为 15.64%。

(5)在计算收入分配差距泰尔指数时，采用了两组数据，一组为大类行业的工资及职工人数，计算出社会收入差距 T 及行业收入差距 T_h，另一组为细分行业的工资及职工人数，计算出行业收入差距 T'_h 及垄断行业与非垄断行业的收入差距 T_1；因此两个行业收入差距 T_h、T'_h 的值不同，但是由于它们采用的数据类型不同，因此有一定的差距是合理的，T 及 T_h、T'_h 及 T_1 采用了同样的数据，因此具有可比性，分别计算贡献率 t_1、t_2，得出最终贡献率 t 的值。

7.1.2 结论

本节计算了垄断行业收入对社会收入分配差距在泰尔指数意义上的贡献率，2016 年至 2018 年的平均水平为 15.64%，其中垄断因素对行业收入差距的贡献率为 45%左右，说明垄断因素是造成社会收入差距的重要因素。垄断行业的高收入已经引起了一些社会问题。垄断行业高收入的原因，主要体现在垄断地位、所有者缺位以及缺乏监管方面，因此，解决我国垄断行业收入分配的难题也应当从这几个方面着手：对垄断行业进行深化改革，加强监管，包括对垄断行业的产品价格及资产加强监督，对垄断行业的收入分配、职工的工资及福利加强监管等，加快反垄断法的修订等。

7.2　垄断问题专题研究Ⅱ：我国电信行业规制政策效果研究

7.2.1　电信规制政策量化与分类

1. 政策文本选择

基于2008年国务院大部制改革以来，工信部于2010—2020年出台的针对电信行业规制政策的文本进行计量研究。首先，国家层面的电信规制运用了多种政策工具，不同的政策工具具有不同的效果，结合具体运行目标施用相异政策，因而各个政策工具的使用比例有所差异。其次，合理的电信市场结构、公平有效的市场竞争秩序、适宜行业发展的政策强度等政策目标受关注度也不同。未来电信规制政策将更加顾全各类运营商的均衡发展，积极引导民营及外资企业快速适应当前的市场环境，同时充分把握电信上下游产业优势，发挥上下游联动作用，搭乘新时代东风，推动行业变革升级，为我国电信规制政策发展积累有益经验。

这里的研究是基于电信运营商相关的规制政策，选取的研究对象主要是工信部于2010—2020年颁布的电信行业相关规制政策。为了保证研究的科学性与严谨性，这里所选取的政策文本需要满足以下条件：①权威性。政策文件的发文单位是工信部独立发文或者与其他中央部委联合发文。②相关性。这里选取的政策均与电信规制的研究内容密切关联。③非绝密性。选取的电信政策应当是非国家绝密文件，可以通过政府网站或者媒体报道查询到政策文本。④时效性。由于电信行业发展迅速，过于陈旧的政策文本不具有代表价值，对于未来的政策发展影响有限，因此选取的政策文本应当尽量有一定的时间限制。基于以上标准，这里手动搜集政策文本250项，对电信行业规制政策进行深入的研究与分析。电信规制政策是电信规制机构对辖区内电信企业的市场行为进行监管的文本依据，按照不同政策文本类型，总结得出电信规制政策文本主要涉及意见、办法、通知、通报、通告、函、计划、决定、规定、结果等十类，见表7-5所示。

表7-5　电信规制政策发文主体统计表

文本类型	文本数量/项	百分比/%
意见	17	6.8
办法	10	4
通知	106	42.4
通报	17	6.8

续表

文本类型	文本数量/项	百分比/%
通告	24	9.6
函	14	5.6
计划	10	4
决定	10	4
规定	29	11.6
结果	13	5.2
合计	250	100

2. 政策分析框架

电信技术作为新时代推动社会进步的重要基础，其规制政策也具有工具多、应用广、政策影响面不断扩大的特点。要全面地分析电信行业的规制政策的架构、发展、效果，就需要建立一个较为全面的分析框架。基于此，将政策工具和政策目标相结合，组成政策的二维分析框架。X 轴是政策工具，Y 轴为政策目标维度，对 2010—2020 年电信规制政策文本进行计量分析。通过对上述政策工具维度和电信规制政策发展分类，构建了电信规制政策的二维分析框架，如图 7-1 所示。

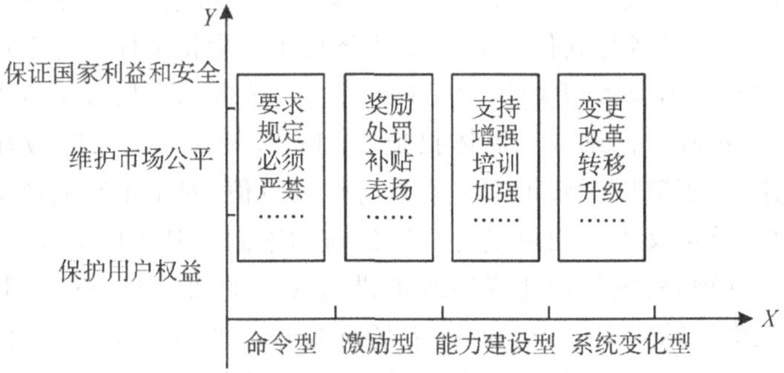

图 7-1 电信规制政策二维分析框架

3. 政策文本编码

本节以电信规制政策文本中的政策条文作为基本分析单元，按照“政策编号—政策归类—政策目标”的方式进行编码，对政策框架进行归类，形成政策文本编码表，进行政策工具维度上的统计。其中，将所有符合电信规制政策的文本单元进行一级编码，进一步结合文本内容，对政策内容划分为前文提到的四种类型并进行二级编码，最后对政策工具的价值实现进行三级编码。基于四种电信政策工具的具体表现形式，对电信政策条文进行逐步筛选与编码，共得到 223 个有效编码单元，随后对223个有效编码的具体政策按照政策工具类型以及对应目标进行统计，得到电信规制政策二维分布表，如表7－6所示，电信规制政策数量二维分布情况如表7－7所示。

表7－6　政策文木编码规则

二级编码		三级编码	
1	命令型	X	保护用户利益
2	激励型	Y	维护市场公平
3	能力建设型	Z	保证国家利益和安全
4	系统变化型		

表7－7　电信规制政策二维分布表　　单位：个

Y轴	X轴				
	命令型工具(1)	激励型工具(2)	能力建设型工具(3)	系统变化型工具(4)	总计
保护用户权益(X)	24	45	2	5	76
维护市场公平(Y)	32	8	4	3	47
保证国家利益和安全(Z)	23	11	21	45	100
总计	79	64	27	53	223

4.政策二维分析

1)*X*轴分析：政策工具维度

政策工具是执政者为实现既定目标采用的有效政策干预手段，也是研究者对不同产业政策进行分析与论证的重要方式。不同的研究者对于政策工具的分类方法不同。其中，公共政策学家豪利特(Howlett)和拉米什(Ramesh)根据政策强制力的大小，将政策工具分为强制型工具、自愿型工具和混合型工具；罗斯韦尔(Rothwell)和泽赫菲尔德(Zegveld)则分别从供给侧、需求侧和环境侧三个层面对政策工具进行划分；麦克唐纳(McDonell)和埃尔莫尔(Elmore)从目标视角将政策工具分为命令型、激励型、能力建设型和系统变化型工具四类。本节按照麦克唐纳和埃尔莫尔从目标角度对政策工具划分的原则，将电信行业规制政策分为四类。命令型工具主要包括国家和政府一系列强制性政策，对于这些政策的反馈措施几乎没有自由裁量的空间；激励型政策工具是通过一定物质奖励或处罚手段来促进电信行业的良性发展；能力建设型政策工具是政府采取支持性措施引导电信行业的建设；系统变化型工具是通过重组、改革等机制提升政策转移效率。由表7－7

中各类电信规制政策工具的统计结果，绘制出2010—2020年工信部等有关部门颁布的电信规制政策所采用的政策工具的频次比例图，如图7-2所示。

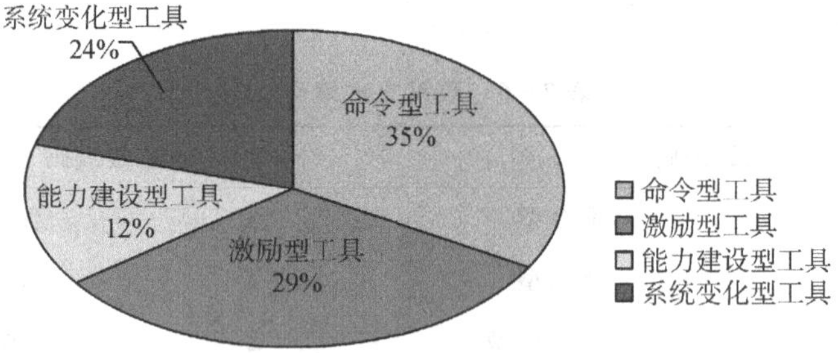

图7-2　电信规制政策工具比例图

我们可以得出，在电信规制政策方面，命令型工具使用比例最高，激励型工具使用比例其次，随后是系统变化型和能力建设型工具。进一步具体来看，我们可以根据各项政策所依据的目标进行比较，得出政策工具的目标比例分布表，如表7-8所示。

表7-8　政策工具指向目标比例分布表

政策发展目标	政策工具类型							
	命令型工具		激励型工具		能力建设型工具		系统变化型工具	
	数量/个	比例/%	数量/个	比例/%	数量/个	比例/%	数量/个	比例/%
保护用户权益	24	30.38	45	70.31	2	7.41	5	9.43
维护市场公平	32	40.51	8	12.5	4	14.81	3	5.67
保证国家利益和安全	23	29.11	11	17.19	21	77.78	45	84.90
合计	79	100	64	100	27	100	53	100

抽取出79个命令型工具可以看出，有32个政策目标为维护市场公平，占到了命令型工具近一半的比例；有24个政策指向保护用户权益，占比30.38%；23个政策指向保证国家利益和安全，占比29.11%。绝大部分政策文件以通知的形式进行下发，通知的内容多为建设方案的总体规划、某个事项的规定、评估的标准等。这与我国电信行业发展的特征密不可分。激励型政策工具共涉及64个，其中保护用户权益有45个，占据绝大部分比例；保证国家利益和安全共11个，占比17.19%；维护市场公平共8个，占比12.5%。从前两个政策工具的使用可以发现，对于宏观层面维护市场公平的政策目标多采用命令型工具，而具体保护用户权益的目标则多为激励型工具。能力建设型工具在所有政策工具中所占比例最少，主要集中在保证国家利益和安全方面，共21个，占比77.78%。系统变化型工具的政策目标指向的也是保证国家利益和安全，共45个，占比84.90%；保护用户权

益有 5 个，占比 9.43%；维护市场公平政策有 3 个，占比 5.67%。通过后两个政策工具类型可以看出，对于能力建设和系统变化的政策，多用于保证国家利益和安全。能力建设型政策工具多针对于从事有关建设工程监理工作等工作的员工职业能力培训等方面的提升政策，而系统变化型工具则多涉及国家大政方针等角度的内容。

2)Y 轴分析：政策目标维度

本节依据 2010—2020 年工信部等国家部委出台的有关电信规制政策及其实施目标，将电信行业规制政策分为三大维度，分别是保护用户权益、维护市场公平和保证国家利益与安全。再由表 7-7 中各类电信规制政策目标的统计结果，我们从目标层面进行分析，可以绘制出电信规制政策工具作用目标比例图和频次分布表，如图 7-3 所示和表 7-9 所示。

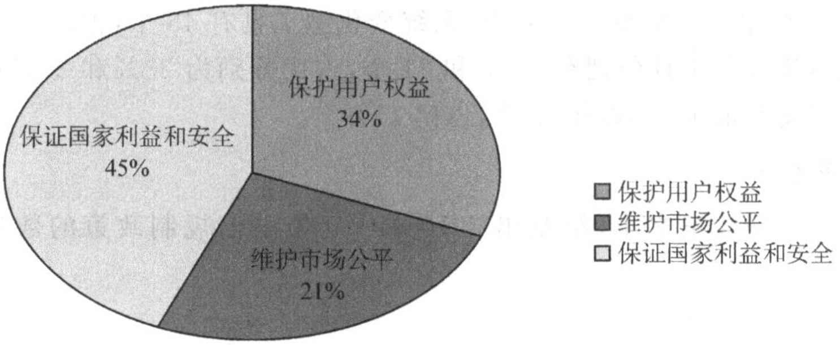

图 7-3 电信规制政策工具作用目标比例图

表 7-9 电信规制政策目标所包含政策工具频次分布表

政策发展目标	政策工具类型								合计	
	命令型工具		激励型工具		能力建设型工具		系统变化型工具			
	数量/个	比例/%	数量/个	比例/%	数量/个	比例/%	数量/个	比例/%	数量/个	比例/%
保护用户权益	24	31.58	45	59.21	2	2.63	5	6.58	76	100
维护市场公平	32	68.09	8	17.02	4	8.51	3	6.38	47	100
保证国家利益和安全	23	23	11	11	21	21	45	45	100	100

由以上图表可以发现，电信规制政策的政策目标有近半数是保证国家利益和安全，说明近些年来，国家对于电信领域的安全问题关注度最高，电信作为国家的

一项重要基础建设,只有保证电信的安全,才可以确保社会经济各方面持续稳定健康发展。

保护用户权益的目标所对应的政策工具一共有76个,占比34.08%。其中,对于激励型政策工具的使用次数达到45次,占59.21%;命令型工具有24个,比例为31.58%;系统变化型和能力建设型工具分别有5个和2个,占比6.58%和2.63%。维护市场公平的目标对应的政策工具一共有47个,占比21.08%。其中,命令型工具使用次数为32次,占比68.09%;激励型工具使用8次,占比17.02%;能力建设型工具使用4次,占比8.51%;系统变化型工具使用3次,占比6.38%。由此可以看出,国家对于维护市场公平的目标,多使用命令等强制性措施进行维护,而保护用户权益方面,结合具体文本来看,一般是采取激励运营商的手段,敦促运营商维护好用户权利与关系。致力于保证国家利益和安全的政策工具一共有100个,占比44.84%。其中,系统变化型工具有45个,占比45%;命令型工具和能力建设型工具分别有23个和21个,占比分别为23%和21%;激励型工具对应政策文本最少,一共有11个,占比11%。

5. 趋势分析

依据223项政策文本,绘制出2010—2020年电信规制政策的数量图,如图7-4所示。

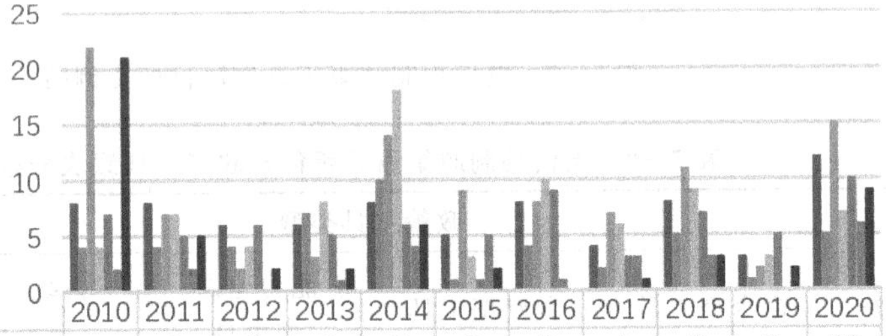

	2010	2011	2012	2013	2014	2015	2016	2017	2018	2019	2020
X	8	8	6	6	8	5	8	4	8	3	12
Y	4	4	4	7	10	1	4	2	5	1	5
Z	22	7	2	3	14	9	8	7	11	2	15
命令型工具	4	7	4	8	18	3	10	6	9	3	7
激励型工具	7	5	6	5	6	1	9	3	7	5	10
能力建设型工具	2	2	0	1	4	5	1	3	3	0	6
系统变化型工具	21	5	2	2	6	2	0	1	3	2	9

图7-4　电信规制工具及目标政策数量

可以明显看出,政策文本数量呈现出波动递减的趋势。其中2010—2013年四年间,政策数量逐年递减。2014年开始,政策数量又有所反弹,随后三年也是呈现震荡减少的趋势。2018年,数量较2017年近乎翻倍,随后开始减少,2020年又有所增加。出现这种波动性变化的原因可以从两个方面来考虑,一是国家发展战略的角度,二是行业发展的角度。2011—2015 年是我国第十二个五年计划期,工信部出台的政策大多围绕基础设施共建共享、推进网络建设、推动通信建设工程质量等方面,这与我国的基本国情是分不开的。2013 年底,三大运营商取得 4G 牌照,我国进入 4G 时代。2014 年开始,工信部针对全新电信网络构建、电信服务质量等方面发布了众多政策,同时,2014 年是我国虚拟运营商的元年,针对虚拟运营商这一新的市场竞争者,工信部也制定了相应规制政策。这些原因使得 2014 年的政策数量在近几年出现新高。2016 年,工信部规划总结了"十二五"以来的建设成果并提出了未来五年的建设重点,相应的内容在 2016 年的政策文本中也有体现。2018 年,我国虚拟运营商正式商用,同年 IPV6 开始规模部署,通信基站与无线电台干扰协调等政策的出台,都为我国 5G 技术商用做了充分的铺垫。

由于政策数量只能从一方面看出我国对于行业发展相关的规制强度,而且这种规制强度受限于行业发展现状。譬如,行业发展初期制定的规制政策数量势必更多,推动行业变革的重要时间节点制定的规制政策数量也会更多。因此还需要对各年度政策进行政策工具和政策目标的拆分,再进一步分析行业发展的趋势,如表 7-10 和图 7-5、图 7-6 所示。

表 7-10 分年度政策工具及目标比例表

年份	保护用户权益(X)	维护市场公平(Y)	保证国家利益和安全(Z)	命令型工具	激励型工具	能力建设型工具	系统变化型工具
2010	23.53%	11.76%	64.71%	11.76%	20.59%	5.88%	61.76%
2011	42.11%	21.05%	36.84%	36.84%	26.32%	10.53%	26.32%
2012	50.00%	33.33%	16.67%	33.33%	50.00%	0.00%	16.67%
2013	37.50%	43.75%	18.75%	50.00%	31.25%	6.25%	12.50%
2014	25.00%	31.25%	43.75%	52.94%	17.65%	11.76%	17.65%
2015	33.33%	6.67%	60.00%	27.27%	9.09%	45.45%	18.18%
2016	40.00%	20.00%	40.00%	50.00%	45.00%	5.00%	0.00%
2017	30.77%	15.38%	53.85%	46.15%	23.08%	23.08%	7.69%
2018	33.33%	20.83%	45.83%	40.91%	31.82%	13.64%	13.64%
2019	50.00%	16.67%	33.33%	30.00%	50.00%	0.00%	20.00%
2020	37.50%	15.63%	46.88%	21.88%	31.25%	18.75%	28.13%

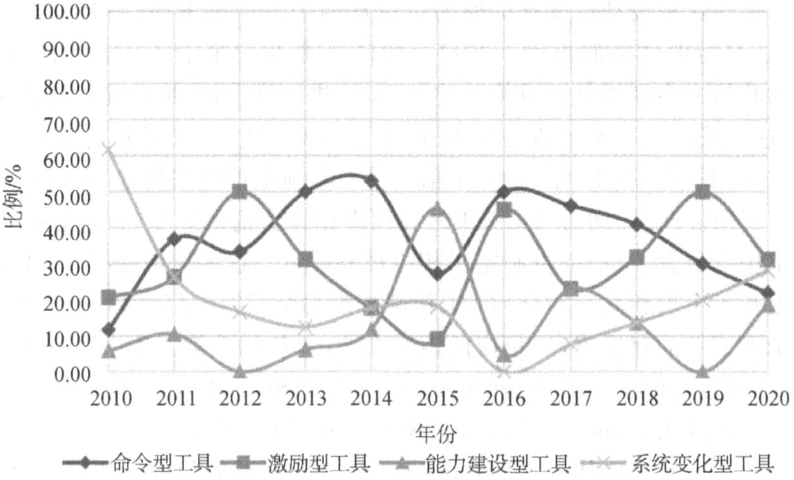

图 7-5 电信规制政策工具百分比趋势图

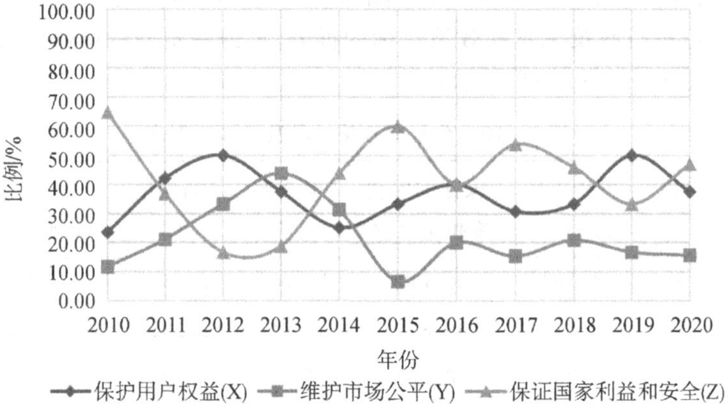

图 7-6 电信规制政策目标百分比趋势图

从政策工具趋势图可以看出，命令型工具总体保持增长趋势并占据大多数比例，说明我国的电信规制政策中，仍然以命令型政策为主；激励型和能力建设型工具比例此消彼长，说明我国会针对不同的政策目标实施相应类型的规制政策；系统变化型工具 2019 年和 2020 年占比明显上涨，结合当前复杂的国际环境变化，从 5G 技术的建设与应用到物联网发展再到未来通信芯片等先进设备等的研制，我国采用的大多为系统变化型工具，以便可以进一步引导行业改革升级。

从 2010—2020 年电信规制政策目标的发展趋势来看，保护用户权益(X)和维护市场公平(Y)的政策目标比例处于相对稳定的状态。2012—2014 年是我国 3G 向 4G 转型的过渡阶段，在这几年中，我国规制政策对于用户权益保护有所下降，一方面是由于当时的发展重心更倾向于基础网络的建设，另一方面是由于对 3G

和 4G 不同网络套餐资费变化下引申出新的问题以及对用户权益的保护等还处于探索阶段。李克强总理在 2015 国务院常务会议上表示要实施提速降费举措并打造高速宽带网络。这次会议的召开，极大增强了我国电信行业对于保护用户权益和维护市场公平的关注，这一点从相应政策目标的比例可以看出。而保证国家利益和安全的政策目标比例在此期间则处于稳中有进的发展趋势。结合近年一些国家对我国多领域的贸易保护战，以及当前我国部分高新技术企业面临的国际营商环境恶化、技术禁令等情况，工信部出于我国安全考虑来制定相应规制政策。

整体来看，我国的电信规制政策在工具的使用上呈现出以命令为主、激励为辅，再根据行业发展需求进行能力建设和系统升级的特点。而规制目标上则是始终将国家利益与安全放在第一位，维护市场公平和保护用户权益齐头并进的趋势。通过不断出台规制政策，引入竞争对手，创造有益于竞争的市场环境，打破垄断的市场结构，维护电信市场公平，最终保证用户权益。

7.2.2 电信规制政策的宏观效果分析

对于电信规制政策的宏观效果分析主要从两个层面进行。第一个层面是通过建立 2010—2018 年我国电信行业整体的超效率模型，分析我国电信行业效率的变化，再根据相应政策目标与政策工具的提示，对我国电信规制政策的有效性与适应性进行分析。第二个层面是建立 VAR 向量自回归模型，从计量的角度，用统计检验的检验方法从电信发展指标池中筛选出对我国宏观经济具有显著影响的指标，再对筛选后的指标进行回归和脉冲响应分析，观察一定滞后期间内电信行业对我国宏观经济的影响，从而为规制政策的制定决策提供数理依据。

1. 用 Super-SBM 模型测算电信行业整体效率

1)效率测算原理

为了进一步研究电信规制政策对我国电信行业发展的影响，本节将 2010—2018 年作为 9 个决策单元，运用数据包络方析(DEA)独立测算我国电信行业每年度的效率大小，以此反映电信规制政策的宏观效果。

对我国电信行业整体 DEA 的测算，也是通过投入与产出两个指标。根据查恩斯(Charnes)的经验原则，模型中 DMU 的数量不得少于两倍的投入与产出指标数量之和，因此在测算整体效率时，需要至少 8 个决策单元来保证 DEA 计算结果的准确性，而 2010—2018 年分年度有 9 个决策单元，因此可以满足 DEA 计算的前提。Kaoru Tone 在 2001 年首创的 SBM(slacks-based measure)模型，是一种既考虑投入又考虑产出松弛变量的效率计算方法。SBM 模型的提出为我们评价效率值提供了新的选择，SBM 模型允许以非径向的方式计算每个 DMU 的效率值。Super-SBM 模型关注非径向方式的投入与产出变化，将效率值设定为可以大于 1，因此当有多个决策单元时，可以有效对每个 DMU 的效率大小排序。在实际测量中，为了更好地反映规制政策对某一年行业发展的影响程度，避免出现几个效率值都是1的情况，对各个决策单元进行有效排序，因此对整体DEA效率测算时，采用Super-SBM模型。

2)模型效率测算

假设一个生产集合中有n个决策单元，每个决策单元的投入为m，产出为s，则用向量形式表示的m个投入的第j个决策单元DMU和s个产出的第j个决策单元DMU的向量以及融合角度非径向的Super-SBM模型为

$$X_i = (x_{1i}, x_{2i}, \cdots, x_{mi})^T,\ Y_i = (x_{1j}, x_{2j}, \cdots, x_{sj})^T, (i, j = 1, 2, \cdots, n)$$

$$\rho^* = \frac{1 - \sum_{i=1}^{m} \alpha_i}{1 + \sum_{r=1}^{s} \beta_r}$$

$$\alpha_i = \frac{1}{m} \frac{s_i^-}{x_{io}} (i = 1, \cdots, m)$$

$$\beta_r = \frac{1}{s} \frac{s_r^+}{y_{r_0}} (r = 1, \cdots, s)$$

Subject to $x_0 = X\lambda + s^-, y_0 = y\lambda - s^+, \lambda \geqslant 0, s^- \geqslant 0, s^+ \geqslant 0$

其中s^+和s^-表示投入与产出要素松弛变量的增减，α_i表示投入变量的无效率，β_r表示产出变量的无效率，ρ^*为目标效率值，又为权重系数。

(1)当$0 \leqslant \rho^* < 1$时，代表该决策单元DMU为非DEA有效。

(2)当$\rho^* \geqslant 1$时，代表决策单元全都在生产前沿面上，DMU为DEA有效。

ρ^*的值越大，决策单元的效率越高，说明该DMU的投入产出比例越合理，ρ^*的值越小，则DMU的投入与产出比例失衡，效率越低，以此来对2010—2018年我国电信行业效率值排序。

由于测量的是全国电信行业的DEA效率情况，因此不再考虑环境变量的影响，直接将2010—2018年电信行业分省份投入与产出指标数据总和当作新的投入变量与产出变量，并借助DEA-Slover Pro软件对我国大陆地区电信效率进行测算。

表7-11　电信效率测算投入产出指标

一级指标	指标分类	二级指标
电信投入	资本投入	固定资产总额
	人力投入	电信职工人数
电信产出	经济产出	电信业务收入
		电信业务总量

由于计算电信行业整体效率时，使用非角度非径向的超效率模型分析，因而在

使用 DEA-Solver Pro 软件时，选用 Super SBM-V 模型，2010—2018 年电信 DEA 效率及排名情况如表 7－12 所示。

表 7－12　我国电信行业 DEA 超效率值排名情况(2010—2018 年)

排名	DMU	得分
1	2018	1.4366
2	2010	1.2552
3	2013	1.0774
4	2012	1.0525
5	2017	1.0041
6	2015	0.5353
7	2011	0.5306
8	2014	0.4947
9	2016	0.4998

总体来看，达到 DEA 有效的年份有五个，分别是 2010 年、2012 年、2013 年、2017 年和 2018 年，而 2011 年、2014—2016 年效率均低于 1。从效率值的变化可以看出，除了 2011 年、2014—2016 年效率值偏低，我国电信行业效率的变化趋势呈现越来越好的态势。

2. 用 VAR 模型测量电信行业对我国宏观经济影响

长期以来，我国电信行业由过去制约经济发展，到与国民经济相协调，对于国民经济的影响与日俱增。电信行业的进步和电信规制政策的发展密不可分。下面将从经济发展的角度，探索论证电信行业对于我国宏观经济的影响。

VAR 模型又称向量自回归模型，是由指标的数字特征加以统计而建立的模型。VAR 模型是将系统中每一个内生变量当作系统中所有内生变量的滞后值函数构建模型，简而言之，VAR 建模是将所有的变量看作一个向量，然后对所有滞后项进行回归的过程。

本研究要测量电信行业对宏观经济增长的影响，将人均 GDP 作为经济增长的指标，电信行业的发展指标由电信业务总量、电话普及率和居民通信消费指数构成。主要数据来源于《中国统计年鉴》，时间跨度为 1990—2018 年。模型的基本形式如下：

$$\boldsymbol{y}_t = \phi_1 \boldsymbol{y}_{t-1} + \cdots + \phi_p \boldsymbol{y}_{t-p} + Hx_t + \boldsymbol{\varepsilon}_t \qquad (t = 1,2,\cdots,T)$$

被解释变量 $\boldsymbol{y}_t$ 是内生变量向量，解释变量 $\boldsymbol{y}_{t-1}$ 是外生变量向量，p 是滞后阶数，T 是样本个数，$\boldsymbol{\varepsilon}_t$ 是扰动向量。根据研究内容，提出假设：

H_0：电信业务总量越多，我国宏观经济越好。

H_1：电话普及率越高，我国宏观经济越好。

H_2：居民通信消费指数越高，我国宏观经济越好。

1）单位根检验

进行 VAR 模型回归之前，需要先对相关指标进行检验，通过 EViews 8.0 进行数据平稳性检验。ADF 检验的三个模型如下：

$$\text{Ⅰ}\quad \Delta \boldsymbol{y}_t = \phi \boldsymbol{y}_{t-1} + \boldsymbol{u}_t$$

$$\text{Ⅱ}\quad \Delta \boldsymbol{y}_t = c + \phi \boldsymbol{y}_{t-1} + \boldsymbol{u}_t$$

$$\text{Ⅲ}\quad \Delta \boldsymbol{y}_t = c + rt + \phi \boldsymbol{y}_{t-1} + \boldsymbol{u}_t$$

对解释变量和被解释变量分别用模型Ⅰ～Ⅲ进行 ADF 检验，如果不拒绝原假设，则将解释变量与被解释变量进行差分，同时借助 AIC、SC 及 HQ 信息准则确定此时间序列的单整阶数，结果如表 7－13 所示。

表 7－13　变量 ADF 检验结果

项目	电信业务总量	电话普及率	居民通信消费指数	人均 GDP
ADF 检验 P 值	0.0012	0.0003	0.0002	0.0081
差分阶数	一阶	二阶	零阶	二阶
趋势项	0	0	0.244890	0
趋势项 P 值	0	0	0.0044	0
截距项	5999.211	0	112.7596	365.3979
截距项 P 值	0.0015	0	0	0.0362
滞后期	6 期	2 期	6 期	4 期
模型类型	模型Ⅱ	模型Ⅰ	模型Ⅲ	模型Ⅱ

从 EViews 的单位根检验结果可以看出，解释变量和被解释变量通过了不同阶数的平稳性检验，满足协整检验条件。

2）协整检验

采用 Engle-Granger 检验方法对解释变量与被解释变量进行协整检验，可以检验变量间的长期均衡，EViews 的检验结果如表 7－14 所示。

表 7-14 协整检验结果

Sample:1990 2018
Included observations:29
Null hypothesis:Series are not cointegrated
Cointegrating equation deterministics:C
Automatic lags specification based on Schwarz criterion(maxlag=6)

Dependent	tau-statistic	Prob. *	z-statistic	Prob. *
人均 GDP	−1.744409	0.9275	−7.632084	0.8640
居民通信消费指数	−5.896450	0.0053	−23.94803	0.0217
电话普及率	−0.819617	0.9934	−3.226246	0.9884
电信业务总量	−6.148145	0.0033	6.655434	1.0000

通过协整检验的结果可以发现,居民通信消费指数与电信业务总量间有协整关系,对这两个解释变量指标继续进行 Granger 因果检验。

3)Granger 因果检验

Granger 因果检验是一种假设检定的统计方法,检验一组时间序列 x 是否为另一组时间序列 y 的原因,检验某个变量的滞后值(过去的信息)对被解释变量的信息的预测能力,它的基础是回归分析当中的自回归模型,是 VAR 模型中必备的检验过程。Granger 因果检验得出的因果关系不是实际经济活动中的因果关系。

Granger 因果检验的原假设如下。

H_3:居民通信消费指数(CONSUME)不是人均 GDP 的 Granger 原因。

H_4:电信业务总量(TOTAL)不是人均 GDP 的 Granger 原因。

检验结果如表 7-15 所示。

表 7-15 Granger 因果检验结果

Pairwise Granger Causality Tests
Sample: 1990 2018
Lags: 5

Null Hypothesis:	Obs	F-Statistic	Prob.
CONSUME does not Granger Cause GDP	24	0.19075	0.9608
GDP does not Granger Cause CONSUME		0.57010	0.7219
TOTAL does not Granger Cause GDP	24	4.05770	0.0194
GDP does not Granger Cause TOTAL		5.38869	0.0067
TOTAL does not Granger Cause CONSUME	24	0.58169	0.7138
CONSUME does not Granger Cause TOTAL		0.07314	0.9953

检验结果表明，在滞后期为 5 期，给定 5%的显著性水平下，电信业务总量 F 统计量的 P 值 0.0194 小于 5%，拒绝原假设，因此电信业务总量是人均 GDP 的 Granger 原因；同理，人均 GDP 也是电信业务总量的 Granger 原因。

4）VAR 模型结果解读

先任意选定一个滞后阶数，建立 VAR 模型进行回归，根据滞后长度准则信息选取最优滞后阶数，经过试验可以看出滞后阶数为三阶时，符合最优信息准则，故本次 VAR 模型的滞后阶数为 3(见表 7－16)。

表 7－16　VAR 模型滞后期选择

VAR Lag Order Selection Criteria
Endogenous variables：GDP TOTAL
Sample：1990 2018
Included observations：26

Lag	LogL	LR	FPE	AIC	SC	HQ
0	－565.7640	NA	3.18e+16	43.67415	43.77093	43.70202
1	－472.2006	165.5352	3.25e+13	36.78466	37.07499	36.86827
2	－463.3494	14.29811*	2.25e+13	36.41149	36.89538*	36.55083
3	－457.7015	8.254675	2.02e+13*	36.28473*	36.96216	36.47980*

因此建立 VAR(3)模型，并回归，样本量观测值共计 26 个，1993—2018 年 GDP 总量。结果见表 7－17。

表 7－17　VAR(3)回归结果

Vector Autoregression Estimates
Sample (adjusted)：1993 2018
Included observations：26 after adjustments

	GDP	TOTAL
GDP(－1)	1.088197	7.583416
	(0.21253)	(2.87894)
	[5.12022]	[2.63410]
GDP(－2)	－0.449229	－14.11704
	(0.34345)	(4.65246)
	[－1.30797]	[－3.03432]

续表

GDP(−3)	0.383592	6.908470
	(0.23472)	(3.17956)
	[1.63424]	[2.17277]
TOTAL(−1)	0.063949	0.852555
	(0.02287)	(0.30974)
	[2.79675]	[2.75249]
TOTAL(−2)	0.048362	−1.104336
	(0.02978)	(0.40334)
	[1.62421]	[−2.73795]
TOTAL(−3)	0.086902	0.563083
	(0.04222)	(0.57189)
	[2.05839]	[0.98460]
C	539.9788	−159.5195
	(196.847)	(2666.50)
	[2.74314]	[−0.05982]
R-squared	0.999479	0.813387
F-statistic	6072.885	13.80254
Log likelihood	−194.9715	−262.7300
Akaike AIC	15.53627	20.74846
Schwarz SC	15.87499	21.08718
Mean dependent	23561.61	13553.92
S.D. dependent	19521.86	13975.09

GDP＝1.088197×GDP(−1)−0.449229×GDP(−2)＋0.383592×GDP(−3)＋0.063949×TOTAL(−1)＋0.048362×TOTAL(−2)＋0.086902×TOTAL(−3)＋539.9788

TOTAL＝7.583416×GDP(−1)−14.11704×GDP(−2)＋6.908470×GDP(−3)＋0.852555×TOTAL(−1)−1.104336×TOTAL(−2)＋0.563083×TOTAL(−3)−159.5195

再对VAR(3)模型进行外生性检验，见表7－18，此检验的目的主要是考虑到如果VAR模型中某些变量的滞后值对被解释变量没有显著性影响，建立VAR模型可能是伪回归。

表 7-18 VAR(3)外生性检验

VAR Granger Causality/Block Exogeneity Wald Tests			
Sample：1990 2018			
Dependent variable：GDP			
Excluded	Chi-sq	df	Prob.
TOTAL	25.20581	3	0.0000
All	25.20581	3	0.0000
Dependent variable：TOTAL			
Excluded	Chi-sq	df	Prob.
GDP	15.90907	3	0.0012
All	15.90907	3	0.0012

根据 *P* 值大小判断，在 5%的显著性水平下，电信业务总量不为外生性变量，随后对该变量使用 VAR 脉冲响应，选择电信业务总量作为冲击，人均 GDP 作为响应，冲击持续的期限为 10 期，如图 7-7 所示。

图 7-7(a)为人均 GDP 对电信业务总量的动态影响，图 7-7(b)为电信业务总量对人均 GDP 的动态拟合。从脉冲响应图可以看出，电信业务总量对经济增长的贡献除了在第 6 期和第 7 期有一个负的冲击后，其余期间均为长期正的影响。最后对电信业务总量进行方差分解，进一步解读电信业务总量对人均 GDP 的影响大小。

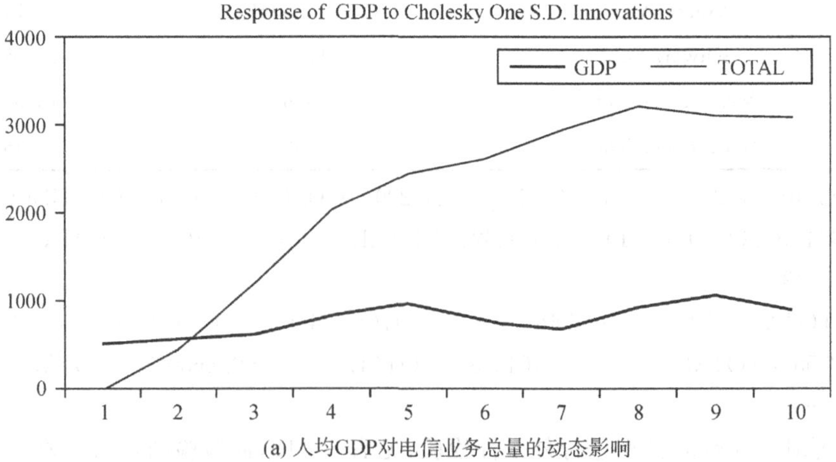

(a) 人均GDP对电信业务总量的动态影响

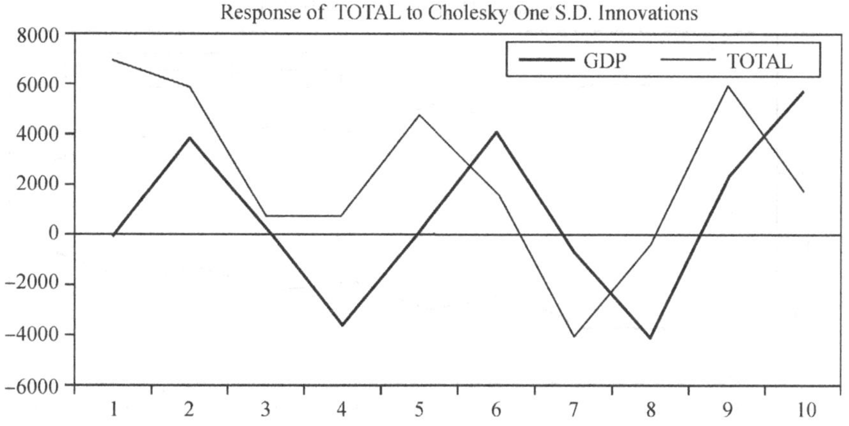

(b) 电信业务总量对人均GDP的动态拟合

图 7－7 VAR(3)脉冲响应图

图 7－8(a)为电信业务总量对人均 GDP 变化的贡献率，图 7－8(b)为人均 GDP 对电信业务总量变化的贡献率。可以看出，电信业务总量对人均 GDP 的波动为一个不减函数，从第 4 期开始人均 GDP 的预期波动中有约 80%由电信业务总量的波动解释(贡献)，电信业务总量对人均 GDP 的波动解释稳定在 80%以上。从 VAR 模型中可以看出，我国的电信业务总量对宏观经济增长具有正的影响，从长期来看，电信业务总量对经济增长的影响是持续上升的。我国电信行业应该把握这样的趋势，优化电信服务、不断推出人民群众需要的产品，满足人们对于电信基础服务的需求。在电信规制政策的制定方面，也应当在从制定政策目标出发，多考虑维护消费者的权益这一政策目标，不断提升人们对电信服务方面的消费。

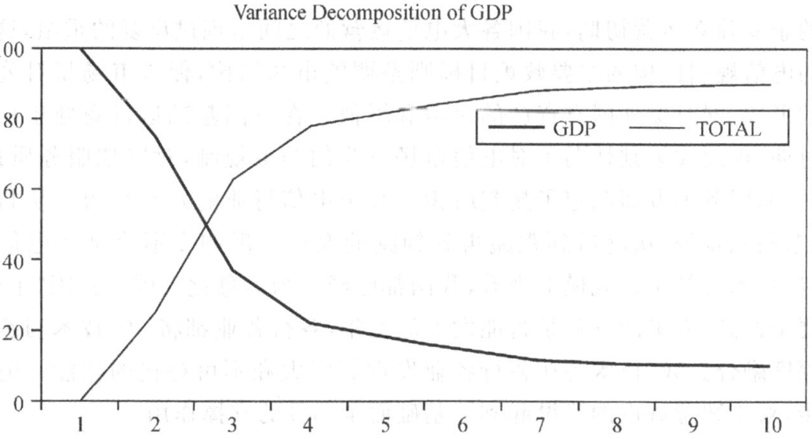

(a) 电信业务总量对人均GDP变化的贡献率

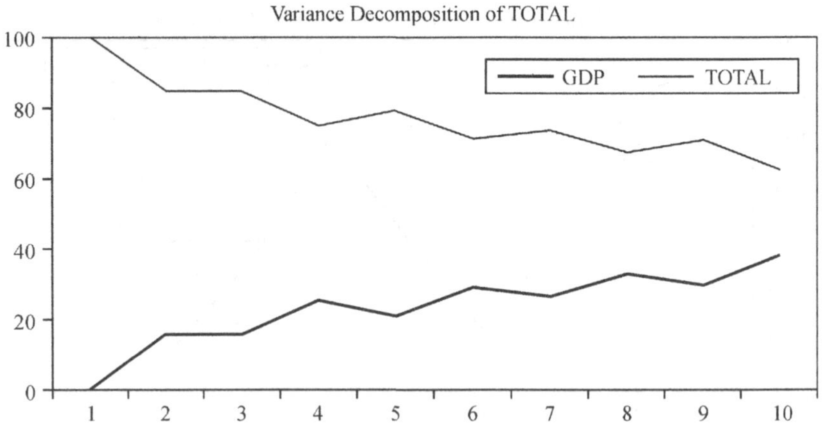

(b) 人均GDP对电信业务总量变化的贡献率

图 7－8　VAR(3)方差分解图

7.2.3　电信规制政策优化建议

我国电信行业发展的历程,始终伴随着电信规制政策的不断更替。由于我国电信业尤其是电信基础业务的主要运营方均为国有公司,电信企业的国有产权结构标志着电信行业的规制受到国家统筹规划,在规制政策的制定上,也必然需要从国家战略的角度考量。在电信行业发展中,我国电信规制政策制定的思路与方向、采取的规制手段等也是因不同时期规制目标而动态调整的。在政企合一时期,电信行业规制主要是为了充分体现国家发展意志,同时维护企业利益,此时的内部监管方式是主流,这一时期的规制政策可以理解为对内的公司章程与规范。政企分开后的企业独立运营初期,我国各大电信运营商之间出现过反复的重组,这一时期我国的电信规制机构的主要政策目标则是调整市场结构,促进市场相对公平竞争环境的形成,同时保证国有资产的保值和增值。在我国基础运营商处于相对稳定竞争时期,规制政策则转向了对电信市场行为的约束规制,对譬如服务质量、电信资费、普遍服务等方面制定了规制政策。我国电信行业的发展经历了从封闭到开放,从垄断到竞争,从落后到跟跑再到领跑的变革。现如今不论是从电信网络质量、电信技术还是用户规模上来看,我国都已经成为信息化大国。我国"十四五"规划纲要中讲到,未来的五年是智能发展的五年,各行各业都将 5G 技术与新的发展模式深度融合。5G 技术将在各行各业发挥其强大和不可替代的功能。电信服务的进步,对于智慧城市的建设起到了基础而全局性的支撑作用。

1. 保持规制政策的区域性差异

我国电信行业的基本管理体制是由国务院信息产业主管部门(工信部)领导

的，主要依据《中华人民共和国电信条例》对全国电信行业的各项事务实施监管。在工信部的领导下，各省、直辖市、自治区在辖区内分级设置工业和信息化厅（经济和信息化厅、经济和信息化委员会等）与通信管理局，对行政区域内电信行业有关的事项进行处理并加以监管。地方管理部门对工信部负责。因此，我国电信行业实施的管理体制是垂直式的中央集中管理体制。工信部会同财政部、国家发展改革委等部委，结合我国国民经济发展的情况和电信行业的发展方向，制定统一的电信行业法规和规制政策，从全局引领电信行业发展。地方电信管理部门在严格遵守工信部电信规制政策的基础上，梳理政策脉络把握政策导向，再针对各区域特征与行业发展速度，制定合理的适宜本地的相关辅助性规制政策。受到我国地域发展差异影响以及对规制政策的精准实施程度各异，电信行业的效率也不尽相同。这就需要各地区的电信管理机构分析发展形势，因地制宜地出台一些具有针对性而与国家规制政策目标相吻合的规制政策。当前看来，我国部分地方电信规制机构在发布电信规制政策时，存在直接将工信部政策予以套用而很少针对当地实际制定规制政策的情况，甚至有地区近几年才开始颁布地方性规制政策，这极大地影响了电信规制政策的效果。保持规制政策的地方差异性并非是与工信部政策背道而驰，而是在保持总体目标一致的前提下兼容并蓄，探索出适合本地区电信行业发展的模式，保持行业高水平高效率可持续发展，这也是发展中国特色社会主义市场经济的内在要义。

2. 注重电信规制政策的社会性

经过一系列企业重组与改革，我国电信行业市场结构在近年趋于相对稳定的状态。电信规制政策的重点也逐步适应了市场多竞争主体的变化。电信规制政策未来的重心，应该更加注重其社会性价值。首先是政策创制方面的社会性考虑，政策出台需要管理者在纷繁复杂的社会变化中，以科学的设计和前瞻性的思维对政策进行设计，在追求经济发展的同时，充分发挥电信的服务性本质。电信行业的一个特点是技术的快速发展与迭代，我们对于电信服务的需求早已不再停留在接打电话的时代，万物互联的今天，我们追求的是更为快速的连接、更为稳定的网络以及更加优质的服务。电信规制政策创制能力社会性的重要表现在于能否克服区域性差异，尤其是面向5G后，电信资源与服务的平等与普遍共享成为一个国家衡量电信发展水平的重要标准。其次是规制政策实施过程的社会性考虑，电信规制政策主要由工信部门出台，在政策文本中，大多数为政策目标的阐述，而缺少具体的保证有效实施的政策执行手段或内容。电信规制政策在经济基础较为薄弱地区的实施更具挑战性，可以适当给予电信发展薄弱地区经济补偿，确保电信普遍服务的有效开展，促进电信规制政策更加高效实施。对于行业内不能完全由市场调节的部分，在规制政策的制定时也应当充分考虑更为广泛的国家利益和社会目标，将电信行业的自身经济增长与社会责任有机地结合在一起，推动电信的普遍服务，实现社会福利的最大化。政策的创制和实施中的社会效益目标，将极大地关系到规制政策的效果，反过来政策的实施效果也会对规制政策的修正与出台有相应反馈。因此，注重电信规制政策社会效益建设，是适应当前时期我国电信行业发展的本质要求与源生动力。

3. 分析政策偏好实施电信规制

对于电信市场的一刀切的规制或者完全市场化行为，都无法满足我国电信行业实现经济与社会价值、缩小地区差异的发展要求。党的十八届三中全会提出了“使市场在资源配置中起决定性作用”这一重要论断，不仅体现了市场经济的本质要求，更是对市场的协调作用予以肯定。建立以市场竞争为基础的规制政策，是适应时代特点和国际形势变化的必然要求。但从行业健康发展的层面上看，电信规制政策在目标的制定上除了运用市场竞争机制外，也要提前对当地营商环境、政策偏好进行分析，结合当地实际，拓展电信行业新的增长空间，引入新的增长动力，使电信行业发展步入快速、健康、可持续发展的轨道，形成多层次的电信市场竞争结构，提高规制政策的有效性和电信行业的效率。总之，对于电信规制政策而言，要积极将市场竞争作为引导电信行业发展的主要动力，同时在政策的调控方式和调控重点上加以本地化转变，根据不同区域政策偏好形成自主可调节的电信市场，促进我国电信行业向着更加成熟的模式迈进，从而提升电信行业整体效率，充分发挥电信规制政策效果。

第8章　垄断行业激励性规制的案例研究

8.1　案例一：深化我国铁路行业规制改革的研究

铁路行业是一种典型的自然垄断行业。铁路行业本身具备一些经济技术特征，像路权专用、调度难度高、沉淀成本巨大等。近年来，高铁的修建和运营为铁路行业带来一些新变化的同时也更凸显了铁路行业的技术经济特征。很多国家在铁路行业发展伊始就对其进行了严格的规制。我国的铁路行业是从计划经济时期发展起来的，一直以来都具有自然垄断和行政垄断的双重垄断特征。改革开放以来，政府开始了对铁路行业的规制改革，高度集中、严格控制的铁路运行管理体制不断向放松规制、引入竞争的有效机制迈进，铁路行业也随之取得了长足的发展。由于长期以来的改革都没有解决政企不分的问题，虽然实行了很多的规制政策，但是这些政策所取得的效果很不如人意。比如，2000年的网运分离改革，由于客运公司不具有独立的市场地位，实际上是铁路局的下属事业部，没有调价权；并且取得的收入要先上缴铁道部，铁道部再进行二次分配，这种分配方式和定价方式不能调动积极性，最终以失败而告终。

2013年3月铁路行业的大部分改革使铁路行业实现了政企分离。成立中国铁路总公司行使铁道部的企业职责，铁道部的规制、计划等行政职能则由交通运输部及其下属的国家铁路局负责。铁路行业的市场化定价历程正在加速推进。我国动车和高铁的快速发展为居民出行提供了更为便捷和舒适的交通运输方式，铁路行业长期以来存在的客、货运缺口有望得到改善。从旅客角度而言，高铁票价比普通列车票价高，但是随着旅客对其快捷舒适和良好服务产生的偏好，我国铁路客运历史上可能将会对特快、快速列车画上句号，绿皮车更会成为过去。在铁路行业目前发展的新形势下，进一步深化对铁路行业的规制改革显得极为重要。

8.1.1　我国铁路行业的经济技术特征和发展现状

1. 铁路行业的技术特征

铁路运输是这样一种运输方式：机车牵引着车厢，通过载运旅客和货物，造成人和货物在空间中一定的位置移动。铁路运输的生产过程需要长距离地使用连续空间带，而线路和车站是构成上述空间带的重要元素。列车运输客货，是生产过程和消费过程同时进行的一种市场交易方式。铁路运输在技术方面有以下三点特征。

1)路权专用

铁路运输和其他运输方式有很大不同，汽车、船舶、飞机等在运行中和固定设备是分离的，但是机车、线路、车站等固定设施都是列车运行不可或缺的条件。线路由路基、轨道、桥梁和隧道等建筑物组成，是一个整体的工程结构。线路构成了铁路运输系统的有线网络，是列车运行最重要的基础设施。由于列车运行必须沿着轨道，并且一条线路在一个时间段里只可以有一条运行线，因此线路的布局和管理对铁路的运输效率起着关键作用。同时，由于铁路的铺设需要占地，路网的铺设规模庞大，设计复杂，因此，设计好铁路线路对运输效率也具有很大的影响。铁路运输的这一特性客观上要求有一个权威的全国性机构对铁路线路建设做统一整体规划，并对铁路路网统一操作、调度，以避免线路铺设杂乱、一线多用等不良现象，以便铁路运输发挥最高运输效率。

2)集结点多，调度难度高

铁路运输的运营基地便是列车的车站，车站对外直接为旅客和客户提供售票、候车、取货等服务；对内则是众多列车、路线以及通信信号线路的集散中心。对列车进行分组、组织与拆分，调度列车发车、停靠、交会、经过，对内对外都有重要意义。

各个不同停靠站之间的关系处理，包括距离远近、沟通方式，以及采取何种方式、由谁进行调度管理等问题都影响着铁路行业的总体生产效率。因此，为了安全地组织铁路运输生产，统一指挥列车运行需要有一个迅速、可靠、四通八达的铁路通信系统。完备的通信、信号设备是加强铁路运输安全管理和提高铁路运输效率的重要保证。

3)环境污染相对较小

铁路机车单位功率能牵引的物品重量比汽车大概能高10倍还要多，即使与飞机相比较，也具有很大的优势。由于单位功率牵引的重量更大，所以当运送相同重量的货物时，铁路运输能耗也比公路或航空运输要小，相对节约了更多能源。这不仅有利于经济的可持续发展，而且由于消耗的能源较少，燃烧能源产生的污染气体相对而言也就更少。据统计，在各种大型人员或货物交通运输手段对环境的污染程度上，水运最小，铁路第二小。随着科技水平的提高，铁路运输在能耗和环保上的优势更加明显。如随着重载技术的发展，单位运量的能耗将进一步降低；而磁悬浮列车的开通和铁路电气化程度的提高，将使能耗对环境污染减少到最低程度。

铁路运输的这些技术特征决定了铁路行业的整体运营方式：需要有一个在全国范围内都具有权威的机构，通过整体规划，建设铁路线路，并对铁路的线路网络进行检查监督，实施集中调度指挥。同时，建立一个完善的铁路通信系统是保证铁路运输安全有效的必要条件。另外，要充分发挥铁路运输相对其他运输方式具有的优势，为我国的可持续发展做出贡献。

2. 铁路行业的经济特征

1）准公共物品性

铁路运输在一定程度上是一种准公共物品，这种准公共物品性可以从铁路车厢运载和铁路路轨两方面来考虑。就列车运载而言，对一列还未满员的客运列车来说，增加一位旅客并不会减少其他旅客的效用。这明显符合公共物品的非竞争性和非排他性。但是，当铁路运输满员或者已经超出载客量时，它的公共物品性就开始弱化。此时若再想增加旅客，就需要增加车厢或者车次，提高运输量的边际成本大幅度上升。就铁路轨道网络而言，在一张路网达到饱和之前，增加一班列车几乎没有任何成本，同一段铁路，不同的企业只要肯出钱购买使用权，就都可以进行使用而无必要再行建设。当客货流量突破了容量的临界值以后，就会产生拥挤成本，即边际成本将以不为零的加速度不断增加，这时体现出铁路行业的竞争性。另外，铁路的正外部性也是铁路运输作为公共物品的一种表现。

2）正外部性和社会公益性

铁路建设是基础设施建设，不仅可以推动当地运输业的发展，而且往往可以带动一个地区的经济发展。铁路行业的发展使当地的交通更加便利，可能为当地带来先进的经济科学知识，改变当地居民的生活方式，改善他们的生活状态，促进该地区经济文化的繁荣发展。

我国铁路运输业承担大量公益性运输，像抗震救灾、军需物资运输、学生半价优惠、抢险、支农等。公益性运输为这些生产经营领域实现更高的经济效益提供了条件，为我国国民经济发展提供了低社会成本的前提。

3）自然垄断性和可竞争性

（1）自然垄断性。铁路是通过一定的路网系统基础设施为消费者提供服务的产业，在其铁路线路建设、铁路路网操作、铁路物资供应、铁路运输机车车辆生产与供应等具体业务中，铁路路网系统基础设施的建立和操作具有明显的自然垄断性。铁路的自然垄断性可以从以下四个方面来说：①巨大的沉淀成本。所谓沉淀成本，是指企业为取得其经营利益而投入的资金或人力，它在未来长时间内为企业产生收益，但这种投入一旦发生之后，即使企业选择离开该市场也无法收回。铁路路网的基本建设投资额巨大，而且一旦投入资金修建路轨，这种投入将很难挪作他用。相关统计资料显示，我国铁路行业的固定资产总额约占我国全部固定资产数量的11%，这说明铁路行业具有巨额的沉淀成本。在一个经济体系中，个体的资产专属程度越高，他想要将资产转移或转让给其他人和部门就越困难。这也决定了想要进入或退出具有高度资产专用性的行业，并不是轻而易举的。②成本劣可加性。

成本劣可加性是指如果在某行业中某单一企业生产所有各种产品的成本小于若干个企业分别生产这些产品的成本之和，则该行业的成本就是劣可加的，该行业属于自然垄断行业。铁路行业需要建立从铁路基础设施到用户室内服务所需的网络系统。这种网络系统的规模越大，需要的固定资本投资就越大。这种固定成本在总成本中所占比重很大的是基础设施产业，基础设施一旦完成，成本增量几乎为零。一定程度内，当运输需求量越大时，固定成本就越可分散在每一需求上，单位运输量的平均成本也就越小，因而越能收到规模经济效益。③网络经济性。网络覆盖得越广，发展得越快，对消费者的益处就越多。新建运行路线，扩大网络覆盖面积，增加网内部接合处，可以增加运输产品的数量和创新，为消费者提供更加高级、更为高效的服务体验，消费者对铁路服务的满意会促使其再去消费，这又可以反作用于原来的路网，使其运营密度进一步加大。两条线路之间如果是隔断开的，那么它们就无法进行互换交流，但是一旦把这两条线路联系起来，将提高每条线路上的货物运量，增大整个铁路网络的利用率和贡献率。

(2)可竞争性。从整个交通运输市场来看，在计划经济体制下，各类运输方式的运输范围和物资领域被计划严格框定，它们之间各自所承担的运输范围几乎没有重叠，彼此之间几乎不具有替代性。而我国在实行社会主义市场经济体制以后，经济获得飞速发展，运输市场也日益完善。在客运市场上，原来公路运输只可以在城区、郊区等短途范围内进行，现在已经可以承担中长途的旅客运输；空运在发挥超长距离运输优势的同时，也将服务苗头指向了中长途和城际。在货运市场上，原来通过铁路运输的货物，现在纷纷改走公路或水路，各种运输方式之间的可替代性日益增强。由于公路运输、航空运输等运输方式的飞速发展，运输市场上“群雄逐鹿”的局面也已形成。

从铁路行业内部来看，客运在同一线路上有不同公司的列车竞争，货运也形成不同公司对同一种类货物运输的竞争。例如，在广州、深圳之间的铁路运营，既有国有铁路，也有广深铁路股份有限公司，二者必然形成一种竞争。因此，铁路的运营部门，像客运、货运、车辆等在铁路运营过程中不再具有自然垄断性，是可竞争的。在经济较为发达的地区，运输市场发育也较为完善，几种运输方式之间的竞争也已经比较充分，这些区域的铁路则已经具备了商业性质。这类铁路能够采用市场化和商业化方式来建设和经营。

鉴于铁路行业的经济技术特征，以及在不同运营环节的自然垄断性和可竞争性，政府应该一方面对其投资建设进行一定比例的财政补贴和减税免税政策，以促使其健康快速发展和提供普遍服务；另一方面，应在铁路运输产业的(潜在)竞争领域引入竞争，以促进资源优化配置，提高经营管理效率。

3. 我国铁路行业的发展现状

铁路是我国的重要基础设施，是交通运输体系中的骨干力量。对于中国这样一个人多地广的国家来说，铁路运输是老百姓不可或缺的交通方式，也是大多数居民中长途交通运输的首要选择。铁路运输较之公路、航空、海运等运输方式具有不可替代的诸多优越性，例如，对空气污染较小，路网设施占地面积小，运输量大，受天气影响较小，危险性较低，价格亲民等。铁路设施的修建在促进铁路行业快速发展的同时，会产生很多正的外部性，如加速城市化进程、增进人口流动、促进相关产业的快速发展、推动商品经济的发展、推进区域间的文化交流和社会联系等。因此，铁路行业在我国经济发展、文化交流、社会稳定等方面都起着重要的推动作用。加之我国资源分布及工业布局的不平衡性，铁路运输在带动和促进工业发展上的作用更加突出，是促进国民经济健康快速发展的重要推动力量之一。

1)我国铁路行业的发展历程

1876 年通车的上海吴淞铁路是中国第一条营业铁路；1881 年通车的唐胥铁路是中国自办的第一条铁路。到现在为止，我国铁路已经经历了 140 多年的发展历程。清朝末期，由于工业落后、清政府保守腐败，把铁路与蒸汽机视为“奇技淫巧”，拼命阻挠铁路建设。南京国民政府开始执政后，虽然想要发展铁路，但由于经验和技术均不到位，没能建成多少合格的铁路。在民国期间，全国铁路数量不足以保证经济发展所需，并且质量极低。由于旧中国一直处于半殖民地半封建的社会状态，因而铁路事业发展畸形，改革缓慢，建设不足，设备落后，缺乏科学规划。百余年来，中国铁路事业的成长同中国社会的发展一样，也历经了旧社会和新中国两个根本性质不同的发展变迁，社会性质不同，社会政治和经济的发展就会迥异，中国铁路的发展也必然会面临两种截然不同的命运和前途。

新中国的成立给我国铁路事业带来了新的希望。但是，在新中国成立之初，由于资金短缺，国家优先选择能更大地促进经济生产的直接性生产投资，在由于铁路资本短缺而引起直接生产成本升高时，再投资铁路建设。这种短缺式发展导致了我国铁路行业的发展速度在很大程度上滞后于经济发展速度。

从 2000 年开始，我国铁路行业实行了跨越式发展，现已有大量客运专线，高速铁路已经开始运营。从改革开放以后到 2000 年之间，我国铁路客货运周转量稳步缓慢上升，2000 年之后，货运周转量和总换算周转量快速上升。1949 年底我国铁路总营业里程为 21810 公里，客货总换算周转量也才 314.01 亿吨公里。2013 年，全国铁路营运里程已达到 10.31 万公里，铁路旅客发送量更是增长了近 20 倍，由 1.04 亿人次增长到 21.06 亿人次；增长幅度更大的是货物发送量，1949 年底全国铁路运输货物量不足 1 亿吨，2013 年货物运输量增长到 39.7 亿吨；货物周转量则由 1949 年的 184.6 亿吨公里提高到 2013 年的 29174 亿吨公里，增长了 157 倍。64 年来，铁路完成的旅客发送总量和货运总量分别为 536.87 亿人次和 818.83 亿吨，年均完成量分别为 8.4 亿人次和 12.79 亿吨。我国铁路行业在新中国成立以来取得了长足的发展，为国民经济的快速腾飞做出了巨大的贡献。近年来，高速铁路的修建和运营更是为我国居民的生活出行提供了前所未有的便捷，每天坐车去另外一个城市上班已经不是梦想。我们已经步入了高铁时代。

2)高铁时代铁路行业新变化

高速铁路(高铁)是指设计开行时速250公里以上(含预留)，并且初期运营时速200公里以上的客运列车专线铁路。2014年是中国铁路值得铭记的一年，贵广、南广等高速铁路的相继开通对完善区域综合运输体系、促进区域经济社会快速可持续发展具有重要意义。据高铁网资讯，中国铁路在2014年调整运行图之后，全国铁路开行旅客列车总数达到2447对，其中动车组列车1330对，高铁动车占到我国铁路运力一半以上。可见，高铁动车已经占据了铁路旅客运输的半壁江山。要通过分析我国铁路运输的规制现状和现存问题，以对铁路运输业的未来规制方向做出合理的政策建议，我们不得不考虑到高速铁路为我国铁路运输业带来的新变化。

高铁的运行标志着铁路进入高速运行的时代，这将更有力地促进城市一体化发展，为城际的合作联系创建了非常有利的基础条件。高铁通过铁路旅客运输对我国铁路运输业乃至整个交通运输业产生巨大影响，对铁路运输业未来的改革模式的选择起到了关键性的作用。

首先，过去我国铁路运输基本上处于客货混杂的状态，铁路承担了很大部分的中长途旅客运输，这使得我国铁路货物运输遇到瓶颈期，出现铁路运输供给缺口。高速铁路的建设和运行对我国铁路客运起到很强的分流作用，这样就可以释放出列车和路网资源去发展货物运输。其次，高速铁路的发展增强了我国铁路运输业在整个交通运输业的竞争力。过去，铁路运输由铁道部垄断经营，价格制定也很不合理，在很大程度上滞后于其他运输方式的发展速度。高铁快速、准时、安全等优点在很大程度上对公路、航空运输业在中长途客运业务上带来很大冲击。铁路运输量在所有交通运输方式的客货运量中所占的比重在2012年出现转折点就是最好的证明。再次，高铁加快了我国整个交通运输业的调整步伐。由于受到高铁的冲击，高速公路运输和航空中长途运输在2012年以前挤占掉传统铁路运输的业务重新回归铁路运输。最后，高速列车运行时速达到250公里以上，在快速行进中，眼睛是无法对眼前的事物有清晰的认识的，主要是依靠信号发射器来辨别方向。这就对铁路的通信信号系统提出了新的挑战。高铁的快速发展要求我们尽快调整铁路运输业的规制模式，完善相关法律法规和规制体系，充分发挥竞争机制的作用，采取更为合理的运价制定方式。

8.1.2 我国铁路行业的改革历程和现存问题

中国铁路以承担长距离货物运输和中长途旅客运输为主，长期以来由国家进行垄断经营，管理方面具有明显的垂直领导和军事化的体制特征。随着改革开放和市场经济运行的不断深化，这种管理体制的弊端日益凸显，一方面铁路运输的供给短缺，无法满足日益增长的社会需求；另一方面，铁路行业的发展远远落后于航空、公路、水运等其他运输行业。从20世纪80年代开始，铁路行业开始了一系列的改革尝试，先是放权让利，然后相继实行了经济承包责任制、资产经营责任制，后来开始实行公司化改造，最后在2013年对铁道部进行分割。

1. 党的十八大以前我国铁路行业改革历程

我国铁路行业发展之初，采用的是政府完全介入的国有垄断经营的模式。国家在铁路行业实行统一货源、统一调度、统一运价的"三统一"政策，运输企业没有经营自主权，生产积极性得不到应有的发挥，企业缺乏活力，没有竞争意识。生产资料的公有制和铁道部的单独经营使我国铁路运输行业高度垄断，铁道部靠政府权力来实施垄断，这种行政垄断严重阻碍了我国铁路运输业的发展。为了提高铁路行业的经营效率，满足我国市场经济发展对铁路运输的需求，我国铁路行业内部多次尝试改革。党的十八大以前，我国铁路运输行业的改革历程可归结如表8-1所示。

表8-1　党的十八大以前铁路运输改革历程

改革时间	改革内容	改革效果
1982—1985年	放权让利阶段，国务院将运营计划权、财务结算权、人事任免权等权力下放给地方路局，允许地方路局利润留成	放权让利是有限的，没有改变高度集中、大联动式、半军事化的管理模式
1986—1992年	经济承包阶段，在铁路行业实行"大包干"的经济责任承包制，明确界定铁道部与国家间的承包关系	管理方式开始向生产经营性管理转变，一定程度上打破了第一阶段僵化的管理模式。没有解除国家行政权力对铁路行业运营的直接干预
1993年2月	广州铁路公司成立	开始了公司制试点的铁路运输改革
1993年7月	国家取缔"大包干"政策，逐渐推行统一财税制度	铁路行业现代企业制度的尝试，地方路局在很大程度上获得了经营自主权，但仍受铁道部垂直管理
1996年3月	广深铁路公司成功改制成股份有限公司，并在海外上市	

续表

<table>
<tr><th>改革时间</th><th>改革内容</th><th>改革效果</th></tr>
<tr><td>1998 年</td><td>开始进入资产经营责任制阶段，铁道部开始将通信、工业、工程、物资、建筑五大公司分离开来，具有独立结构</td><td rowspan="2">这次改革实现了局部政企分开，铁道部也更能发挥其宏观调控的职能</td></tr>
<tr><td>2000 年</td><td>5 个原由铁道部直接管理的非运输企业以及 10 所铁道部相关的高等院校正式与铁道部分离开来</td></tr>
<tr><td>2001 年</td><td>实行网运分离，将客运企业从上属路局分离出来，客货运路网分账核算</td><td>21 个月后客运公司严重亏损，改革停止；在法律上未对非垄断业务进行说明，从根本上未能改变其垄断性质</td></tr>
<tr><td>2002 年</td><td>铁道部提出网运合一、区域竞争的方案</td><td>政企合一的经营体制没能取消，未能引入有效竞争</td></tr>
<tr><td>2005 年</td><td>撤销 2 个铁路公司和 41 个铁路分局，由四级管理体制变为三级管理体制</td><td>管理层级的减少，更有利于上级指令的有效传达，但是也没有改变独家垄断的格局</td></tr>
<tr><td>2005 年</td><td>铁道部宣布铁路运输建设、装备制造、多元化经营等领域向非公有制资本全面开放</td><td>这标志着我国铁路将逐步引入民间资本和外商投资，铁路建设掀起了高潮</td></tr>
<tr><td>2009 年</td><td>铁路公检法剥离铁道部，并入相关地方部门</td><td>铁路公检法系统的设置是计划经济时代的产物，此次改革实现了企业司法向国家司法的回归</td></tr>
</table>

可见，长期以来，原铁道部为铁路运输业的发展也做出了很多的努力。2001 年的客货分离是一次勇敢的尝试，但是由于改革不彻底，客运公司下属各铁路局不能独立面对市场，在售票、调度指挥等环节出现恶意竞争，而且这些客运公司的规模过小，交易成本过高，不能实现规模经济效益，其取得的收入是铁道部二次分配

的清算收入，这在很大程度上打消了客运公司的积极性。最终以客运公司的巨额亏损而终止这次客货分离的改革。2013 年 3 月大部制改革后，我国铁路运输业实现了政企分离，但是，政企分离不是一劳永逸的，之前存在的许多问题并不会随着这次权力的变更而瞬间化解，我们仍然需要继续深化改革来促进铁路业的快速有序发展。

2. 党的十八大以后铁路行业改革与发展成效

铁路行业改革作为国企改革的一个子系统，有其自身的特殊性，因此，除了国企改革的共性政策，还需要适配性行业政策。党的十八大以来，按照进一步深化国有企业改革的总体部署，围绕铁路行业改革的相关政策性文件不断完善，推动铁路行业改革不断取得实质性进展。政策体系逐步完善，为进一步改革创造了良好的制度环境。党的十八大以后，新一轮国有企业改革加速推进，一系列与铁路行业改革相关的政策措施出台（见表 8－2）。2013 年 11 月，《中共中央关于全面深化改革若干重大问题的决定》提出“经济体制改革是全面深化改革的重点，核心问题是处理好政府和市场的关系，使市场在资源配置中起决定性作用和更好发挥政府作用”，并对推进混合所有制改革和建立现代企业制度提出了进一步要求，为国有企业改革指明了总体方向。2015 年 8 月，中共中央、国务院下发了《关于深化国有企业改革的指导意见》，从国有企业公司制改革、资产监管、资本配置和加强党的领导四个方面对国有企业改革提出了总体要求，并明确提出推进铁路等领域的混合所有制改革。为推进新一轮国企改革，按照《关于深化国有企业改革的指导意见》的要求，国务院以及国资委等部委制定了一系列规范国有企业改革的政策文件，国有企业改革“1＋N”制度体系不断完善，成为新时代指导我国国有企业改革的整体性制度框架。在此基础上，为推进国有企业改革的落地，国资委推出了“十项改革试点”、国企改革“双百行动”和“区域性国资国企综合改革实验”，实现了从政策到实践的不断突破与创新。

表 8－2　党的十八大以后与铁路行业改革相关的主要政策

序号	政策文件	发布机构	时间	主要内容
1	《中共中央关于全面深化改革若干重大问题的决定》	中共中央	2013 年 11 月	全面深化改革政策纲领
2	《关于深化国有企业改革的指导意见》	中共中央、国务院	2015 年 8 月	新时期国有企业改革的纲领性文件
3	《关于国有企业发展混合所有制经济的意见》	国务院	2015 年 9 月	混合所有制改革的纲领性文件

续表

序号	政策文件	发布机构	时间	主要内容
4	《国企改革“双百行动”工作方案》	国务院国企改革领导小组办公室	2018年8月	打造国企改革的典范企业
5	《关于改革铁路投融资体制加快推进铁路建设的意见》	国务院	2013年8月	投融资体制
6	《铁路发展基金管理办法》	多部委联合发布	2014年6月	铁路行业发展建设
7	《关于支持铁路建设实施土地综合开发的意见》	国务院办公厅	2014年8月	铁路用地及相关用地综合开发
8	《关于当前更好发挥交通运输支撑引领经济社会发展作用的意见》	国家发展改革委	2015年5月	交通运输行业发展指导意见
9	《关于进一步鼓励和扩大社会资本投资建设铁路的实施意见》	多部委联合发布	2015年7月	投融资体制改革
10	《中长期铁路网规划》	国家发展改革委	2016年7月	铁路行业发展改革
11	《铁路“十三五”发展规划》	国家发展改革委等多部委	2017年11月	铁路行业发展改革
12	《交通强国建设纲要》	中共中央、国务院	2019年9月	国家发展战略规划

铁路行业改革涉及面广、社会影响力大，受到社会的普遍关注，近年来在党中央和国务院的重要文件中都有明确的改革要求。2018年的中央经济工作会议提出“加快推动中国铁路总公司股份制改造”，这是对2015年《关于深化国有企业改革的指导意见》中提出的“国有企业公司制改革”的积极回应。2018年的政府工作报告提出要“深化能源、铁路、盐业等领域改革”。2019年3月，全国“两会”再次指出“深化电力、油气、铁路等领域改革，自然垄断行业要根据不同行业特点实行网运分开，将竞争性业务全面推向市场”。2019年的政府工作报告提出要“深化电力、油气、铁路等领域改革，自然垄断行业要根据不同行业特点实行网运分开，将竞争性业务全面推向市场”。2019年9月，中共中央、国务院印发《交通强国建设纲

要》,明确要求“推动国家铁路企业股份制改造”。从这些改革的相关要求来看,进一步破除铁路行业垄断状态、重点做好铁路行业核心经营主体——中国国家铁路集团有限公司的现代公司制改革是政府极为关注的内容,这也为铁路行业改革明确了具体方向。铁路行业是国资国企改革的重要领域,其改革不仅关乎行业发展,更事关市场经济体制的建设和完善。从政策的密集度和关注度来看,铁路行业已经被推到改革的“风口浪尖”上。通过改革打破铁路行业垄断,推动铁路行业市场化发展,提升铁路企业盈利能力,进而提升民众的获得感和满意度,成为铁路行业改革的目标取向。

3. 当前铁路行业发展面临的现实问题

总体来看,目前铁路行业依然存在多种目标难以协调、市场机制未有效建立、公司治理结构不合理、行业整体效率和效益不高以及服务水平不高等深层次问题,距高质量发展的愿景还有一些差距。当前,铁路行业改革主要面临下述困境。

1)铁路行业兼具公益性和商业性,改革面临目标取向的冲突

铁路行业改革关乎公平与效率,影响深远。铁路运输具有明显的准公共产品特性,路网具有自然垄断属性,同时还承担着国家战略保障职能。一些边远地区,客运和货运规模有限,开通铁路本身就是为满足公益性目标。高速铁路投资额巨大,一般商业性企业难以承担投资回收压力。目前,我国铁路行业改革面临的基本现实是,全国铁路一张网,将公益性职能、公共物品提供(例如铁路调度、军事保障、财政结算等)和商业性职能统合到一家国有企业。虽然国有企业作为特殊功能企业,可以同时承担商业职能和非商业职能,但在具体考核方面,国铁集团及下属企业仍然面临多目标取向的冲突。为破除公益性目标和商业性目标的选择困境,亟须通过功能区分、区域拆分和业务拆分,有序推进行业改革。

2)行政性治理和商业性治理混杂,行业生态未获根本改变

虽然通过公司制改革,铁路行业政企分开得到一定的改善,但铁路行业的整体生态并未发生根本性变化。随着近年来商事制度改革的不断推进,国铁集团也推出“放管服”举措,但由于一些行政管理职能仍然放在市场经营主体内部,“放管服”改革继续推进难度加大,例如,运力调度和财政收入的清算集中在国铁集团,不利于新的市场主体进入;同时,因为缺乏平等的市场主体,行业内的市场竞争机制难以形成,铁路行业监管易出现新的真空,并且从行业上下游关系来看,上游的车辆及其他设备供应企业对铁路运营公司依赖严重,议价能力受到抑制,最终会影响整个行业的创新产出和产业生态。从国铁集团内部的实际运营情况来看,目前18个下属铁路局已经改制为集团有限公司,但是从管理体制来看,国铁集团作为总部机构,不仅牢牢控制着任免权、投资权,在很大程度上还是以计划方式行使对各个铁路局集团公司的管理权,各铁路局集团公司充当着国铁集团的“生产车间”,企业内部的竞争机制未能发挥出来。

3)投融资方式单一，潜在金融风险使得投资模式难以持续

长期以来，铁路行业政企合一的体制使得铁路投资基本上来源于财政拨款和银行贷款。随着改革的不断深化，铁路投资的资金来源不断丰富，基本形成了国内贷款、债券、国家预算内资金、专项基金、自筹资金、国际贷款、国外借款、社会融资等多样化的投融资体系，但是目前总体的资金来源依然主要集中在国内银行贷款。从 2017—2019 年国铁集团的负债情况来看，长期负债主要来源于国内借款以及少量的世行借款和日元借款，且负债总额保持增长态势，从 2017 年的 4.19 万亿元增长到 2019 年的 4.58 亿元，其中，国内借款占全部负债比重高达 81.10%，企业负债结构整体相对单一。然而，行业持续发展需要大量新增投资，按照《中长期铁路网规划》，到 2025 年，铁路网规模达到 17.5 万公里左右，其中高速铁路 3.8 万公里左右。在投融资结构未能得到优化的情况下，大量依靠国有银行贷款将会进一步加剧金融风险。

4)行业整体高负债低盈利，外部资本参与混改的动力不足

铁路行业快速的建设投资以及较低的盈利水平，使得铁路行业负债率不断上升，国铁的资产负债率从 2018 年的 65.15%到 2019 年上半年的 65.41%。从负债情况来看，截至 2019 年 6 月 30 日，国铁集团长期负债为 4.58 万亿元，仅 2019 年上半年支付利息 449.87 亿元，还本付息 1623.42 亿元。与之形成鲜明对比的是，2019 年上半年建设基金仅有 268.41 亿元。较高的财务压力导致铁路行业用于“再生产”的资本有限，不利于铁路行业创新发展。同时，与庞大的资产规模和营业收入相比，铁路行业的总体盈利水平较低。从 2018 年到 2019 年上半年的国铁集团财务数据来看，2019 年上半年亏损 2.05 亿元，尽管亏损额同比减少 44.29%，但国铁集团整体仍未摆脱亏损状态。从总资产超过 1000 亿元的 20 家下属企业来看，仅有 8 家企业 2019 年上半年实现盈利，其他 12 家企业均为亏损，合计亏损 49.24 亿元。从企业的经营情况来看，总资产收益率和净资产收益率远低于一年期国债收益率。较低的盈利能力使得铁路行业对社会资本的吸引力严重不足，这不利于混合所有制改革的推进，短期内行业发展面临较大的财务压力和财务风险。

5)服务产品开发不足，行业单位收入提升受到限制

长期以来，铁路行业处于非竞争状态，导致铁路行业服务意识欠缺，难以从服务提供商的视角来审视行业的本质属性，进而导致服务产品的开发不足，在提供服务过程中也难以为用户营造舒适的体验，这是铁路行业亟待解决的突出问题。一是服务理念不足。尽管国铁集团已完成现代公司制企业转制，但从公司内部的机构设置来看，企业还是定位为一个运输企业，核心关注于客运、货运、调度、机辆、建设、安全等相关工作，用户服务尚未成为企业发展的关注点。二是服务产品不够丰富。从公司现有的业务开展情况来看，尽管也有酒店经营、旅游经营、土地开发、餐饮服务等，但其他业务收入在全部收入中的比重较低。从其他收入在全部收入的

比重来看,2017 年这一比重为 31.63%,2018、2019 年甚至有所下降。三是服务质量有待改善。近年来,铁路行业整体服务能力有所提升,尤其是高铁快速发展之后所带来的车辆硬件优势,但是这一优势并未能够带来显著的服务质量优势,高铁服务过程中依然未能很好地解决传统火车长期存在的餐饮问题,更遑论其他服务的改善。服务产品开发不足及服务质量不高在一定程度上限制了铁路行业单位收入的提高,例如 2017—2018 年,货运单位收入从 7.82 元/百吨公里略微增长到 8.20 元/百吨公里,客运单位收入从 23.76 元/百人公里增长到 25.23 元/百人公里。

8.1.3 发达国家铁路行业规制改革对我国的启示

西方发达国家的规制改革都发生在原来经营模式产生困境的情况下,由于各国的国情、经济和技术发展水平的不同,采用的规制改革方式亦有不同。总结起来,可以归纳如下:以美国为代表的"货网一体,客货分离"横切模式,在一个国家或地区的范围内,组建多个具有竞争关系的区域垂直一体化铁路运输公司,公司之间相互开放路网,路网保持畅通;以英国为代表的"网运分离"模式,政府对原来垂直一体化垄断经营的铁路运输按照竞争环节和垄断环节进行纵向拆分,在保持具有自然垄断性质的铁路路网完整一体的情况下,对客运和货运这些竞争性的领域放开,引入竞争主体,实现有效竞争;以日本为代表的"客网合一,客货分离"模式,这种模式是日本在符合本国国情的基础上采取的另一种横切模式。

虽然规制改革的方式各有不同,但是从这些发达国家的规制改革过程中还是可以得到一些普适的经验。

首先,政企分离是改革的关键,而且在进行竞争改革之前,要先制定法律条文,明确改革各方主体的权利义务,严格按照法定的程序,保证改革的确定性和准确性。

其次,铁路行业引入竞争,要区分自然垄断环节和非自然垄断环节。在非自然垄断环节即网上运输业务可以引入竞争,准许数个具有独立市场地位的运输企业经营铁路运输业务,数个运输企业之间形成直接的竞争关系,充分发挥竞争机制对竞争性业务的调节作用;在自然垄断环节即路网业务保持其垄断经营,以实现路网的规模经济效益。由于铁路路网和机车的不可分离,机车的运行受路网的限制较强,决定了在运输业务引入竞争时要考虑铁路路网的规模经济效益,铁路运输业务引入竞争要适度,平衡好市场竞争活力与规模经济之间的"马歇尔冲突"。

再次,在产业重组改革上,各国采用的模式虽然不同,但是都是在寻求实现有效竞争的目标。美国将客货运分离,支持航空、公路等运输方式的发展,在铁路运输行业外、运输业内引入竞争,同时在铁路运输内部实现平行线竞争,但是具有公益性运输性质的客运的垄断状态并没得到改变。英国将铁路运输业纵向拆分,路网由一家公司垄断经营,在其他每个环节引入竞争,实现铁路行业的私有化。由于英国政府没有对路网等铁路基础设施获得掌控，并且拆分过细，交易成本增加，导致后来的安全事故频发，这点我们要引以为戒。日本从本国国情出发，采用"区域公司为主，网运分离为辅"的模式，有效降低了铁路公司间的交易成本。

最后，在运价规制上适当放松，实行激励性运价规制政策。美国铁路运价由收益报酬率规制转向企业自主定价或合同定价的备案制。英国政府为了铁路行业的正常运行，主要是对拥有绝对垄断控制权的铁路路网公司线路使用费采取成本加成定价规制；对于铁路运输公司则放开运价规制，允许其自主定价，只对歧视性定价行为进行规制。日本铁路运价在民营化改革后由国会的议决制转变为运输大臣认可制，先是实行成本加成定价规制和防止歧视性定价规制，从 2000 年 3 月开始，日本政府又对铁路运价实行价格上限规制，只要是在政府允许的价格上限范围内，铁路企业的运价只需事先提出申报即可。

在上面我们已经分析了我国铁路行业目前存在的问题，无论是规制法律制度，还是所有制和行业结构，或者铁路行业定价，我国都与发达国家放松规制前存在的问题有很多相似之处。积极借鉴西方发达国家的规制改革经验对我国铁路行业的规制改革具有重要意义。但是我国的社会主义性质和政治制度决定了我国铁路运输不可能完全照搬西方发达国家的规制模式，必须从我国的基本国情出发，立足社会主义市场经济的大背景，努力探索，积极尝试，最终形成一种符合我国铁路运输行业的规制模式。

8.1.4 深化铁路行业规制改革

1. 铁路运输产业的运营模式的变革

1)铁路运输产业模式的一般选择

为了在铁路行业构建公平竞争的市场环境，我们需要对其现行运营模式进行彻底的变革。目前来看，实践中西方发达国家的铁路运营模式有多种选择，而从理论上来讲，则会有更多的运营模式以供选择。就打破垄断引入有效竞争而言，比较有效的是"纵切"和"横切"两种方案。

纵切就是对产业的垄断结构按自然垄断环节和非自然垄断环节进行纵向拆分，对前者进行严格管制同时对后者引入竞争机制。纵切应用到铁路行业就是实行"网运分离"的运营模式，这种模式在英国和法国得到了有效应用。横切是指在国家领土范围内，按照区域性特征组建多个区域铁路公司，这些公司采取垂直一体化经营模式，相互开放路网使用权。美国和日本的铁路行业可归结为这种"区域公司"模式，不同的是，日本铁路是客网合一，美国是货网合一。

网运分离的运营模式可以为铁路运输企业提供一个公平的竞争平台，有利于降低铁路客货运输企业的进入难度。由一家公司垄断经营路网等基础设施，不可避免地会产生自然垄断行为，铁路路网公司可能会利用规制机构对其成本信息的不可获得性产生路网高价收费、降低服务质量等损害公众利益的行为。并且当运输业务的数量较大、运输频率较高时，网运之间的交易费用会比较高，这是一种资源的浪费。而区域铁路公司这种垂直一体化的运营模式在交易费用上有很大优势，区域公司将网运交易内部化，有效降低了市场交易费用。另外，区域公司之间的竞争可以产生积极效应，有利于规制机构获取铁路企业的成本信息，降低信息不对称程度。但是如果区域公司不存在足够的外部竞争，或者多个区域公司秘密联合制定垄断高价，将会产生更大的效率损失。而且路网基础部分依据区域划分给不同的区域铁路公司，一旦区域公司利用自己的竞争优势停止其他铁路公司对该区域内的路网的使用，或者利用这种通路权来牟取经济利益，交易成本就会骤然上升。

2)我国铁路运输产业结构的重组

在对这两种运营模式比较的基础上，结合我国铁路运输产业的基本特征，我们建议在我国铁路运输产业实行"网运分离"的经营模式：国铁集团将客运和货运业务剥离出去，保留对路网基础部分的控制权；铁路局集团公司在社会上对客运公司和货运公司进行特许经营招标，专家组综合评价参投标的公司的资质；中标的客货运公司通过向国铁集团付费获得特定区域路网的使用权并在该区域内开展运输业务；成立一家全国性的车辆租赁总公司，负责车辆的保有和维护；国铁集团继续承担公益性运输业务。

路网等基础设施具有自然垄断性，是铁路运输业务开展的最基本条件，如果对其进行分割，就面临路网使用权的问题，处理不好会造成很高的交易费用。当然，由一家垄断企业独家经营路网租赁业务又不可避免地产生索要垄断高价的问题，但是规制机构可以通过设计激励性策略来降低由于信息不对称而带来的路网租赁价格的制定难度。国铁集团是中央控制的国有独资企业，在路网垄断高价的问题上还是比较好处理的。另外，由国铁集团承担公益性运输可以保证此类业务的顺利开展，在政府的影响下，国铁集团更可能会选择兼顾经济效益和社会公益。

铁路运输是指合理地运用路网、列车、信号系统等技术设备，安全、快速、经济、准确地将旅客或者货物运送到目标位置。铁路运输中的每一个业务环节，包括生产运营过程的计划、调度、组织和售票、机车设备维护等相关业务统一构成铁路运输产业体系。铁路运输产业的主要业务领域是货运、客运和行车组织。处理运输过程中有关机车、列车运行等方面的工作则属于行车组织范畴。

铁运行车组织的业务可细分为机务、电务、工务、车辆、车务和调度指挥环节。机务部门主要负责铁运的动力牵引和机车的检修工作以保证机车的良好状态；电务部门主要负责通信信号设备的安全运行和检修工作，铁路通信设备的作用是保证列车运行和调车工作的安全；铁路工务部门则负责铁路线路的维护、保养和大修的工作；车辆部门主要负责车辆运行安全和车辆的检修工作；车务部门是各铁路站点的管理部门，车站对外是铁路办理客货运输的基地，对内则是铁路运输的一个生产单位，不仅办理与旅客、货物运输的相关业务，而且还办理列车运行的相关工作；调度指挥部门则负责制订铁路运输计划、编制铁路运行图、指挥列车运行和保证运输安全的工作。铁路运输的机务、电务、工务和车务比较适合保留在国铁集团内部。铁路调度指挥工作具有高度的自然垄断性，并且影响所有铁路运输公司的利益，应该将铁路调度指挥部门整体移交到国家铁路局，在承担调度运营等责任的同时监督铁路调度命令的执行情况。在普遍服务环节则引入竞争。下面主要对铁路运输行业进行深入分析。

2. 对铁路运输业的规制

1)完善规制体系

(1)立法先行。我国现行铁路行业规制制度的法律效力和权威性较低，法律法规体系中只有《中华人民共和国铁路法》立法等级最高，由全国人大常委会通过，其他的则全是行政法规和部门规章。而且规制制度内容比较陈旧不完整，《中华人民共和国铁路法》中未对铁路企业的进入、退出和服务质量等方面进行规定，已经不能适应铁路行业的发展需求。虽然《中华人民共和国铁路法》《铁路客运运价规则》对铁路行业价格方面有相关规定，现在铁路行业所使用的成本加成法定价方式有利于确保铁路运输企业的经营不受亏损，进而保证铁路运输企业提供产品的连续性，但是这种定价方法对铁路企业来说，实际上就是"实报实销"。结合我国铁路规制制度的基本情况和发达国家的规制改革经验，我们可以得出结论：要保障铁路运输的正常秩序，必须首先完善法律体系，应当尽快出台关于铁路运输安全、市场准入退出、铁路服务质量、保障公益性运输等相关法律。

(2)保证规制机构的相对独立性。为保证规制机构能够公正、独立地行使规制权力，一定要实现规制机构的独立性。这种规制机构的相对独立性可以从两方面来说：一是规制机构与被规制铁路运输企业之间须是独立的；二是规制机构在实施规制行为、行使规制职能时，不受政府和其他机构控制。我国铁路运输业的规制机构是交通运输部及其下属的国家铁路局，由于负责规制的国家铁路局和被规制的企业国铁集团是由铁道部分割而成的，规制机构和被规制主体之间有千丝万缕的联系，规制俘获的可能很难保证规制机构的独立性。因此我们建议交通运输部对国家铁路局的人员进行调配，以降低规制机构被俘获的可能性。

另外，我国的消费者协会更多地响应政府的号召履行职能，社会大众缺乏有效平台来表达心声。随着网络信息技术的进步，像微信、微博各类信息交流通道和分享平台层出不穷，铁路部门推出了 12306 网络购票服务平台。我们身处一个信息快速传播的时代，也更容易表达对于某些问题的看法和建议。在国家铁路局对铁路行业行使行政规制职能的同时，我们建议铁路局设立网络铁路评价平台，每个消费者都可以针对铁路行业的各类服务业务进行打分并提出优化服务的建议。这种公开透明、独立的评价方式有利于集思广益，全民参与到铁路行业的规制中来。

2)所有制改革和引入竞争

(1)打破当前“大一统”的产业组织形态，大力推进市场化改革。

第一，在一定程度内探索网运分离，推进市场化改革。从国际经验来看，网运分离是推动铁路行业竞争、提升铁路行业活力的有效方式。20世纪七八十年代，美国铁路行业进行了客货分离，由货运公司管理路网，客运向货运租借路网。美国还通过了著名的《斯塔格斯铁路法案》，放松行业管制，给予铁路公司更多经营自主权，铁路行业重新焕发了生机。同样是在20世纪80年代，日本铁路系统经历了先国有化后私有化的过程。1987年，为解决国铁的财务危机，日本铁路系统拆分为6家区域性客运公司和1家货运公司，以及新干线保有机构、铁路通信股份公司、铁路信息系统股份公司、铁路综合技术研究所等法人企事业单位。其中，客运与路网合一，货运向客运租用线路并支付使用费，客货运公司各自拥有独立的市场主体地位。德国在政企分离的基础上，拆分铁路基础设施与专业运输业务，将铁路股份公司改制为控股公司，对原有业务进行公司化改组，分别组建路网、货运、长途客运、短途客运、车站服务等五个子公司，各公司间独立核算，实现“网运分离”①。英国在铁路私有化的基础上，组建路网公司、特许运营公司、客货运公司、铁路辅助服务公司等，依据网运分离的基本原则，推动铁路行业的市场化竞争②。各国在网运分离方面选择了不同的分离模式，这为我国铁路行业进一步推进网运分离改革提供了有效参照。基于我国高铁运营客运专线的基本事实，而传统铁路运营线路、货运、客运一体的基本现实，以及我国铁路行业保障旅客交通尤其是“春运”等重要时间节点出行问题，按照“客运优先”原则，可参照日本由客运企业管理路网、货运向客运企业租借路网的方式，同时探索车站站点的独立运营。

第二，形成合理有效的定价机制。基于铁路行业公益性和商业性的双重属性，铁路运输的定价机制需综合考虑成本因素、服务需求因素和扶贫等非市场因素，平衡多方利益，实现商业定价和公益定价的有机统一，市场化定价充分体现区间弹性，公益定价充分保障相关者利益。具体架构建议为：区分商业性线路和公益性线路，商业性线路经营者依照市场供需行使自主定价权，同时完善票价调整听证制度，政府仅在市场失灵和法定特殊情境下承担调控和干预职能；公益性线路由政府通过转移支付对低票价运营主体进行补贴，或通过拍卖冠名权等方式吸收社会资本进入。当市场参与主体利益受损时，经营者、消费者、股东及监管者依据相关法律法规和政策，经由法定行为和程序参与竞争秩序的修复和正当利益的维护。

第三，形成与市场化改革思路相契合的行业治理结构。铁路行业具有属性多

① 苏靖棋.德国铁路改革25年[J].现代城市轨道交通，2019(5)：128-131.

② 余晖，何静.欧盟铁路改革的体制框架、关键路径及其启示[J].江海学刊，2016(1)：72-78.

重、目标多元、主体多样等特征，决定了铁路行业治理必然要采取多元利益主体共同参与的协作治理体系。首先，政企职责需明确，市场主体需明晰。改变当前集团公司行政化倾向，赋予各区域性公司充分的组织管理权限。其次，推动主体业务与支撑业务分离，改变当前运输运营、铁路调度和清算业务集中于一家企业的现状，将结算中心独立出来，成为独立的清算服务机构，以保证清算的合理、公正、公开，为吸引社会资本投资铁路、推进市场化融资创造最基本的财务核算条件和投资分析基础。再次，在铁路运输运营主体之外，要形成市场化、专业化的产业服务体系和支撑体系，推动公共技术、电子商务和其他服务的市场化和专业化运作，为股权多元化和市场化改革做好准备。最后，创新监管方式，明确铁路局监管边界。按照“放管服”改革的基本要求，将事中事后监管置于重要位置，强调负面清单管理，明确行业准入标准。优化安全监管方式，更加注重对铁路企业安全体系建设的监管，鼓励铁路企业通过技防、物防、人防综合体系的建设来保证运行和运输安全。

(2)通过多种方式推进混合所有制改革。

铁路行业属于重资产行业，现有的国铁集团以及各下属公司的资产规模体量极为庞大，其中，截至 2019 年，国铁集团总资产规模超过 8 万亿元，上海局公司和成都局公司总资产都接近万亿元，在整体层面探索股权多元化或者混合所有制改革难度极大。铁总改制为国铁集团是铁路行业公司制改革的关键一步，但股权单一的治理结构仍未摆脱原有体制的弊端。当前的可选项是推进集团层面的股权多元化，可考虑由财政部、社保基金、商业银行、其他央企等机构多元持股，形成多元化的股权来源，优化公司治理结构。在国铁集团子公司层面，除了目前针对一些存量线路的铁路资产证券化改革之外，还有两种可能的混合所有制模式：一种是在新增的高效益线路如短途的工业运输专线和旅游专线，从投资建设到运营都可吸收社会资本进入，形成混合所有制企业；另一种是在局部探索网运分离模式之后，重组运输主体和专业企业，形成混合所有制的运输服务企业，通过租借铁路网的方式运营，最终形成网络间运输企业、网络内运输企业之间的竞争格局。当然，在改革进程中，需要国资委、财政部、交通运输部尤其是国家铁路局等部门联动、配套改革，为铁路投融资营造良好的社会环境，例如，从制度层面明确铁路的分类和判定方法，明确中央、地方、铁路企业应承担的投资责任，落实存量债务、公益性运营补贴的责任划分，研究切实可行的投资补偿机制。同时，还需要建立健全保护投资者利益的相关法律法规，为资本进入铁路行业创造良好的社会环境。

3)运价的激励性规制

我国目前铁路运价的制定方式是成本加合理收益方式，允许铁路公司在政府定价的基础上进行浮动，这种上下浮动是有限的，不能达到市场定价的水平。在对铁路运输产业进行重组后，国铁集团成为一家独家垄断经营路网的公司，由于信息不对称，规制机构无法根据其成本进行价格规制。路网租赁费用构成了铁路客货运公司成本的一部分，铁路客货运公司在运营之前投入的路网车辆租赁费肯定要从消费者处获得补偿。从而国铁集团的经济利益收入与消费者的净收益形成一种此增彼消的反向关系，规制机构在制定路网租赁价格时要综合考虑两方面的规制目标，鉴于路网公司成本信息的不可获得性，我们建议规制机构对其使用激励性价格规制。我国的高铁具有路网专用性，线路在铺设过程中花费的成本大约是普通路轨的两倍，在制定路网租赁价格时，要考虑到二者之间的差异性。对于客运公司，高铁与普列在运输成本、路网租赁成本上存在很大不同，同时，高铁客运对普通客运存在一定程度的替代性。我们在此先设定关于路网租赁价格的激励性规制基本模型。

基本模型：我们知道路网公司提供两种产品，高铁路网1和普通路网2，两种产品的单位价格分别设定为 p_1 和 p_2，面临的需求分别为 $q_1(p_1,p_2)$ 和 $q_2(p_1,p_2)$，高铁路网对普通路网有一定的替代作用，假设 $\frac{\partial q_1}{\partial p_2}=\delta\geqslant 0$，这种替代作用在路网租赁业务中并不那么明显，因此我们假设 $\delta=0$ 且 $q_1=q_1(p_1)$。我们假设高铁路网的维修、调度、组织指挥的边际成本为 c_1，普通路网的边际成本为 c_2，路网公司的固定成本为 F，则路网公司的成本函数可表示为

$$C(q_1,q_2)=c_1q_1+c_2q_2+F$$

在信息非对称的情况下，规制机构并不知道路网公司的成本信息，规制者会假设路网公司有高成本 C^h 和低成本 C^l 两种边际成本情况，其中 $C^h>C^l>0$，并假设高、低边际成本的企业的概率都是0.5，规制机构对路网公司的转移支付为 T，同时假设路网公司间接从消费者处获得这种转移支付，而政府除了对其开展公益运输进行财政补贴之外，不进行任何的转移支付，我们假设路网公司开展公益性运输可以获得的利润收入为 ΔS，ΔS 很小，从一般性运价制定的角度考虑，其影响作用可忽略不计。于是，路网公司的垄断利润为

$$\pi=p_1q_1+p_2q_2-C(q_1,q_2)$$

路网公司所获得的信息租金 $R=\pi+T$，消费者从对两种产品的消费中获得的消费者剩余为 $u(p_1,p_2)$，根据包络定理 $\frac{\partial u}{\partial p_i}=-q_i,i=1,2$，其净收益为 $V=u-T$。规制机构的激励性价格的制定，以消费者净收益最大化为目标的同时，也需要考虑垄断企业的收益。假设规制机构对垄断企业的收益赋予 λ 的权重，当 $\lambda=0$ 时，规制者并不考虑垄断企业的感受，完全以消费者净收益的最大化为目标；当 $\lambda=1$ 时，规制者将垄断企业的收益和公众收入放在了同等重要的地位；当 $0<\lambda<1$ 时，规制者在公众收益为目标的同时兼顾垄断企业的收益性；当 $\lambda>1$ 时，规制者更多地考虑垄断企业的收益，这种情况可能是规制机构考虑到国家重点建设项目的顺利开展，或者是规制者被路网公司所俘获。规制问题实际上就是同

时满足低、高效企业参与约束和激励相容约束的社会总收益最大化的问题。社会最大化总收益函数为

$$\max_{P,T} W = \frac{1}{2}(V^{h} + \lambda R^{h}) + \frac{1}{2}(V^{l} + \lambda R^{l})$$

高效企业和低效企业的参与约束和激励相容约束条件为

$$\text{s.t.} \quad \pi^{l} + T^{l} \geqslant 0, \pi^{h} + T^{h} \geqslant 0$$

$$\pi^{l} + T^{l} \geqslant \pi(q^{h}, C^{l}(q^{h})) + T^{h}, \pi^{h} + T^{h} \geqslant \pi(q^{l}, C^{h}(q^{l})) + T^{l}$$

高成本企业的参与约束和低成本企业的激励约束是紧的，于是 $\pi^{h} = -T^{h}$，$\pi^{l} + T^{l} = \Delta c_1 q_1^{h} + \Delta c_2 q_2^{h}$，其中 $\Delta c_i = c_i^{h} - c_i^{l}$。

目标函数的一阶条件为

$$\frac{\partial W}{\partial p_1^{h}} = 0, \frac{\partial W}{\partial p_2^{h}} = 0, \frac{\partial W}{\partial p_1^{l}} = 0, \frac{\partial W}{\partial p_2^{l}} = 0$$

求解之，得

$$p_i^{l} = c_i^{l}, i = 1,2; \; p_i^{h} = c_i^{h} + (1-\lambda)\Delta c_i, i = 1,2; \; R^{h} = 0, R^{l} = \Delta c_1 q_1^{h} + \Delta c_2 q_2^{h}$$

显然，在信息不对称的条件下，无论规制者对垄断企业受益在规制目标中赋予的权重是多少，高效企业都通过边际成本定价获取一定的信息租金。高效企业按照自己的低成本水平进行生产，而不是隐瞒成本进行低效率生产，信息租金来自规制机构对其“说真话”的补偿。但对于高成本企业来说，当 $\lambda = 0$ 时，高成本企业的生产效率被极大地扭曲，虽然规制政策会使社会公众的福利最大化，但垄断企业却丧失了提高生产效率的积极性，不利于行业的健康发展；当 $0 < \lambda < 1$ 时，高成本企业生产活动偏离完全信息情况下的最优水平，定价高于边际成本，生产产量下降，生产效率在一定程度上被扭曲；当 $\lambda = 1$ 时，低效企业的生产效率达到完全信息情况下的最优值。可见，规制目标的选取会影响规制政策的效果，规制机构在制定规制政策时把垄断企业的发展和社会公众的利益放在同等重要的公平位置，可能会损害消费者的福利，但是却有利于提高垄断企业的生产效率。忽视垄断企业的发展又会造成企业生产的低效率。铁路规制者在制定规制政策时应当充分考虑到铁路行业当前所处的环境和制度背景，以均衡效率和公平。

4)路网公司的价格上限规制

价格上限规制由利特柴尔德于 1983 年提出，也称最高限价规制。英国最先将价格上限规制应用到对其电信行业的规制当中，此后许多国家先后在对电力、电信、自来水、铁路等自然垄断行业进行规制时都应用了这种规制定价方法。价格上限，顾名思义就是对产品或服务的价格设置一个最高上限，企业在最高价格之下享有自主定价权，可以任意制定和调整其产品或服务的价格。这个上限价格一般由规制机构通过选取加权价格或平均价格来设定。最具代表性的最高限价模型是由利特柴尔德在 1983 年设计出的 RPI－X 规制模型，其公式为

$$p_t = p_{t-1}[1 + (\mathrm{PRI} - X)/100]$$

它将规制价格同生产效率和零售价格指数联系起来，p_t 和 p_{t-1} 表示本期和上一期的价格水平；PRI 表示零售价格指数，反映市场上生产资料的价格增长率；X 表示规制者设定的因技术进步引起的生产效率的增长率。

李华伟在我国铁路运输业价格与市场结构规制改革研究中提出了一个比较贴合我国铁路运输现实情况的一个价格上限模型：

$$p_{t+1} = \frac{c_t(1 + \mathrm{PRI} - X)}{1 - R} \cdot \mathrm{PI} + T$$

式中，c_t 为企业的当期平均生产成本，PRI 为修正过的零售物价指数，X 为铁路运输业生产效率的增长率，R 代表铁路运输企业的销售利润率，PI 表示综合价格指数，T 表示运输企业缴纳的税金。模型中的综合价格指数 PI 反映了工资、燃料、动力、综合运输价格等因素的变动情况，因此考虑这个因素的铁路运价的最高限价更加贴近实际运输成本，并能与其他运输方式的价格进行协调。

这个模型尤其适用于我们实行网运分离后，由一家企业即国铁集团对路网垄断经营时的价格规制。此时，c_t 代表本期国铁集团路网、调度等收费服务的基础成本之和；R 为国铁集团对客货运公司提供路网使用权、线路维护、提供调度指挥等收费服务的售价利润率，是综合考虑各类路网、不同线路等应得收益率的一个基本稳定的外生参数；X 为国家铁路局为国铁集团的路网、调度等铁路基础收费服务设定的生产效率上升率，可每隔几年对其调整一次；PI 为固定资产投资的价格指数；T 为国铁集团向政府缴纳的税金。这个模型设置赋予国铁集团一定的自主定价权，在充分考虑铁路运输业内部不同部门之间的及其同外部替代运输方式之间的竞争程度的前提下，企业具有下调线路接入服务费用的自由，从而有利于提高铁路路网和运输设备的利用效率。

规制机构对客货运公司定价的规制也可参考对路网公司的基本定价模型。货运公司只提供一种产品服务，相对路网公司更为简单，而且在我们的产业模式设定中，市场上的客运公司存在多家，这对规制机构获得其成本信息非常有利。在客运市场上，应当主要由竞争机制自由发挥，规制机构主要针对其服务质量优劣、是否存在恶意竞争等进行规制以及防止多家公司秘密联合制定垄断高价等不利于调动市场活力的行为的发生。客运公司与路网公司定价所不同的是，客运公司在对高铁、普列车票定价时，需要考虑到高铁对普列一定程度的替代性，也即，此时 $\delta > 0$。高铁与普列在需求上的替代关系对两种运输方式的定价有一定的影响；客运公司联合运行高铁和普列具有范围经济性，相比由两家公司分别运营，其在基础设施、增值服务等方面可以节约成本；而且，我国客运需求存在季节性变化，像春节期间、五一、国庆等时段是客运量的高峰期，一般时间铁路客运量不会那么大，客运公司可以定制歧视性价格，不同时间收取不同的票价来提升铁运淡季的上座率。总的来看，铁路公司在规制机构设定的价格上限范围内应该对高铁和普列车票进行差别定价，在一个经营周期的不同时段制定不同的运价。

5)提升铁路企业盈利能力

提升盈利能力是保证未来铁路行业高质量发展的核心。为提升铁路行业盈利能力，需要从“开源”和“节流”两方面入手。①开源方面，主要是指增加铁路行业收入，这不仅仅是提升铁路行业盈利水平的基本需求，也是增加铁路行业职工收入的现实需求。要通过提升业务收入来增强公司实力，进而提升职工收入，促进服务能力和水平提升，从而提升服务收入，形成一个良性的收入增长循环。具体来看，提高铁路行业收入可以有如下方式：一是创新业务品种，提高产品和服务附加值。国铁集团要推动自身从运输企业向服务企业的转型，重构企业乃至产业的价值链，发挥自身优势，积极介入一些新业务领域中，例如快递运输、沿线移动物流站点等，以这些新业务来弥补自身传统业务利润水平较低的问题。二是推动铁路行业资产变现，尤其是推动土地等资源价值提升。要改善铁路行业利润水平较低和杠杆率较高的基本问题，短期内一方面要在政策上突破，另一方面要在运营上突破，按照重置成本法重新核算铁路行业资产，尤其是增值较高的土地等资产。三是提高运输收入，按照市场化定价机制，在一定范围内探索弹性票价以提高票价收入。当前存在一个认知误区，无论是货物运价还是客票价格，只要提高票价就会影响国计民生。事实上，由于长期依靠公共财政补贴，铁路运输存在社会福利分配公平问题，同时世界上多数国家铁路行业大都采取市场定价，尤其是货物运输。在普速列车采取政府补贴下的低价策略基础上，其他货运和高速铁路客运切实推动弹性定价，对不同速率、不同服务、不同时点的车次可制定不同的价格，这一方面有利于提升铁路行业的整体收入和服务水平，另一方面也可有效调节峰谷间的需求波动。②节流方面，要在降低成本上下功夫。铁路行业的主要成本在于运输成本，占总成本的80%以上。基于此，降低成本的主要抓手应着眼于运输过程中的降本减耗。要按照《中长期铁路网规划》，通过技术改造，进一步提高电气化率，降低日常运行成本；提升调度效率，在保障运行安全的前提下，推进提高路网利用效率，降低运行单位成本和总成本。此外，争取在改革过程中的相关税收优惠政策，以缓解短期内铁路行业经营的困境。

8.1.5 总结

铁路运输业是我国的公用事业之一，也是国民经济发展的大动脉。铁路行业相比其他运输方式具有运载量大、安全性高等优势。在我国铁路行业发展之初，我国处在计划经济时期，铁路运输产业由国家垄断经营。改革开放之后，我国政府也对铁路行业做出一些调整，但是其政企合一的经营模式一直未得到彻底根除。铁路行业本身技术经济特征决定的自然垄断性和政府政策形成的行政垄断长期以来制约着我国铁路业的发展。铁路运输业在与其他运输方式的竞争中也日显颓势。2013 年，铁道部的拆分使我国铁路业实现政企分离，但是很多问题不会瞬间消失，改革有待深化。而且，高铁时代的到来给铁路运输业带来了新的竞争力，同时其全新的技术特征、新的安全问题、服务质量标准等也对铁路行业陈旧的规制体系提出了挑战。

发达国家在解决铁路行业的垄断低效率问题上做法各不相同，但基本逻辑有很大相似之处。本节总结了发达国家的规制改革经验，这对我国铁路行业规制改革具有参考价值。在我国铁路行业已经实现政企分离的情况下，笔者尝试性地提出了对铁路运输产业进行重组的构想，并在新的产业结构上深化对铁路行业的规制改革。

结合发达国家的规制改革经验和我国铁路运输业的发展状况，笔者提出了实行网运分离的铁路运营模式。这次的网运分离是网客货三者的分离，国铁集团负责路网、机务、调度等的收费服务。全国范围内成立几家规模较大的客运公司和多家规模略小的货运公司。

针对我国铁路行业规制存在的问题，建议规制机构尽快完善规制制度体系，尤其是客货运输公司的市场准入和退出以及运价制定方面的法律法规要尽快出台。同时，建议国铁集团在有国家控股的前提下引入社会资本，把铁路运输市场搞活。另外，针对铁路运输定价的规制政策进行了激励性规制定价的讨论。

8.2 案例二：民间金融运行及监管的激励性协调机制研究

民间金融监管问题日益引起社会各界的广泛关注。由于民间金融违规经营和无序发展时有发生，且游离于正规金融监管体系之外，给经济社会发展带来不稳定因素，因此，为了引导民间金融健康发展，促进金融体制改革，建立健全民间金融的监管协调机制将成为当前乃至今后很长一段时期内规范民间金融运行和发展的重要任务。本节运用博弈模型分析我国民间金融组织违规经营与民间金融监管机构策略行为之间的博弈均衡问题，考察提高民间金融监管效率的条件与措施，进一步提出构建“五位一体”的民间金融监管协调机制，为我国民间金融健康发展提供参考依据。

8.2.1 民间金融监管博弈模型解析

1. 基本假定

为了简便起见，本节将民间金融监管博弈的参与者抽象为民间金融监管机构、民间金融组织和民间借贷者。首先，假设博弈的参与者都是完全理性的人(遵守理性参与者不选择“严格劣战略”原则)并对其他参与者的行动策略具有完全信息，而且参与者的行动有先后顺序但因相互之间观测不到，因此该博弈模型可视为完全信息静态博弈。基于此，进一步对博弈模型的参与者做出以下具体假定。

1）民间金融组织

对于民间金融组织的具体假定如下。①民间金融组织有两个行动策略：一是违规经营，如连环套利、非法集资吸储、超范围经营、夸大宣传或地下运行等；二是合规经营，如通过资本运营提高盈利能力等。在经济回暖尚不明确、民间借贷利率上升，以及房地产和能源产业持续萎靡等情况下，民间金融组织违规经营至少带来三方面隐患：一是传导金融风险，形成恶性循环；二是冲击实体经济，加剧市场恐慌；三是群众利益受损，影响社会稳定。②当民间金融组织合规经营时，本节假定民间金融组织“一分耕耘一分收获”，只能获得正常利润而没有超额利润，此时民间金融组织的收益为 0。③当民间金融组织违规经营时，需要承担的违规操作及隐含风险成本记为 C_f。若民间金融监管机构选择不严格监管或虽严格监管但查处失败，民间金融组织违规经营，如因监管标准降低将资金投入股市、钱市或房地产等虚拟经济领域参与连环套利而获得的额外收益 M，总收益为 $M-C_f$，且 $M>C_f$，否则民间金融机构就没有动机去违规经营。④当民间金融组织违规经营且如果被民间金融监管机构查处成功，将会被处罚款 $I(I>0)$，此时民间金融组织的总收益为 $-(I+C_f)$。

2）民间金融监管机构

本节对于民间金融监管机构的假定条件包括：①民间金融监管机构有两个纯策略，即严格监管与不严格监管。当前民间金融多头监管和监管缺位问题较为突出，比如小额贷款公司和融资性担保公司由各地金融办监管，投资公司和中介机构归市场监管部门管理，而典当行则由商务部门监管。多头分散管理使监管长期缺位，同时因监管机制不完善，我国民间金融监管效果屡遭社会质疑。本节假定当民间金融监管机构严格监管时，需要投入人力、物力和财力构成监管成本 C_s；当民间金融监管机构不严格监管时将会因判断正确而节约监管成本，我们将其视为民间金融监管机构的收益 C_s。②民间金融监管机构严格监管时会产生两种结果：一是成功查处民间金融组织违法违规运行问题，将获得罚金收益 I 及成功查处之后的正效用 U，其中包括通过上级监管部门的考核与奖励、声誉的提高等，总收益为 $U+I-C_s$；二是未能查处民间金融组织的违规行为，将获得负效用 $-U$，其中包括上级监管部门的批评及声誉的损失等，总收益为 $-U-C_s$。③当民间金融监管机构不严格监管时但民间金融组织存在违规经营现象时，总收益为 $-U+C_s$。

上述博弈模型假定条件说明民间金融组织与民间金融监管机构看待监管的角度并不一致，隐含的假设有两点：一是民间金融组织与民间金融监管机构之间存在信息不对称，例如，对民间金融组织违规经营的有关知识的了解只有通过现场检查才能搞清楚，因此民间金融组织经营的真实情况并非民间金融监管机构所能完全掌握，取决于民间金融监管机构对违规行为的判断和审查能力；二是民间金融组织具有游说可能，这体现为民间金融监管机构和民间金融组织经谈判达成合谋寻租或设租结果。

3)民间借贷者

一般情况下,民间金融监管机构与民间金融组织在任何一次博弈决策中,民间借贷者只是决策结果的被动接受者。按理说,对于不参与博弈过程的主体似乎没有必要列入博弈模型分析,但是为了从福利经济学角度给出规范解释,我们需要观察民间借贷者的效用变化。本节假定:①如果民间金融组织合规经营,民间借贷者可以获取投资收益 Q;②如果民间金融组织违规经营,但被民间金融监管机构成功查处,民间借贷者可以获取损失赔偿 q,且 $q<Q$,我们假定虽然民间金融组织违规经营被查处后,民间借贷者可以取得补偿收益,但无法实现收益的完全赔偿;③如果民间金融组织违规经营未被成功查处,或民间金融监管机构不严格监管时,民间借贷者的资金收益将会遭受完全损失,此时假定其投资收益为 0。

2. 博弈均衡分析与求解

综合上述三方假定条件,我们可以得出博弈参与主体(民间金融监管机构和民间金融组织)的支付矩阵如图 8-1 所示。

民间金融组织	民间金融监管机构			
	策略	严格监管		不严格监管
		成功查处违规问题	未能查处违规问题	
	违规	$-(I+C_f),\ U+I-C_s$	$M-C_f,\ -U-C_s$	$(1-t)M-C_f,\ tM-U+C_s$
	不违规	$0,\ -C_s$	$0,\ -C_s$	$0,\ C_s$

图 8-1 博弈双方支付矩阵图

我们假定民间金融组织的混合策略为 $\delta_f=(\theta,1-\theta)$,即民间金融组织以 θ 的概率违规,以 $1-\theta$ 的概率选择不违规;假定民间金融监管机构的混合策略为 $\delta_s=(\gamma,1-\gamma)$,即民间金融监管机构以 γ 的概率严格监管,以 $1-\gamma$ 的概率不严格监管,同时假定民间金融监管机构严格监管时对民间金融组织违规经营查处成功的概率为 P_s,不成功的概率为 $1-P_s$。

民间金融组织的期望收益函数为

$$U_f(\delta_f,\delta_s)=\theta[\gamma P_s(-I-C_f)+\gamma(1-P_s)(M-C_f)+(1-\gamma)(M-C_f)]+(1-\theta)[\gamma\cdot 0\cdot P_s+\gamma\cdot 0\cdot(1-P_t)+(1-r)\cdot\theta]$$
$$=\theta[\gamma P_s(-I-C_f)+\gamma(1-P_s)(M-C_f)+(1-\gamma)(M-C_f)]$$

$U_f(\delta_f,\delta_s)$ 对 θ 求偏导,得到民间金融组织收益最大化的一阶条件:

$$\frac{\partial U_f}{\partial\theta}=\gamma(-IP_s-P_sM)+M-C_f=0$$

因此,民间金融监管机构严格监管的均衡概率为

$$\gamma^{*}=\frac{M-C_{f}}{P_{s}(I+M)}$$

民间金融组织的混合策略均衡为:如果民间金融监管机构严格监管的概率小于 γ^{*}，民间金融组织的最优选择是违规经营;如果严格监管的概率大于 γ^{*}，民间金融组织的最优选择是合规经营;如果严格监管的概率恰好等于 γ^{*}，民间金融组织随机地选择合规或违规经营。分析民间金融监管机构严格监管的均衡概率 γ^{*} 的表达式,可知随着监管查处成功概率 P_s 的增大、违规经营罚金 I 的提高可以使严格监管的均衡概率降低,有助于减轻民间金融监管机构的工作量。因此,民间金融监管机构可以从强化审查监督能力和加大违规惩处力度两个方面提高监管工作效率。

民间金融监管机构的期望收益函数为

$$U_{s}(\delta_{f},\delta_{s})=\gamma[\theta P_{s}(U+I-C_{s})+\theta(1-P_{s})(-U-C_{s})+(1-\theta)P_{s}(-C_{s})+(1-\theta)(1-P_{s})(-C_{s})]+(1-\gamma)[\theta(C_{s}-U)+(1-\theta)C_{s}]$$

最优化一阶条件为

$$\frac{\partial U_{s}}{\partial\gamma}=\theta(2UP_{s}+IP_{s})-2C_{s}=0$$

求解得到民间金融组织违规经营的均衡概率,即

$$\theta^{*}=\frac{2C_{s}}{P_{s}(2U+I)}$$

因此,在混合策略均衡时,如果民间金融组织违规的概率小于 θ^{*}，民间金融监管机构的最优策略是不严格监管;如果民间金融组织违规的概率大于 θ^{*}，民间金融监管机构的最优策略是严格监管;如果民间金融组织违规概率等于 θ^{*}，民间金融监管机构将随机地选择严格或不严格监管。

在民间金融组织违规经营的均衡概率 θ^{*} 的表达式中,θ^{*} 与民间金融监管机构的查处成本 C_s成正比,与查处成功概率 P_s、民间金融监管机构查处成功的正向激励 U 及惩处罚金 I 成反比。因此,如果要降低民间金融组织违规经营的概率,一方面民间金融监管机构要努力提高监管效率,加大惩罚力度,降低监察成本;另一方面,上级监管部门也要适当增加对下级监管机构查处成功时的奖励。

另外,上述均衡的另一种可能解释为:在全国民间金融组织中,有 $\theta^{*}=\frac{2C_{s}}{P_{s}(2U+I)}$ 比例的民间金融组织进行违规经营,民间金融监管机构会随机地抽取比例为 $\gamma^{*}=\frac{M-C_{f}}{P_{s}(I+M)}$ 的民间金融组织进行违规经营情况检查。

3. 民间金融监管机构与民间金融组织合谋寻租-设租的博弈分析

现实情况中,民间金融监管机构与民间金融组织具有合谋寻租-设租的负面激

励。民间金融组织是基于拓宽民营中小企业的融资渠道和民间资本的投资渠道而建立起来的，作为正规金融的重要补充，一方面能够减缓社会资金供求矛盾，促进民营经济和地区经济发展；另一方面由于民间金融组织不健全、运行不规范，可能产生不确定性风险问题，对经济社会带来一定的负面影响。因此，民间金融组织可能会隐藏经营情况真实信息，根据地方监管机构的偏好，游说、威胁地方监管机构以获取尽可能多的操作管制放松条件。同时，地方政府为了发展地方经济，也可能不顾风险代价利用民间金融组织违规操作的资金为地方企业提供融资支持。因此，现实中或存在民间金融监管机构利用权力攫取经济利益进行设租或与民间金融组织因利益而相互勾结合谋寻租的可能与动机，双方建立寻租与设租相结合的“权钱交易关系”，即寻租-设租活动。根据上述博弈模型，下文将考虑地方民间金融监管机构主动设租或与民间金融组织合谋寻租-设租的博弈分析。

进一步，我们假设对民间金融组织严格监管时未能成功查处违规问题的原因在于民间金融监管部门检查和监督技术上的不足，难以应对民间金融组织的策略而非人为意图的刻意放松监管。从现实角度考虑这种假设也是合理的，民间金融监管机构如果想要主动合谋就没有必要去浪费监管成本去监察却还需装作查处失败。因此，如果双方想要合谋他们一定会在博弈矩阵的右上角进行。我们可以得出博弈参与主体（民间金融监管机构和民间金融组织）的合谋情形下博弈双方支付矩阵如图 8－2 所示。

	民间金融监管机构			
民间金融组织	策略	严格监管		不严格监管
		成功查处违规问题	未能查处违规问题	
	违规	$-(I+C_f),\ U+I-C_s$	$M-C_f,\ -U-C_s$	$(1-t)M-C_f,\ tM-U+C_s$
	不违规	$0,\ -C_s$	$0,\ -C_s$	$0,\ C_s$

图 8－2　合谋情形下博弈双方支付矩阵图

假设民间金融组织将其违规经营所获利益 M 按 t 比例上交给地方民间金融监管机构，其中 $0<t<1$，此时民间金融组织的收益为 $(1-t)M-C_f$，民间金融监管机构的收益为 $tM-U+C_s$。假定民间金融监管机构是风险厌恶者，那么其中 $tM>U$ 是一定成立的，否则也不会存在利益勾结的合谋动机。那么具体什么条件下，民间金融监管机构会同意与民间金融组织进行合谋呢？或者如果民间金融监管机构想设租时，将会开出怎样的条件 t 呢？

当民间金融组织违规经营时，民间金融监管机构进行严格监管的期望收益为

$$E_s=P_s(U+I-C_s)+(1-P_s)(-U-C_s)$$

当 $E_s < tM - U + C_s$ 时，代入 E_s 的表达式得

$$tM > 2P_sU + P_sI - 2C_s$$

该条件即为民间金融监管机构选择合谋的条件。

反过来考虑，从民间金融监管当局设计监管机制策略角度来说，控制地方民间金融监管机构与民间金融组织之间的合谋寻租-设租，则需使 $tM < 2P_sU + P_sI - 2C_s$ 这一约束条件成立。由于 M 是外生变量监管者无法控制，那么如果希望减少合谋出现的机会，就要增大违规查处成功的概率 P_s，增加查处罚金 I，增加民间金融监管机构查处成功的正向激励 U，努力降低监管成本 C_s。

4. 民间借贷者的福利损失

根据博弈假定条件，民间借贷者的期望收益函数为

$$\begin{aligned} U_h(\delta_f,\delta_s) &= (1-\theta)Q + \theta[\gamma P_s q + \gamma \cdot (1-P_s) \cdot 0 + (1-\gamma) \cdot 0] \\ &= (1-\theta)Q + \theta\gamma P_s q \end{aligned}$$

分别代入民间金融监管机构严格监管的均衡概率 $\gamma^* = \dfrac{M - C_f}{P_s(I+M)}$ 和民间金融组织违规经营均衡概率 $\theta^* = \dfrac{2C_s}{P_s(2U+I)}$，得出民间借贷者的均衡效用水平为

$$U_h(\delta_f,\delta_s)^* = \frac{Q[P_s(2U+I) - 2C_s](I+M) - 2C_s(M-C_f)q}{P_s(2U+I)(I+M)}$$

由此可知，$U_h(\delta_f,\delta_s)^* < Q$，当民间金融组织存在违规经营的可能时，民间借贷者或多或少都会遭受利益损失。根据上述分析，民间借贷者的效用水平取决于民间金融组织和民间金融监管机构的博弈结果，民间借贷者作为最大的利益相关体却只能被动承受双方博弈带来的福利损失。

5. 博弈模型结论及进一步讨论

通过上述博弈分析，我们可以得到以下结论：第一，民间金融监管机构与民间金融组织之间存在着一种混合策略均衡，二者将努力估测对方采取某种策略的概率，进而确定自己的最优选择；第二，在现有的监管体制下，民间金融监管机构与民间金融组织之间由于利益的驱使，当某一条件成立时，二者确实可能达成合谋设租-寻租的协议从而给民间借贷者和社会公众带来福利损失；第三，由于无法直接参与博弈过程，民间借贷者作为最大的利益相关体却只能被动承受博弈所带来的福利损失。

值得进一步讨论的是，民间金融监管机构与民间金融组织的均衡博弈不仅是一个理论方面的逻辑推演问题，更是一个具有重大意义的社会现实问题。传统情况下，民间金融监管更多依赖政府部门与相关管理机构的力量打击违规经营活动，却无法彻底避免民间金融机构的违规经营和社会福利损失，存在游说、合谋引发的设租-寻租问题。因此，民间金融仅依赖政府监管远远不足，还需要更多监管主体

和监管力量的涉入。基于金融监管的广义内涵，民间金融监管除了政府监管部门依据相关法律法规实施的监督管理外，还包括行业协会的协调自律、民间金融组织的内部控制与稽核、社会成员的监督以及法制监管等方面。此外，本节的博弈模型提供了一个假设条件，即民间借贷者属于博弈结果的被动接受者。但事实上，随着信息公开程度和社会舆论力量的逐渐强化，民间借贷者与其他社会成员的话语权将出现逆转。因此，更现实地看，当社会公众拥有运用舆论和监督的独特力量，将可能帮助监管部门进一步了解民间金融组织的经营活动、操作信息及其他涉及公共利益的知识情况，并施以社会舆论压力促使民间金融组织在经营过程遵守法律法规和制度准则。

基于以上分析，我们可以清楚认识到影响民间金融监管效果的多方面因素，下文拟从政府、行业协会、民间金融组织、民间借贷者与其他社会成员、司法部门五个角度提出构建“地方政府主管部门监督指导、行业协会协调自律、民间金融组织内控、民间借贷者与其他社会成员监督、法制监管”的“五位一体”的民间金融立体化、多层次监管协调机制。

8.2.2 构建“五位一体”的民间金融监管协调机制

由于我国民间金融的特殊性，如果缺乏必要的管制，民间金融组织会陷入违规经营的恶性循环，给社会与经济造成难以弥补的损失。良好的监管协调机制可以形成所谓“正向激励”，否则必然导致微观主体的行为扭曲。因此，为更好地发挥民间金融的积极效应，弱化民间金融违规违法的消极影响，建立健全民间金融组织运行和发展监管协调机制，引导和规范民间金融健康发展将成为我国当前乃至今后一段时期的重要任务。综合以上分析，本小节提出“五位一体”的民间金融监管协调机制，具体示意图如图 8-3 所示。

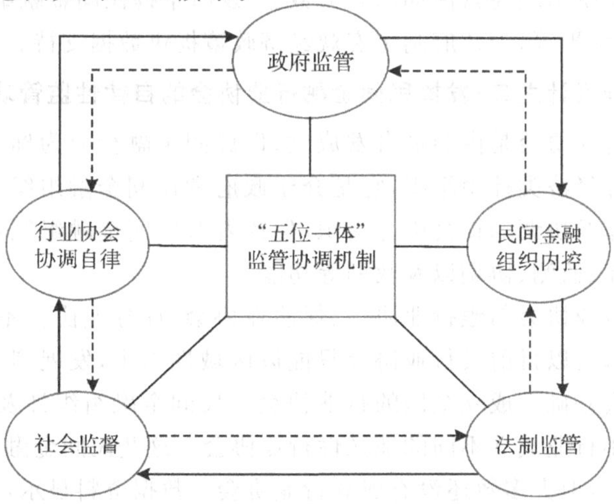

图 8-3 “五位一体”的民间金融监管协调机制示意图

1. 监管机制设计之一:确立地方政府对民间金融监管的主体地位

利益驱动是发生种种违法违规问题的根本动因,正如本部分博弈分析结论所表明的,民间金融组织拥有的隐藏信息、游说地方监管机构等负面激励主要来自其违规经营承担较少的成本,而收益却非常可观。如果要降低民间金融组织违规经营的可能性,提高民间金融监管机构的监管效率,加大惩罚力度,增大违规查处成功的可能性与罚金惩处将是降低负面激励的重要手段。

经济转轨时期,民间金融监管离不开政府的领导和指导,各级政府是民间金融监管的领导核心,政府监管的主要部门是各省、市、县成立的地方金融监管局,在明确监管职权和范围前提下,对不同民间金融组织与业务进行分类监管。政府监管的重点是制定民间金融监管政策、规则和监管制度,发布民间金融监管信息,按照制定好的政策、制度进行现场与非现场监管,而且要指导下一级政府做好监管工作,时常对其监管工作进行检查落实。政府监管还要协调好行业协会、民间金融机构以及人民银行、银保监局、证监局、税务、财政、市场监管、法律等部门的关系。政府监管要按照规制进行,严厉打击民间金融非法集资、违规操作以及高利贷活动,维护民间金融秩序。

民间金融建立在血缘、地缘和亲缘基础上,又与非国有经济有着“天然”的体制姻缘,带有明显的区域性和分散性。因此,政府监管部门建立民间金融监管制度时既要考虑民间金融的“乡规民俗”与契约特征,又要明确监管范围、监管职权和监管程序,合理设定监管的边界。政府监管部门应对民间金融组织进行资质管理并详细登记备案,及时公布民间融资机构信息,建立和完善对民间借贷的有效监测制度,将民间金融监管纳入法治建设中。地方政府作为民间金融的监管主体,应通过定期采集民间金融组织经营活动的有关数据,及时掌握民间金融组织的资金规模、资金流向、利率水平等,为政府制定宏观经济政策提供数据支持。

2. 监管机制设计之二:发挥民间金融行业协会的自律性监管功能

民间金融行业协会是由会员自发成立、以民间金融行业为标识、非政府性、非营利性的互益性经济类社团组织,它是介于政府和民间金融组织之间,提供服务、咨询、沟通、自律及协调的社会中介组织,发挥着对民间金融组织各类经营风险的提示、分散、自律、监测、协调以及救助等功能。

民间金融行业协会与银行业协会、保险业协会、证券业协会不同,它具有地区性、分散性特征,所以目前其行业协会只能以区域性为主,发展到一定程度后可以在地区行业协会基础上成立全国的行业协会。民间金融组织涉及许多种小行业,可根据不同的小行业成立不同的地区性行业协会。这些民间金融组织中有些已经成立了行业联盟,但大多数还没有成立行业协会。数据资料显示,全国各地民间金融风险出现最多的集中在担保业、投资公司以及基金会、合会等,所以,在这些行业成立省市一级的行业协会迫在眉睫。通过建立民间金融行业协会,实行行业自律监管模式,推动民间金融自我管理。通过民间金融活动中逐渐形成的习惯和不成文规定,建立起民间金融的内部自律监管机制,能够使其具有高效的监管优势,协调民间金融内部各组织机构之间的竞争。此外,民间金融协会要设立与完善激励与惩罚机制。

3. 监管机制设计之三:建立健全民间金融组织的内部控制系统

民间金融组织的形式多样、布局分散且各具特色,监管要完全靠政府和行业协会是不行的,必须同时依靠民间金融组织自身加强内部控制。本部分博弈模型证明,游说与威胁是民间金融监管机构的监管效力弱化甚至丧失的一大诱因,因此,为了加强和规范民间金融组织内部控制的有效性,民间金融组织进行自我管理、自我监督和自我控制是民间金融监管行之有效的办法。民间金融组织的内部控制与监管机构将共同形成内、外双重约束机制,从而减少民间金融组织与地方监管机构之间的合谋寻租行为的可能性,有助于民间金融组织提高自我约束能力和经营管理水平。

建立健全民间金融组织内部控制系统要严格依据 2009 年财政部联合有关部委制定的《企业内部控制基本规范》的条款和规范执行,并对其内部控制的有效性不断进行评估检查。在监管当局有效监管的情况下,民间金融组织应该更加关注规范化经营的长期发展路径,完善公司治理机制和内部控制体系。具体来说,民间金融组织的内部控制系统应包括以下内容:成立组织机构,明确内部控制目标,确立内部控制原则,建立内部经营风险监测机制,分析内部控制的环境,加强信息收集反馈与沟通,成立内部监督等。

4. 监管机制设计之四:完善民间借贷者和其他社会成员的社会监督机制

民间金融具有分散性、复杂性、隐蔽性和风险性等特点,需要进行全方位有效监管,只有大力借助和运用社会大众力量,充分调动社会各方面积极性展开直接、全面监督,才能发现民间金融组织违规经营问题的根源。正如本部分所揭示,民间借贷者在民间金融组织的经营过程中具有直接的利益关系,因为他们站在民间金融活动的第一线,最有了解民间金融组织内幕和经营状况的动机。因此,调动民间借贷者的积极性,带动广大群众一起,发挥社会成员的社会监督责任,对民间金融组织规范运行和健康发展具有重要作用。

鼓励民间金融规范化、阳光化运作,发展多层次信贷市场,满足社会多元化融资需求,必须完善民间借贷者和其他社会成员的社会监督机制。建立民间借贷者社会监督制度就要深入调查研究,经常听取群众的意见和建议,鼓励他们及时揭发民间金融组织经营中的非法集资、连环套利等违法违规活动,定期征求意见,修改和完善民间金融的监管制度和规定。此外,还需积极宣传民间金融活动中的有益事件，制止和惩罚民间金融破坏活动。

5. 监管机制设计之五：加强司法部门对民间金融的法制监督和规范

法制监管是民间借贷者在民间金融组织违法、违规经营下得到有效救济的法律防线，是对政府监管和行业协会自律监管的重要补充，是在民间金融组织自我管理、内部控制之外的司法校正与评判。民间金融的健康运行有赖于法律法规的保障与支持，然而目前我国民间金融法制监管体系尚且存在较多问题，不利于民间金融功能的发挥和民间金融运行的规范，主要问题包括：第一，民间金融监管法律制度缺位。我国现有金融监管法律大多仅面向正规金融，如《中华人民共和国中国人民银行法》《中华人民共和国商业银行法》《中华人民共和国银行业监督管理法》《中华人民共和国证券法》等，专门针对民间金融监管的法律近乎空白。随着民间金融的活跃程度不断增加，对民间金融监管加强基本法立法迫在眉睫。第二，对民间金融违规经营的司法力度不强。民间金融组织违规经营对民间借贷者造成直接经济损失，甚至对社会稳定带来不利影响。相关法律制度的缺位导致民间金融长期处于监管的灰色地带，加大法制监管的司法力度是降低民间金融组织违法违规负面激励的重要手段。

因此，民间金融的法制监管就是通过发挥司法部门对政府监管的补充性和法律法规的惩罚性功能，不仅可以有效贯彻政府监管措施，强化民间金融的日常监管效率，而且可以通过对严重违法违规行为的否定评价，防范和化解民间金融的系统性风险，在更高层次上维护金融安全、经济安全乃至国家安全。民间资本的法制监管应该包括：对民间金融行业协会相关章程及监管行为的司法审查，对民间金融组织违规行为的司法审查与惩戒，对民间金融案件、民间金融纠纷的公正审理、调解或仲裁，对民间金融参与主体行为的引导、规制与防范等。法制监管作为维护民间金融合法运行的最后防线，对于维护民间金融交易安全和保护民间借贷者合法权益意义重大，也是促进民间金融健康发展的法律保障。

在民间金融“五位一体”的监管协调机制中，地方政府是民间金融的监管主体，行业协会起到协调自律作用，民间金融组织内部控制是关键，民间借贷者与社会公众是监管的利益主体，法制监管是法律保障和最后防线。民间金融监管中政府、行业协会、民间金融机构、民间借贷者与社会公众和司法部门五个方面缺一不可，各司其职、各负其责，既要分工又要合作，既要各自内部管理又要相互协调，形成一个统一的立体化、多层次有机监管协调机制体系。

8.2.3 结论

综上所述，本节的基本结论包括以下几个方面。

第一，民间金融监管机构与民间金融组织之间存在着一种混合策略均衡，二者将努力估测对方采取某种策略的概率确定自己的最优选择。因此，如果要降低民间金融组织违规经营的可能性，监管主体需努力提高民间金融监管效率。从政府监管部门来看，一方面要加大惩罚力度，降低监管成本；另一方面上级监管部门也要适当增加对下级监管机构查处成功时的奖励。

第二，基于博弈双方的信息不对称和利益勾结，民间金融组织具有隐藏信息和游说民间金融监管机构的负面激励产生寻租-设租的可能与动机。因此，仅依赖政府监管远远不足，还需要更多监管主体和监管力量的涉入。民间金融监管还应包括对政府部门的监管工作提供监督、协调服务的媒介，以及对严重违法违规行为的法制规范，对民间金融发挥自律、监测、协调和规范等功能。

第三，民间借贷者不具备真正的博弈参与权，作为博弈结果的被动承担者，只能承受博弈所带来的福利损失。随着信息公开程度和社会舆论力量的逐渐强化，社会公众将拥有更多舆论和监督力量，帮助监管部门进一步了解民间金融组织的经营活动、操作信息及其他涉及公共利益的情况，并施以社会舆论压力促使民间金融组织在经营过程遵守法律法规和制度准则。

第四，通过博弈模型分析，最优的民间金融监管政策必须在各个参与主体之间重新设计，构建“地方政府主管部门监督指导、行业协会协调自律、民间金融组织内控、民间借贷者与其他社会成员监督、法制监管”的“五位一体”的民间金融监管协调机制。

8.3 案例三：石油行业激励性规制改革的对策建议

石油产业作为相关利益群体的博弈客体，其产业运营模式势必会带有利益主体的主观色彩。而石油又是一国的经济命脉，其国家作为相关的利益主体使得石油产业运营具有极强的行政垄断性质。为此，将石油产业作为行政垄断行业的侧重研究客体，为我国行政垄断行业规制改革提供对策建议。

8.3.1 石油产业的代表性特征

第一，石油行业处于上游寡头垄断、下游竞争的可竞争市场状态中。自 1998 年石油行业的重大重组打破之前三大石油巨头对石油产业实行上下游分割垄断的局面以来，三大石油巨头实现了上下游一体化经营方式，市场结构纵向发展，这不仅强化了石油产业大佬们的行业垄断地位，而且为其创造了不菲的垄断利润。同时，石油产业在国际方面也存在潜在进入者的竞争。虽然石油属于稀缺资源，但是其资源分布广、潜在市场大的特点完全可以吸引众多进入者进入。如：来自国内外进入者的威胁对石油提出了限价、让利的要求，使原有石油企业为防止新的进入者的进入而进行非生产性支出；卖方的竞争力和买方的降价要求不断地影响着石油价格的波动；煤炭、电力以及新型环保能源的替代效应也影响着石油产业的发展；

等等。

然而，随着国际石油价格涨跌的压力和国内消费者降价的压力，以及维护我国在世界上的国际地位，我国对于石油行业的行政垄断越发明显，石油产业的垄断位置几乎不可动摇，而竞争机制进入的不彻底性导致了油荒的周而复始，下游石油产业纷纷倒闭。

从上面的分析可以看出，不是没有引进竞争机制，而是竞争机制在石油产业内部延伸的深度不够。不是国家想通过石油来赚取高额利润，征收垄断税收，而是以石油垄断的方式来保护一国在国际上平等的经济地位。

第二，政企不分，行政职能较强。正如前文所述，一国需要石油垄断来捍卫本国在国际市场上的经济地位，因此，国家不得不用那双看不见的手来对石油垄断行业进行规制，使其在国际市场上具有较强的竞争实力。然而，这双看不见的手则是政府运用的行政手段，行政垄断也就顺理成章地成了石油产业的专属性质，而其较强的行政职能所造成的后果就是政企不分，导致了石油产业普遍表现低效高成本的特点，因此，如何将企业和政府的职能分开，企业产权问题何去何从将成为今后石油企业研究的重点方向之一。

第三，高沉没成本，高进入壁垒。高固定资产的投入，以及这类固定资产的专用性极强、使命周期长，退出时剩余的大量固定资产难以转作他用，使得初始投入资本无法收回，导致沉没成本的提高，由此，形成较高的进入壁垒。

第四，石油产业具有较强的规模效应，即石油产业实行上下游一体化联合生产比进行单独生产有较低成本。在石油产业内部（包括石油开采、石油炼制、石油化工），一方面使用高参数大型化设备而要求实现大规模生产；另一方面由于原材料的匀质性和专用性，生产工艺要求高度流程化和连续化，适合把上下游各个生产环节置于同一企业统一管理之下，这对于减少交易摩擦、降低运输成本、开展资源综合利用具有极大好处。

8.3.2 中国石油产业规制的历史现状及对策

1. 中国石油产业规制的历史

第一阶段：新中国成立初期计划经济体制下，石油行业制度变迁进入初始发展阶段。国家的集权控制直接影响着我国经济发展的各个阶段，特别是针对关系国家民生的行业，行政垄断的完全控制成了历史的必然。石油产业也就顺理成章地归入国家直接规制的行列中去。然而，此时国家对于石油产业的规制却对石油产业起到负面的作用，造成石油产业资源配置长期处于低效状态，计划的制订与实际情况的脱节、产业信息的不对称等现象造成了资源的严重浪费。

第二阶段：受改革开放的影响，中国石油产业规制进入改革探索期。1978 年中国石油产业在管理体制、价格体制、政府职能各个方面推进制度的变迁。在1980年,我国石油产业管理机构进行了调整,其目的是改变政府管理石油行业的方式与方法。虽然,此时的改革阶段没有摆脱浓郁的传统行政垄断的概念,价格"双轨制"导致石油行业价格混乱,但是却给今后石油产业的改革打开了一扇窗,政府角色在改革进程中进行着转变。

第三阶段:1988年石油产业转亏为盈的特殊转型期,在规制过程中所产生的行政因素产生的不合理的渐进性积累,从量变到质变都为扭转石油行业全面亏损奠定了前期的理论与实践基础,石油产业规制方向日渐清晰。1992年,能源部被撤销,国务院直接对石油行业实行行政领导,国内三大石油公司格局的改变并未使得其行政管理体制的组织形式以及运作机制发生根本改变,政企不分的问题仍然存在着。在价格制度方面,1994年,取消了"双轨制"实行以质定价,然而价格却没有与市场需求接轨,使得我国石油产业常常处于被动局面。

第四阶段:石油产业规制改革进入全面深入阶段,政府对石油产业实行的垂直管理程度降低、管理权限减弱,而且由以前的上下游分割变成为三家上下游一体化公司的竞争。这次行政垄断规制改革很大程度上改变了石油产业的组织和管理结构,提高了石油产业的运行效率。同时,在价格制度变迁方面,石油价格与国际价格接轨。1998年,原油是根据上个月新加坡的原油平均价格,制定国内本月的原油基准价格;成品油也是根据新加坡成品油的离岸价格,加上运费、关税等作为国家指导价格。2001年,我国对成品油定价机制进行调整,由单一地与亚洲市场挂钩改为与亚洲、欧洲、北美三大地区市场价格挂钩。2006年国家实施石油价格综合配套改革时建立了石油企业内部上下游利益调节、相关行业的价格联动、对部分困难群体和公益性行业给予补贴以及石油企业涨价收入的财政调节等四个配套机制。2008年底实施成品油价格和税费改革、确立现行成品油价格形成机制的同时,继续坚持并完善了这四个配套措施。2009年5月,发展改革委发布《石油价格管理办法(试行)》,规定原油价格由企业参照国际市场价格自主制定。成品油价格区别情况,实行政府指导价或政府定价。

第五阶段,我国油气管网运营机制改革阶段。总体来看,油气管道作为运输基础设施,脱离油气供应与销售企业独立运行,一般需要具备三个条件:一是管网基本实现互联互通;二是上游勘探开发和下游利用企业众多,天然气消费量大;三是油气监管体制、管输价格机制完善。

(1)全国油气管网基本实现互联互通。我国的油气管道主要由国有石油公司投资建设并运营。近年来,随着我国经济以及油气行业的快速发展,油气管网实现了快速建设与发展,国有石油公司内部管网的系统性和网络性相对成熟,通过简单的互通连接,形成国家层面完整的横跨东西、纵贯南北、连通海外的油气管道网络,实现全国油气管网互联互通。

(2)油气供应消费基本实现多元化。目前,我国上游油气供应主体除油气生产企业外,还有煤层气、煤制气生产企业以及LNG进口贸易企业等,下游企业用户主要有发电、工业、化工、城市燃气等,基本实现多元化,助推全国油气生产配送与消费。

(3)油气监管体制机制日趋完善。国家对油气行业的管理更多集中在宏观层面,已经实现了政企职能分离和政资管理分开,从计划主导、适度放开到有序引导、依法监管。政府综合管理部门侧重制定政策,监督运行,实施宏观调控,逐步建立健全了日趋完善的法律法规体系、科学的统筹规划和行业准入机制、公开透明的管输价格形成机制等。企业依法自主经营、自负盈亏,同时发挥行业协会自律作用,形成油气监管机构依法监管、企业自律、协会自治的合作监管格局。

2019年3月19日,中央全面深化改革委员会第七次会议审议通过了《石油天然气管网运营机制改革实施意见》,提出要分步推进国有大型油气企业干线管道独立,剥离各国有大型石油天然气企业管道运输业务,组建国有资本控股、投资主体多元化的石油天然气管网公司,促进管道互联互通,推动形成上游油气资源多主体多渠道供应、中间统一管网高效集输、下游销售市场充分竞争的油气市场体系。

2019年12月9日,国家石油天然气管网集团有限公司(简称国家管网)在北京正式成立,作为承接和运营国有大型油气企业干线管道资产的主体。

2. 中国石油产业面临的主要问题

通过对石油产业的性质及历史分析,我们可以看出高度政企合一的政府规制体制的主要弊端是:石油企业没有市场主体地位,没有生产经营的重大决策权,缺乏公平的市场环境,缺乏公平公正、独立统一、透明的政府规制及其法律框架等。

首先,竞争机制在石油产业中渗透得不彻底,缺乏公平竞争的市场环境,高的政策壁垒给民营油企立起一扇“玻璃门”。尽管,1998年的石油产业重组改变了石油市场的格局,但是却没有从本质上改变行政垄断在石油产业中所起到的决定性作用。在上游领域,三大国有石油公司之间“卡特尔”的做法以及对外合作的专营权使行业的准入还存在一定的障碍。政府放松规制的限度还没有放开,政策壁垒的垄断格局没有打开。

其次,缺乏公平公正、独立统一、透明的政府规制及其法律框架。中国石油产业政府规制涵盖资源保护、价格和进出口管制、行业准入、投资审批以及环境、安全等多方面内容,涉及中央政府部门多达十余个,缺少一个能相对集中的专门规制机构,而现行的政府规制主要以行政审批和部门规章为基本内容和手段。同时,对于石油行业的立法也存在着一定的缺陷,如我国没有独立的石油天然气法,目前调整石油的规范只有条例和规章,立法的效力层级低,这与石油工业的重要地位不相符合。并且有关石油法律规定都散见于其他法律条文之中，没有形成完整和系统的法律体系。这不但使得国内石油产业无法可依，同时在对外石油立法方面不能有效地衔接，最终导致我国石油产业的发展不能与国际的石油产业规制方面相接轨，不能适应全球经济一体化条件下的经济发展的需要。

特别是到了2021年，我国经济发展和疫情防控保持全球领先地位，拉动石油消费恢复至疫情前水平，国内原油产量持续上升，原油进口量20年来首次下降，成品油产量同比下降，净出口减少。油气勘探开发、消费利用、价格改革等方面的改革加快推进。受俄乌冲突等影响，国际油价近期仍将保持高位。随着国际油价上涨，国内成品油价格也出现明显上涨，需适时出台综合调控措施保障市场平稳发展。

3. 我国行政垄断行业规制改革的对策建议

根据我国石油产业所面临的问题，对我国行政垄断行业规制改革提出以下几点建议。

1）区分自然垄断性业务和行政垄断性业务

根据产业组织理论，有什么样的市场结构就会有什么样的企业行为。我国石油产业具有上游寡头垄断及下游竞争结构的特征，政府在制定相应的规制政策时，可采取行政垄断性业务和自然垄断性业务相分离的方法对企业进行综合管理。对于行政垄断性业务，政府应放松进入壁垒，限制政府官员寻租和腐败问题，调整各级政府机关审批权限，落实国家行政审批决议，组建更加独立的规制机构，允许多家新企业进入，以充分地发挥竞争机制的作用。而对于自然垄断性业务，由于进入石油产业中需要大量的固定资本的投资，其中有一部分资产将会成为企业的沉没成本，如果由多家企业进行重复投资，不仅浪费资源，而且会使得每家石油企业不能发挥其网络系统的作用。因此，政府规制不仅是需要开放竞争，同时也需要规范、合法、合理的准入制度，真正做到有效竞争。

但实际操作中，需要解决两个关键性的问题：一是如何区分自然垄断性业务和行政垄断性业务；二是如何分离这两项业务。第一个问题是，根据自然垄断的性质，石油产业的自然垄断性业务主要是指固定网络性操作业务，即油气管道等输送网络业务，其他领域的业务则属于非自然垄断性业务。而第二个问题要比第一个问题复杂得多，因为行政垄断性业务取决于石油企业是否具有规模效应的条件，如果不具备规模效应的条件，那么就不适于自然垄断性业务和行政垄断性业务共同经营，即政府应对石油产业的“事权”相分离。所谓的“事权”是针对企业的经营权的归属问题，利用经营权分离的办法可以有效地抑制企业利用其垄断地位妨碍自由竞争市场机制的正常运行。如果石油企业具备规模效应的条件，那么企业就要求自然垄断性业务和行政垄断性业务垂直一体化经营。在这种情况下，为了避免企业滥用市场垄断地位，要求利用分离“财权”的方式将自然垄断性业务和行政垄断性业务分离，以监督和控制企业运用内部业务间交叉补贴等反竞争战略。因此，要使石油产业处于规模经济和竞争活力相兼容的有效竞争状态下，就要利用事权和财权分离的方法对企业滥用市场垄断地位加以限制。

2)实现政企分开，建立独立的规制(监管)机构，并制定配套的法律规制体系

自1998年以来，对中石油和中石化实行重组规制已表明政府已经开始逐步意识到政企不分对于石油垄断行业的危害，并且制定了相应的法律法规对其进行调整。其中，政企不分可以分为两个层次：首先，政府职能与企业管理职能不分，使得石油企业经营效率较低，垄断造成的腐败现象成风。其次，政府职能与企业的经营权不分，使得政府在鼓励和限制两者政策规制上产生角色的错位，对政策制定、监管和所有权行使职能的概念有所混淆，使得规制政策失效，导致政策的“玻璃门”“弹簧门”现象屡见不鲜，严重地影响了石油产业竞争体制的建立。因此，为了解决石油产业政企不分的问题，需要相关的法律法规和组织结构施以配合，以国家最高利益为标准，贯彻执行和监督实施该部门颁布的方针、政策，监管资源的合理利用。当前，国家应尽快设立专司石油战略、规划和政策制定的行业归口管理部门。尽快出台石油天然气法，使政府规制在法律的基础上更加公平、合理、合法地执行规制政策，打破中石油、中石化、中海油三足鼎立的垄断局面，鼓励民营油气参与竞争，真正搞活国内石油市场，保证我国石油产业的国际地位不动摇。

3)开放市场准入，形成竞争性市场结构

如上文所述，搞活国内的石油市场，行之有效的方法就是引入竞争机制。而由于我国石油产业的特殊产业结构需要，我们针对上、下游石油不同的结构进行有的放矢的研究分析。

在石油上游领域，勘探许可证制度的制定直接影响着油企的进入程度。因此，打破地域受限竞争，重新审查并修改勘探许可证发放和延长的相关规定，积极实施规定并严格执行，并以竞标的方式取得区块的经营开发权，充分允许、鼓励有资质的民营油企参与竞争，从上游领域打破石油产业的垄断格局。运用国外先进的勘探思路和工程技术，为国内油企起到良好的“示范作用”，制定具有竞争力的财税条件吸引外资投资，保证参与企业在国际上的竞争地位。

同时，为了石油产业上游领域的竞争格局，对石油领域下游引入的竞争机制加以规范和规制。首先，在批发领域中，鼓励外资以合资公司的形式参股，动员民资的加入；其次，在汽油柴油零售领域，取消外资多数股权的限制，带动中石油和中石化的竞争危机感；再次，在炼油领域，成品油对中外投资者的开放，使其创造出更多的成品油供应商；最后，在城市配气系统中，加快市属企业的公司化改革进程，促进其股票上市发行。

规制信息的不对称也是导致石油产业较高的垄断地位、政府规制效率下降的原因之一。造成规制信息不对称的主要因素是资源的稀缺性，而与资源的稀缺性相关的则是产权的归属问题，在此前的从经济视角分析行政垄断行业规制改革中的产权问题中，规制信息的透明化将打破企业对信息的垄断，迫使企业按照包括正常利润在内的成本定价，从而促进社会配置效率。

4)建立科学合理的定价机制，提高企业的生产效率和资源的有效配置

首先，根据利润的形成来源，确定企业谋利的最高限价。识别垄断企业的利润来源，是由较高的生产效率创造的，还是由市场垄断力量形成的。然后，在此基础上确定一个已基本剔除企业利用市场垄断力量而谋取利润的最高限价，以维护社会资源的合理分配效率。企业在其最高限价的作用下，要取得较高的利润就要通过重视技术革新、加强内部管理，来不断完善企业组织机构，调整企业自身的发展步调。

其次，根据石油产业的特点，确定一个适当的规制价格周期。利用"政府规制滞后效应"，规制价格对企业的调整起到降低成本、增加利润的作用。由于石油产业的投资回报周期较长，短的价格周期会抑制企业通过大规模投资进行技术革新，以降低成本，提高企业生产能力和生产效率。反之，如果价格规制周期较长，则企业会进行大规模的投资，来收取长期效益。这就会使现实成本小于原定的成本水平，则企业可以在取得利润的同时提高企业的生产效率。因此，规制价格应以石油产业的特点来定。

再次，根据石油产业业务性质的不同，政府在行政垄断业务中只扮演制定指导性价格的角色，在自然垄断业务中扮演那双看不见的手，让市场发挥竞争开放的职能。这不但有利于加强价格规制的针对性，而且还提高了价格规制的效率。

最后，听证会具有公正、透明、专业的特点，通过听证会制度参与石油产业的定价和规制。由于石油采购企业对国内企业的供货价格并非是简单的利益均衡价格，而更多侧重于风险价格，且这个价格与国民经济整体运行的安全性息息相关，因此不适于供求双方进行谈判定价。所以，在政府、企业、相关规制部门的参与下，具有公正、透明、专业性质的价格听证会制度为石油产业的全国统一定价提供了有利的条件。为确保价格听证会的公正性，要在区分自然垄断性业务和行政垄断性业务的基础上，配合科学合理的定价机制和完善的法律体系，逐步实现政企分开，使企业掌握充分的经营自主权，充分发挥竞争市场的优势，真正做到石油产业的低成本、高回报、低费用、高效率的局面。

5)优化完善管网运营机制

进一步推动管网改革。管网运营机制改革是进一步完善"X＋1＋X"油气市场体系的关键所在，《2021年能源工作指导意见》明确提出，推进油气管网等自然垄

断环节监管机制改革，加大规划落实、公平开放、运行调度、价格成本、社会责任等方面的监管力度，有序推进油气管网公平开放。《关于完善能源绿色低碳转型体制机制和政策措施的意见》进一步提出在满足安全和质量标准等前提下，支持生物燃料乙醇、生物柴油、生物天然气等清洁燃料接入油气管网，探索输气管道掺氢输送、纯氢管道输送、液氢运输等高效输氢方式，为油气基础设施多元化利用指明了方向。

具体来说，可以遵循以下方案：第一，持续推进"全国一张网"建设。在2020年重组整合三大石油公司所属管网设施以及在省级管网公司中所持股权的基础上，进一步扩大管网覆盖范围，织密"全国一张网"。一是整合重组省级管网，根据地方以及省级管网覆盖情况和运营管理实际，适时研究将相关资产通过入股、收购等方式纳入国家管网，实现省内公平开放，打破区域垄断。二是尽快打通原属于三大石油公司的管道网络，推进管道互联互通建设。第二，加大天然气储能设施建设力度。随着我国天然气市场需求的持续增加，储气调峰及应对突发事件需求快速增大，储气库的作用更加突显，特别是在"双碳"目标及全球能源加速转型背景下，冬季取暖用气需求大幅增加，天然气需求的季节性峰谷差明显扩大。石油石化企业、管道运输企业等各级主体要落实调峰责任，建立储备调峰机制，加大储气库建设，提高冬季采暖季天然气调峰能力，保障能源供应安全。第三，持续提升管输服务水平。根据已经制定的相关法规和政策要求，管道运输企业要建立完善管网设施公平开放的相关规章制度，按照公开透明的原则，定期向社会公开开放服务的条件、程序、剩余能力、服务价格等信息，公平公正地向符合条件的社会各类市场主体公平开放油气管网设施、提供优质管输服务。同时优化管道输送指挥协调系统及管理流程，提高管理效率，强化服务意识，持续提升服务能力与水平。

8.4 案例四：平台"二选一"的案例分析

阿里巴巴集团"二选一"反垄断案件的处罚①，是国家监管部门强化反垄断和防止资本无序扩张的具体举措，是对平台企业违法违规行为的有效规范。毫无疑问，这不仅是国家强化平台经济领域反垄断的标志性事件，也是平台经济领域反垄断执法迈出的重要一步，对于维护平台市场的公平竞争、健全平台经济的治理体系以及推动平台经济健康规范发展具有重要的意义。因此，本节选择阿里巴巴案作为平台"二选一"案例的代表进行剖析（其余案例详见表8-3）。

---

① 资料来源：https://cfws.samr.gov.cn/detail.html?docid=x100000202.

表 8-3　平台独占交易案例分析汇总

平台类型	时间	案例内容
电商平台	2015	京东平台实名举报阿里巴巴集团扰乱电商市场秩序，胁迫合作供应商在“618”“双 11”等促销活动期间“二选一”①
	2016	天猫与迪卡侬、Timberland、Eland、TeenieWeenie 以及 Inditex 集团等 20 多个品牌进行独家合作②；天猫与美国 Costco、德国麦德龙等全球 20 大超市达成独家战略合作协议③
	2018	京东与德国品牌 AEG 签署了 3 年独家线上战略合作协议④
	2019	2019 年 11 月 5 日，格兰仕向广州知识产权法院就天猫“二选一”等相关事宜提起诉讼⑤
	2021	国家市场监督管理局对阿里巴巴的“二选一”行为处以 182.28 亿元的罚款⑥
外卖平台	2020	饿了么针对美团平台威逼供应商“二选一”的不正当竞争行为予以起诉并要求其赔偿 100 万元⑦
	2021	国家市场监管总局对美团“二选一”的垄断行为作出处罚，罚款为 34.42 亿元⑧

8.4.1　案件背景

阿里巴巴集团控股有限公司于 1999 年成立，主营业务包括网络零售平台服务、零售及批发商业、物流服务、生活服务、云计算、数字媒体及娱乐、创新业务等。根据举报，2020 年 12 月起，国家市场监管总局依据《中华人民共和国反垄断法》对阿里巴巴集团涉嫌实施滥用市场支配地位行为开展了调查。经国家市场监管总局调查取证，阿里巴巴集团自 2015 年以来，滥用其在中国境内网络零售平台服务市场的支配地位，禁止平台内经营者在其他竞争性平台开店或者参加促销活动，排除、限制了相关市场竞争，侵害了平台内经营者的合法权益，损害了消费者利益，阻

① 资料来源：https://baijiahao.baidu.com/s?id=1684327369477994104&wfr=spider&for=pc.
② 资料来源：https://www.guancha.cn/TMT/2015_08_05_329530.shtml.
③ 资料来源：https://www.maijia.com/news/article/159601.
④ 资料来源：https://baijiahao.baidu.com/s?id=1623260858950629287&wfr=spider&for=pc.
⑤ 资料来源：https://baijiahao.baidu.com/s?id=1649553747857550992&wfr=spider&for=pc.
⑥ 资料来源：http://cfws.samr.gov.cn/detail.html?docid=x100000202128.
⑦ 资料来源：https://3g.163.com/dy/article/H5OBAUV80551RRDY.html.
⑧ 资料来源：https://cfws.samr.gov.cn/detail.html?docid=x10000020217.

碍了平台经济创新发展，且不具有正当理由，构成《中华人民共和国反垄断法》禁止“没有正当理由，限定交易相对人只能与其进行交易”的滥用市场支配地位行为。基于此，国家市场监管总局责令阿里巴巴集团停止违法行为的同时，对阿里巴巴集团处以其2019年度中国境内销售额4557.12亿元4%的罚款，共计182.28亿元。至此，阿里巴巴集团“二选一”案件尘埃落定。

8.4.2 国家市场监管总局的认定

针对阿里巴巴集团实施的独占交易策略，国家市场监管总局认定阿里巴巴滥用其在中国境内网络零售平台市场的支配地位实施“二选一”行为，通过禁止平台内经营者多归属于其他横向竞争平台等手段，限定供应商只能与阿里巴巴进行交易，损害了市场竞争，侵害了供应商与消费者的合法权益。认定理由主要包括：第一，阿里巴巴在相关市场具有支配地位。据调查，阿里巴巴长期占有较高市场份额，相关市场集中度高，具有很高的市场认可度和消费者黏性。其在支付、物流等关联市场拥有强大的市场势力，对于市场拥有很强的控制力。第二，阿里巴巴滥用市场支配地位实施独占交易行为。据调查，平台禁止供应商在竞争对手的平台中销售商品或提供服务。通过减少促销活动资源，搜索降权等方式保障“二选一”行为的执行。第三，阿里巴巴的独占交易行为损害了市场竞争。平台限定供应商的单归属行为直接削弱了横向竞争平台的竞争力，提高了潜在竞争平台的进入壁垒，排除并限制了市场竞争。与此同时，平台的独占交易行为限制了供应商的经营自主权，削弱了商品的品牌内竞争，损害了供应商的利益；平台的独占交易行为限制了消费者自由选择权和公平交易权，损害了消费者利益。

8.4.3 对于阿里巴巴“二选一”案件的思考

对于阿里巴巴“二选一”案件，可以从谈判势力视角切入，从理论上进行剖析，并检验主要研究结论的适用性；在此基础上，尝试给出相应的反垄断规制建议。

阿里巴巴“二选一”案件调查的起因是国家市场监管总局收到了来自多方的举报。举报的对象主要分为两类：一类是来自横向竞争平台的举报。京东平台实名举报阿里巴巴集团扰乱电商市场秩序，胁迫合作供应商在“618”“双11”等促销活动期间“二选一”。另一类是来自中小型供应商的举报。大量中小型供应商举报阿里巴巴集团涉嫌滥用市场支配地位实施强制性“二选一”。

首先，分析横向平台对阿里巴巴实施“二选一”不满的原因。从阿里巴巴平台的角度看，受“关系专用性投资”和“机会主义行为”的因素影响，阿里巴巴平台希望通过实施独占交易策略以防止供应商的搭便车行为。具体地，如果供应商利用阿里巴巴平台为其打造的品牌效应，在竞争对手平台上销售商品或提供服务，这是阿里巴巴平台所不愿看到的。在满足供应商和平台签订独占交易合约的前提条件下，阿里巴巴平台会通过实施独占交易策略削减竞争平台的利润，并抑制平台间竞争。上述分析结论直指现实经济中京东平台起诉横向竞争对手阿里巴巴平台的根本原因。不同于单边市场，双边市场中存在的交叉网络外部性是影响平台收益的关键性因素。而竞争平台实施独占交易策略会导致其抢夺自己平台上的供应商与消费者，同时也会导致归属于自己平台的消费者、供应商带来的交叉网络外部性向竞争平台偏移，形成恶性循环的同时，将使得平台的收益严重受损。因此，京东平台多次起诉阿里巴巴平台，认为阿里巴巴平台实施独占交易策略这一“不正当竞争行为”严重地弱化了市场竞争，侵犯了平台的合法权益。

其次，进一步分析中小型供应商对于阿里巴巴“二选一”十分抵触的原因。从供应商的角度看，供应商相对于阿里巴巴平台的谈判势力是决定独占交易合约是否能够达成的关键。具有不同谈判势力的供应商在面对阿里巴巴平台的差异化独占合约要求时，供应商拥有的选择有所不同。如果供应商具有的谈判势力居中或较弱，平台会倾向于提供强制性独占交易合约，供应商要么选择与阿里巴巴平台签订独占交易合约，要么选择拒绝并加入竞争平台。但无论最终的谈判结果如何，供应商的利益都会受损，这也是中小型供应商对于阿里巴巴平台强制性“二选一”抵触的原因所在。如果供应商具有的谈判势力较强，平台倾向于提供独家战略合作协议，由于供应商具有一定的话语权，因此其既可以选择拒绝与阿里巴巴平台签订独占交易合约，亦可以选择与平台进行独家战略合作。

具体地，从供应商谈判势力的角度进行分析。当供应商的谈判势力居中或较弱时，阿里巴巴平台强迫供应商签订独占交易合约的动机较强。供应商的谈判势力主要由供应商的规模决定。对于中下游品牌的供应商，供应商相对阿里巴巴平台的谈判势力居中或较弱，拥有强大市场势力的阿里巴巴平台能够完全主导谈判的走势，其可获得最大化的利润增值，因而阿里巴巴平台倾向于向供应商提供强制性独占交易合约，这也解释了阿里巴巴平台的强制性“二选一”往往发生在中下游供应商的原因。

当供应商的谈判势力较强时，阿里巴巴平台强迫供应商签订独占交易合约的动机较弱，供应商能够自愿选择与阿里巴巴平台签订独家战略合作协议还是非独占交易合约。该结论背后的经济学逻辑阐释了平台的强制性“二选一”很少针对著名品牌供应商的原因。具体地，对于谈判势力较强的供应商，其拥有强大的交叉网络外部性和自建平台的销售渠道以及相当的实力和选择的主动权。供应商会根据自身利润最大化选择签订独家战略合作协议还是非独占交易合约。在这种情形下，即使签订独家战略合作协议，阿里巴巴平台所获取的利润也相当有限，因此这也是谈判势力较强的供应商签订独家战略合作协议动机较弱的原因。例如，我们熟知的运动品牌巨头耐克、阿迪达斯，智能通信设备品牌巨头苹果公司等均未与阿里巴巴平台签订独家战略合作协议。不同于上述案例，近年来阿里巴巴平台与一些大国际品牌签订独占战略合作协议。从表面上看,该案例似乎与上述案例存在矛盾,实则不然。究其原因是,虽然这些品牌在国际市场具备一定的话语权,但其与苹果、耐克等真正的国际一线品牌仍存在较大的差距,即其在中国平台市场的影响力较为有限。因此,双方能够达成独家战略合作可谓是各取所需。对于国际品牌来说,签订独家战略合作协议可以进驻中国平台市场,以进一步提升其影响力。对于阿里巴巴平台来说,引入国际品牌可以扩大平台的交叉网络外部性,进一步提升阿里巴巴平台的市场份额。

此外,如果横向竞争的两个平台仅提供强制性独占交易合约,则供应商将与专有内容量更大的阿里巴巴平台签署强制性独占交易合约。随着优势平台与劣势平台之间专有内容数量差异的增加以及劣势平台的议价能力减弱,优势平台实施强制性独占交易合约的动机会增强。一旦供应商大量与优势平台签订强制性独占交易合约,由强制性独占交易带来的专有内容量差异拉开了优势平台与劣势平台之间的纵向差异化价值,劣势平台对消费者和供应商的吸引进一步下降。这也就意味着阿里巴巴平台的独占交易行为提高了潜在竞争平台的进入壁垒,直接削弱了横向竞争平台的竞争力,并限制、损害了市场竞争。

结合上述分析,不难发现本节的主要研究结论与国家市场监管总局对于阿里巴巴平台"二选一"的判定评估基本相吻合。本节从理论层面上厘清了平台实施独占交易行为的内在机制,在一定程度上为市场监管总局的执法提供了重要的理论支撑。具体地,本节通过研究得出供应商的谈判势力是影响平台实施独占交易行为的决定性因素。进一步地,根据供应商谈判势力的强弱,将平台实施的独占交易合约分为强制性独占交易合约与独家战略合作协议。从竞争效应角度看,平台强迫供应商签订的强制性独占交易合约会弱化横向平台间的市场竞争,限制纵向供应商的归属并降低供应商的利润。平台与供应商基于自愿签订的独家战略合作协议对市场竞争造成的负面影响较小。但从福利效应角度看,在一定均衡条件下,独占交易策略可能带来福利效应的提升。当消费者搜索成本较低时,随着交叉网络外部性参数的递增,独占交易合约能够通过价格补贴提升消费者福利以及社会总福利。这点与国家市场监管总局的认定可能存在一定的差异。国家市场监管总局认为,从长远看平台独占交易行为会对社会总体福利水平带来潜在损害。

究其原因是,平台的独占交易行为降低了平台经营效率,妨碍平台经营模式创新,阻碍潜在竞争者进入市场,将减损社会总体福利水平。上述的观点其实并不冲突,只是视角上有所不同。在这里更多强调在满足一定条件下,平台独占交易行为可能会带来社会福利的提升,当然在不满足条件的情况下,平台独占交易行为就会损害社会福利。即不应"一刀切",完全否定平台独占交易行为对社会福利带来的正面影响。

综上,可以给出平台"二选一"的反垄断规制建议。

第一,重点保障平台内中小型供应商的合法权益。平台实施强制性独占交易合约需要同时满足平台的谈判势力足够强、竞争平台的市场势力有限、供应商的谈判势力较弱这几个先决条件。结合前文研究可知,在满足前两个条件的基础上,平台实施强制性独占交易合约的主要对象是中小型供应商。因此,市场监管部门需要将关注的焦点放在中小型供应商上,为中小型供应商提供相应的法律保障。一旦供应商收到平台的强制性独占交易合约的要求,可以直接向市场监管部门举报。与此同时,平台不得通过搜索降权、下架商品、屏蔽店铺、提高佣金等隐蔽的威胁性手段迫使中小型供应商接受强制性独占交易合约。

第二,鼓励市场势力弱的平台监督市场势力强的企业。从竞争的角度看,强制性独占交易合约一般会由市场势力强、竞争占据优势的平台率先发起。若处于劣势地位的平台使用相同的强制性独占交易措施予以回应,则供应商都会选择与占据竞争优势的平台签订独占交易合约,因而专有内容量少、市场实力较弱的平台明显处于竞争劣势地位。与此同时,交叉网络外部性与价格结构非中性的存在,会使得平台间的竞争劣势被不断地扩大,直至劣势平台退出市场。因此,鼓励市场势力弱的平台监督市场势力强的平台是保障劣势平台以及供应商合法利益的有效手段。

第三,明确平台"二选一"行为豁免的实质条件,《国务院反垄断委员会关于平台经济领域的反垄断指南》指出平台经营者通过补贴、折扣、优惠、流量资源支持等激励性方式实施的限制可能对消费者剩余和社会福利具有一定积极效果。但如果对市场竞争产生明显的排除、限制影响也可能被认定构成限定交易行为。可以看出反垄断部门并非以"一刀切"原则而是以合理论辩原则看待平台的独占交易行为。具体地重点分析平台实施独占交易行为的主要对象——中小型供应商。在中小型供应商主观地同意平台的独占交易行为前提下,可以提升中小型供应商效率、降低成本并增强中小型供应商的竞争力。可以认为,如果平台可以证明供应商接受独占交易行为是出于自愿而非被强迫,反垄断部门可以认定该行为具有正当性理由并对其行为予以豁免。

8.5　案例五:互联网平台垄断问题及反垄断监管模式的选择

随着信息技术的不断变革和互联网的发展,平台经济已经成为目前经济发展过程中不可忽视的重要力量。这些平台的出现和发展为消费者提供了丰富的应用与体验,但在平台的发展过程中也出现了很多新问题,例如部分订餐平台对商家的高额抽成以及个别电商平台利用大数据等手段对消费者进行"杀熟"等。这些问题的出现引起了人们对于平台监管和平台垄断地位的关注。2021 年 2 月 7 日,国务院反垄断委员会发布《关于平台经济领域的反垄断指南》，旨在解决平台竞争中存在的问题，规范平台竞争的秩序。

2021 年 4 月 10 日，市场监管总局对阿里巴巴实施的“二选一”垄断行为的判决再次引发大家对互联网平台垄断问题的关注。在当今以数据为发展关键的信息时代，互联网平台根据其掌握的大规模数据以及强大资金等优势占据市场高地，并对其他中小企业的发展造成一定程度的限制，阻碍市场的良性发展。

平台在发展过程中出现的一些问题，很难用传统的反垄断思路进行研究，因此，关于平台的监管问题存在着诸多争议。一种观点认为平台容易形成“一家独大”的市场结构，且平台会利用自身的垄断势力对消费者福利进行损害，必须加强对平台的监管；另一种观点认为平台作为一种新生事物，不应该用传统的监管思路进行规制。但无论何种观点，都必须对平台企业的性质、特点和运作方式进行理解，才能对平台的监管提出有益的建议。

8.5.1 互联网平台企业的特性

1. 平台企业的性质

从平台企业的运营方式上看，平台企业面向的是生产者和消费者两类群体，承担的是提供交易场所的角色；平台企业通过设定合理的价格结构吸引双边参与者，用户加入平台的注册费和使用平台的交易费构成企业利润的主体。传统的企业面向的是消费者，承担的是将原材料转变为产品的角色，如果将企业内部复杂的组织关系进行剥离，那么传统的企业可以等同于制造产品的机器。从平台企业所提供的产品——交易市场的角度来看，其存在本身就是市场，利润来源是从交易中获得的提成。因此可以将平台企业看作是对政府职能的补充，提供了政府没有提供的部分公共产品。如果没有平台企业，众多的买家与卖家就无法实现供需关系的对接，许多产品无法实现跨地域的流通与运转；或者由于存在事前的搜寻成本与事后的道德风险，造成交易成本过大使得交易量大大下降，社会福利遭受严重的损失。基于以上讨论，平台企业具有企业和市场的双重性质。作为企业，其可以在一定程度上对政府提供的服务进行补充，甚至在某种程度上可以被看作是政府职能的替代，这在很大程度上扩展了企业与市场之间的关系。

由于平台企业具有企业和市场的双重性质，提供的产品是交易市场，因此决定其拥有跨边网络外部性和多属性的典型特征。以电商交易平台为例，消费者获得的效用取决于生产者的数量。这是因为在平台上的商铺越多，消费者可以选择的空间和消费的策略集也会越大，消费者的福利水平也会得到有效的提升；随着越来越多的消费者进入该平台，生产者的利润空间也会扩大，因此会吸引越来越多的生产者进入平台进行交易，交易的数量和种类也随之增多，平台企业从交易中获得的提成也就越大，同时，生产者的利润水平得到提升，因此整个社会的福利水平将得到有效改善。因此平台企业提供的产品——交易市场决定着平台企业具有跨边网络外部性。由于平台企业具备企业属性，获得利润是最终目的，因此不可避免地在市场经济中面临着竞争。平台企业提供的核心产品仅仅是交易市场而已，而不同交易市场所提供的服务相近，更换交易市场对于消费者与生产者的转换成本相较于交易成本本身是很小的，因此消费者可以自由地选择平台企业进行交易，这就决定了平台企业具有多属性。仍然以电商交易平台为例，京东和淘宝占据了中国大多数的电商市场，这在很大程度上与前文提到的跨边网络外部性相关，但是消费者和生产者仍然可以自由变换不同电商平台进行交易。因此平台企业提供的产品——交易市场决定着平台企业具有多属性。

2. 互联网平台的特征

1）非对称定价

非对称定价（imbalanced pricing）是平台独特的定价方式，指的是平台对不同用户群体采取非对称的定价策略，通常而言，平台会对一侧用户制定低价（通常是零价格），而对另一侧用户制定很高的价格。区别于传统的单边市场，由于交叉网络外部性的存在，平台需要解决“鸡蛋相生”问题。比如为了吸引买家，平台应该以注册卖家为基础，但只有当卖家预期会有很多买家出现时，卖家才愿意注册。因此，平台会采取非对称定价先撬动一侧用户来启动“鸡生蛋、蛋生鸡”。研究表明，当卖家认为平台是无差异的，而买家认为平台是差异化的时候，将内生性地产生竞争性瓶颈（competitive bottlenecks），在均衡状态下，平台不会争夺卖家，而是通过补贴买家来参与竞争。而在现实中，平台通过补贴、发放红包和随机减免等形式抢占市场的现象也十分普遍。

2）数据关键要素

互联网平台与传统平台的最主要区别在于数据是互联网平台的关键要素，互联网平台对数据的收集和利用能力越来越成为互联网平台的核心竞争优势。随着人工智能的发展，数据的价值被算法技术深度挖掘和释放，数据能够为算法训练提供“原料”，而数据量的提升能够更好地训练算法模型。互联网平台能够收取、储存数据，运用算法模型预测用户偏好、使用习惯和支付意愿，从而进行个性化定制和差异化定价，充分发挥数据的价值。由此，围绕数据这一关键要素，互联网平台之间展开激烈的数据争夺和流量之争，平台间屏蔽外链、相互封禁的现象时有发生，数据封锁成为当前的突出问题。互联网平台围绕数据争夺展开数据竞争，是互联网平台特有的竞争方式之一。

3）动态竞争

互联网平台的竞争呈现出显著的动态性。动态竞争（dynamic competition）指的是数字平台即使获得市场势力也是短暂和不确定的，在位平台稍有松懈，其潜在竞争对手就会迅速抢占市场。互联网平台呈现动态竞争特性的主要原因，一是互联网平台技术的虚拟性和可复制性强，平台之间的模仿成本低，在拥有一定用户数量的基础上，平台能够通过增加新产品或者新服务进入新市场，跨界竞争(cross-over competition)时常发生；二是数字平台的技术迭代十分迅速，颠覆式创新(disruptive innovation)频率高、覆盖范围广，新技术不断催生新产品、新模式、新业态，加剧了竞争的激烈程度，也增强了竞争的动态性。因此，在位互联网平台一旦失去创新，其竞争对手很快就会通过跨界竞争或者颠覆式创新的方式将其取代，互联网平台中的垄断者并非安享垄断利润，相反的是其面临着激烈的动态竞争。

由于互联网平台本身是一个双边或多边市场，具有交叉网络外部性，极易形成一家独大、赢者通吃的市场局面，并且互联网平台具有独特的非对称定价策略，围绕数据关键要素的争夺展开数据竞争，此外跨界竞争和颠覆式创新也使得互联网平台的竞争呈现出显著的动态性，这些都为传统单边和静态的反垄断分析框架带来了诸多问题和挑战。

8.5.2 互联网平台垄断形成的原因和影响

1. 互联网平台垄断形成的原因

相较于传统经济社会中以实体经营为主要途径的发展模式，互联网平台能脱颖而出并快速发展，主要基于以下几点原因。

1)覆盖范围广

基于网络的不断发展，几乎每个人都可使用手机、电脑等电子设备登录互联网平台享受相应服务，因此，互联网平台相较于实体店铺而言，地域限制较小，有利于平台规模化发展。

2)掌握大量信息数据

我们每个人都身处大数据时代，每个人只要上网，其个人信息、浏览内容、行动轨迹等都会得到记录。互联网平台通过相关技术收集并分析相关数据，进而为浏览者提供“个人套餐”，获得浏览者的青睐，数据是打好这场战役的利器。

3)网络效应

网络效应的概念来源于“梅特卡夫定律”。其是指由于可能的连接数量与用户数量成正比关系，而更大的网络将获得更大规模的回报，此时互联网经营者倾向合并获得更多的报酬，最终市场将集中到寡头手中。除此之外，双边市场或多边市场效应、网络交互性等都是互联网平台形成垄断的根源。在多方面原因的推动下，互联网平台逐渐出现数据垄断、流量垄断和算法垄断，对市场经济发展造成巨大阻碍。

2. 互联网平台垄断形成的影响

互联网的快速发展无疑促进了经济的发展，但互联网平台利用其优势地位对市场发展造成垄断，从而一定程度阻碍了社会的发展。其影响主要表现在以下几点。

1)限制同行竞争

互联网平台存在巨大的数据优势、流量优势和资金优势，并通过这些优势不断扩展业务。而新起的企业无论在哪一方面都处于弱势地位，此时若处于垄断地位的大型互联网企业滥用其市场支配地位，采用滥用价格、进行排他性交易、搭售等行为发展自身，将会限制新起的中小企业发展的空间。

2)限制创新

在限制甚至排斥同行竞争的情况下，占据垄断地位的大型互联网企业企图通过创新发展自身的积极性将大幅度降低，而其他互联网企业由于缺少资金和数据等基础资源的支持，其创新的进程也变得无比艰难，最终将阻碍社会的发展。

3)侵害消费者的权益

虽然互联网平台越大，其可提供的服务范围、种类等将得到提高，但当其利用自身的优势采用"二选一""掠夺性价格"等手段维持自身经营时，这实际上已经侵犯了消费者的自由选择权，使消费者处于被动接受的地位。同时互联网平台基于其自身的诸多优势形成垄断，Natali Helberger 认为社交平台拥有的强大舆论力量容易转化为政治影响力，而大数据平台的"学术俘获"行为也十分明显，阻碍了各领域学术研究的准确性，因此加强反垄断的规制工作不可懈怠。

8.5.3　互联网平台反垄断规制面临的问题和挑战

互联网平台的特性为反垄断带来了诸多问题和现实挑战，涵盖了反垄断一般流程的各个方面，包括相关市场界定、市场势力测度(判断市场支配地位)、垄断行为判定(滥用市场支配地位判定)以及反垄断执法实践等。

1. 相关市场界定

在传统的反垄断分析框架中，首先需要界定相关市场，明确企业的竞争对手。相关市场界定的核心原则是可替代性，即相关市场界定依靠的是企业之间有多么不同、是否可替代。传统相关市场界定方法主要有产品市场定义和地理市场定义两种方法。

产品市场定义运用的方法是假想垄断者测试(small but significant non-transitory increase in price，SSNIP)，即假想的垄断者将价格永久地提升 5%～10%，通过判断这样的提价是否有利可图来界定相关市场。具体做法是，首先寻找假想垄断者所在的最小产品群，其次判断假想的垄断者能否通过提价来获利，如果提价不能获利，就将下一个最接近的替代产品加入产品群中，并再次运用 SSNIP 测试分析，直到假想的垄断者可以赢利性地施加一个 5%的价格上涨为止，这样得到的最终产品群即构成一个相关市场。地理市场定义是将 SSNIP 的思想运用到地理市场中，例如考虑北京的出租车市场是否是一个单独的市场时，需要考察如果北京的出租车提价，消费者是否会选择乘坐其他城市的出租车。传统相关市场界定的分析框架主要基于单边市场和静态竞争。然而，互联网平台体现了多边市场、非对称定价和动态竞争等特征，这使得传统相关市场界定方法的适用性降低。一是双边或多边平台可能涉及不止一个相关市场，因此需要考虑各个市场之间的网络外部性，这远比传统的单边市场复杂；二是平台的非对称定价可能导致假想垄断者测试失灵，在基准价格为零的免费模式下，价格上涨可能导致免费端用户的大量流失；三是平台的创新频率高，市场急剧变动，新技术、新模式、新业态蓬勃发展，跨界竞争使得市场边界变得愈加模糊。因此，互联网平台的相关市场界定具有更多复杂性。

2. 市场势力测度

在传统的反垄断分析框架中，在界定相关市场之后，需要明确企业的市场势力，即企业高于边际成本定价的能力。从定义出发，可以运用勒纳指数(Lerner index)来度量市场势力，勒纳指数越高，表明企业的垄断势力越大。然而，在现实中运用勒纳指数来度量市场势力是比较困难的。首先，度量企业的边际成本是很困难的，这甚至对企业的管理者也具有挑战性；其次，有时企业需要付出巨额成本以保持垄断势力，导致其计算出的勒纳指数很低，并不能反映真实的市场势力情况。因此，需要运用其他方法来度量企业的市场势力。

传统度量市场势力的方法可分为直接途径和间接途径两种。直接途径是计算残值需求的弹性，这是因为勒纳指数是需求弹性的倒数，可以通过估算企业的需求弹性来计算企业的市场势力。由于直接途径的实施难度比较大，在实践中主要用的是间接途径来衡量市场势力。间接途径包括一系列结构性方法，主要包括：①市场份额和集中度。例如在反垄断审判中，如果被诉方的市场份额小于40%，事先被认为没有市场垄断力量，那么起诉方需要举证，以证明被诉方具有市场支配地位；如果被诉方的市场份额大于50%，那么被诉方需要举证，以证明自己没有市场支配地位。②市场进入壁垒，用于衡量市场进入的难易程度以及潜在进入者。如果市场进入比较容易，那么市场势力也比较低。③买方势力。如果买方有很强的势力，卖方想要提价是比较困难的，就不会有很强的垄断势力。

然而，传统衡量市场势力的方法对互联网平台的适用性降低。首先，互联网平台的高市场份额并不一定与长期市场支配地位相对应，因为科技创新可以很快地改变市场格局，所以市场份额的意义大打折扣；其次，由于数据是互联网平台的核心竞争力，平台对特定数据的控制可能成为潜在新进入者面临的市场进入障碍，并加速市场支配地位形成，数据对市场势力的复杂影响增加了对互联网平台市场势力测度的困难。因此，互联网平台的市场势力测度需要在传统指标的基础上，综合考虑平台的特性。

3. 垄断行为判定

1)高市场集中度

传统的反垄断框架以哈佛学派的SCP范式为主要指导思想,即"结构-行为-绩效",认为市场结构可以决定市场行为,市场行为再决定市场绩效。基于此,垄断的市场结构将导致垄断的市场行为,从而影响市场的公平竞争。此外,研究表明,高市场集中度降低市场效率,无法实现福利最大化。因此高市场集中度是不被允许的,这为反垄断规制提供了理论依据。然而,在平台经济领域中,市场集中度与市场行为的关系更为复杂。一方面,互联网平台的高市场集中度能够很大程度利用规模经济和网络外部性,有利于资源得到更有效率的配置,从而提升社会福利。另一方面,虽然互联网平台的市场结构是垄断的,但市场竞争却十分激烈。跨界竞争导致互联网平台之间的竞争空前激烈,技术迅速迭代导致的颠覆式创新使得互联网平台即使拥有高市场份额也难以长期保持市场力量,用户多归属使得占据了高市场份额的平台企业不敢轻易妄为。因此,互联网平台的市场集中度与竞争的关系更加复杂,不能以偏概全。

2)低于成本定价

传统观点认为,若一家具有市场支配地位的企业对其产品收取很低的价格(通常低于边际成本),按照传统标准就可认定其属于排挤竞争的掠夺性定价行为(predatory pricing)。在反垄断规制中,判定企业实施掠夺性定价的关键是企业之后是否有明显的提价行为,是否通过排挤竞争对手,然后获得超额利润。然而,在平台经济领域,互联网平台具有非对称定价的特性,平台对一边用户低于成本定价甚至收取零价格是很普遍的,这可能并非出于反竞争动机。目前,对于互联网平台低于成本定价甚至免费定价,多数学者认为这并非属于掠夺性定价行为。有研究认为,将平台低于成本定价视为掠夺性定价是单边市场逻辑下的反垄断规制思维。在双边市场中,平台的定价策略并不能反映其成本结构,因而低于成本定价并非掠夺性定价的征兆。因此,反垄断当局不能轻易将互联网平台低于成本定价认定为实施掠夺和垄断价格的直接证据。

3)杀手型并购

杀手型并购(killer acquisition)指的是大型公司并购中小型科技初创公司,并终止其创新项目,以提前制止未来的潜在竞争。对于并购的传统观点分为两派,既有反对并购的理由,也有支持并购的理由。反对并购的理由中,一是如果并购没有任何效率改进,并购后企业的市场势力增加,提高市场价格,会造成消费者福利损失;二是因为并购会降低独立企业的数目,并且并购后资产更加对称,从而企业间的合谋更加容易。支持并购的理由中,主要是并购能够带来效率提升。因此,是否支持并购要取决于效率和市场势力之间的权衡取舍,需要看效率提升带来的福利增加能否抵消市场势力扩大带来的福利损失。

在平台经济领域，由于中小平台很容易通过新技术和新产品颠覆市场，为此大型平台会先发制人地并购这些不起眼的小平台。由于从市值、利润等传统指标来看，这种并购不足为奇，难以被反垄断机构识别和监管，但是杀手型并购很可能损害竞争、扼杀创新、造成数据垄断和损害消费者利益。互联网平台并购的特殊性在于需要注意网络外部性和规模经济的作用。一方面，大型平台并购初创平台以阻止潜在威胁可能会损害竞争；另一方面，这样也可能迅速实现跨界竞争，赋能新行业，实现效率提升。由此可见，互联网平台的杀手型并购为反垄断机构提出了新议题、新挑战。

4）排他性协议

排他性协议（exclusive dealing）指的是数字平台通过签订协议的方式使得用户单归属（single-homing）于该平台，不能在其他平台上进行交易或相互作用。目前，有关排他性协议对竞争的影响在学界尚存在争议。一方面，排他性协议有促竞争效应，可以解决搭便车问题；另一方面，排他性协议也有反竞争效应，限制用户的选择，阻碍更有效率的竞争对手进入市场，造成竞争无效率。此外，对于排他性协议所产生福利效果的实证研究也尚未有统一意见。例如，有研究表明没有证据能证明视频游戏行业的排他性协议会损害竞争和福利，而有研究表明如果禁止排他性协议，美国视频游戏行业软件和硬件销售都将增加，消费者福利也将增加。在平台经济领域，为解决“鸡蛋相生”问题，最大化交叉网络外部性，互联网平台签订排他性协议的现象不断涌现。关于排他性协议的核心争议是其属于强制性排他还是自愿性排他，即平台到底是威胁还是激励用户签订排他性协议，激励性排他在反垄断审查中的接受度更高，而如果是强制性排他，这可能是平台滥用市场支配地位的表现。因此，反垄断审查对互联网平台的排他性协议不能“一刀切”，要根据排他性协议的性质及产生的影响进行综合判断。

5）自我优待

自我优待（self-preferencing）指的是当互联网平台与平台内经营者存在竞争时，平台对自己的产品或服务给予优惠待遇。例如，谷歌将自己的产品放在搜索结果中更显著靠前的位置，亚马逊使用其平台零售商的数据为自己产品的设计和定价所服务，反观国内，天猫、京东等电商平台也同时兼具提供第三方平台和自营商品的“市场-企业”二重性。

目前，学界对“自我优待”性质上的判定存在很大差异。有学者认为自我优待是对自身竞争优势的合理运用，而不是滥用市场支配地位，如果对自我优待行为进行干预，可能导致平台丢失获取竞争优势的动力，而只有当平台掌握的竞争优势是必要设施（essential facility）时，才有必要对该行为进行干预。而另一些学者对该观点进行反驳，认为自我优待违反了公平交易的条件，因而只有存在必要设施才进行干预的观点存在狭隘性。因此，对待互联网平台的自我优待行为，反垄断监管机构应该温和包容，还是严格激进，这又是对反垄断规制的一个挑战。

6)大数据杀熟

大数据杀熟指的是互联网平台利用其数据和算法优势，根据消费者的历史购买记录，对"熟客"收取较高的价格，为吸引新来的"生客"而收取较低的价格。有学者认为大数据杀熟本质上属于价格歧视(price discrimination)，而价格歧视在经济学上往往是合理和有效率的，因其能够让支付意愿较低的消费者的效用也能得到满足。更具体地，如果互联网平台对价格不敏感的消费者群体收取较高的价格，对价格敏感的消费者群体收取较低的价格，这属于三级价格歧视；而如果互联网平台的数据和算法技术能够支撑其实现"千人千面"的个性化定价，则属于一级价格歧视。然而，也有学者认为互联网平台的大数据杀熟不能简单套用经济学上的价格歧视定义，因其结果常常造成不必要的消费者转换，降低了市场效率，甚至可能构成价格欺诈行为。由于互联网平台的大数据杀熟是建立在利用历史数据进行用户画像的基础上的，因此还要考虑平台是否涉及侵害消费者隐私，而互联网平台的大数据杀熟行为往往具有隐蔽性和技术性。由此可见，互联网平台的大数据杀熟为反垄断规制带来了难以定性、反竞争效果难以衡量、消费者难以举证等一系列难题和挑战。

4. 反垄断执法实践

互联网平台区别于传统市场的特殊性及其垄断行为的前沿性、技术性和复杂性，不仅在理论层面为反垄断规制提出了许多待解决的新议题，也在实践层面为反垄断执法带来了诸多挑战。一是调查取证难度大。由于互联网平台市场竞争行为的隐蔽性很强，这为反垄断调查取证工作增加了很大难度。一方面，互联网平台的算法合谋通过算法达成和实施，通过后台定价隐蔽地和对手互动，而非传统的文字、会谈、口头协商等形式，反垄断机构很难掌握有效证据；另一方面，平台基于掌握的海量数据进行算法歧视或者自我优待，反垄断机构很难察觉，反垄断调查也需要投入大量人力物力。二是执法力度难确定。选择克制执法还是严格执法，一方面，由于互联网平台存在动态竞争的特征，创新频率高，可以依靠行业竞争进行自我规范，因而可以选择克制执法；另一方面，随着互联网平台的发展日趋成熟，反垄断执法需要扮演重要角色，对不正当竞争行为进行规制，促进互联网平台规范、有序和健康发展。因此，如何在维护互联网平台公平竞争的同时，又不损害平台创新潜能，有待权衡取舍，是当前互联网平台反垄断规制面临的难题。三是执法队伍要求高。互联网平台反垄断规制对执法队伍的要求很高，一方面，互联网平台发展迅速，新技术、新模式、新业态不断迭代，新问题层出不穷，需要执法队伍与时俱进，实时跟进平台发展的最新动态；另一方面，反垄断执法队伍需要法律和经济背景的复合型人才，他们不仅要有深厚的法律知识，还要有经济学理论知识，才能更好理解互联网平台的运作和规制，以进行客观和科学的评判。

8.5.4 互联网平台反垄断规制面临的难点

当前，大规模、聚合性的互联网平台不断发展，在加速释放经济增长新潜能的同时，也要清醒地看到在不同领域出现了一系列多维度、广应用、隐蔽性强的垄断行为。这些新问题与传统工业化时代的市场垄断、自然垄断、行政垄断等垄断形式有很大差异，不仅对互联网平台健康有序发展造成影响，而且对线上线下市场竞争秩序的维护带来诸多严峻挑战。为维护平台经济领域的有效竞争，2019 年以来，世界各国纷纷加强了针对互联网平台的立法和监管力度，我国也相继出台了一系列针对平台经济的监管法规。然而，传统的反垄断治理和监管策略已不能对互联网平台垄断行为进行有效约束，在互联网平台垄断治理领域出现诸多新难题，集中表现在以下四个方面。

1. 传统反垄断标准不再适用

传统经济常从需求的角度界定相关产品市场，即通过需求者因商品价格或其他竞争因素变化、商品销售渠道的不同和其他重要因素的改变等，转向或考虑转向购买其他商品的行为来界定相关产品市场。互联网平台通过先进的算法即可实现潜移默化的需求创造，通过展示新产品、新服务以吸引消费者注意力，通过重复推荐和反复出现等手段不断加深消费者的购买意愿，并且通过低价格、高性价比等多样化的营销手段吸引消费者。因此，如果单纯地从需求角度界定垄断行为则存在界定不全面、监管不到位的弊端。与此同时，在数字经济时代，市场支配地位的认定不能单纯地依靠传统经济中的市场份额指标。再者，全行业商业生态的建立是互联网平台发展的重要趋势，跨市场、多行业的经营使得难以建立起普适性标准来统一核算平台企业在不同行业的市场份额，更有单个行业市场份额弱势但整体商业生态处于垄断态势的可能。即使以数据作为关键生产要素的平台企业在市场份额方面不占绝对优势，只要是利用庞大的用户基数、互联网技术和大数据算法产生了危害市场公平竞争、损害消费者利益的垄断行为，即可判定为垄断。因此，技术垄断和算法垄断应该是判断互联网平台滥用市场支配地位的重要考虑因素之一。另外，垄断效果的认定标准亟待更新。传统经济常以是否制造垄断高价作为衡量标准，而互联网平台往往通过免费或价格补贴的形式取得垄断地位，然而，低价策略本质上是构建垄断地位的暂时性手段，垄断地位一旦形成，互联网平台企业将通过提高商品价格、降低产品质量或通过“千人千价”等手段弥补初期亏损以及巩固自身垄断地位。因此“垄断高价”并非互联网平台垄断行为的唯一主要表现，垄断效果认定的标准亟待更新。

2. 算法优势阻碍反垄断规制

互联网平台常利用算法的技术优势进行不公平竞价排列，一是优先展示平台偏好的产品或服务，二是以算法制定“自我优待”策略，提高竞争对手的相对成本，阻碍其获得平等的竞争机会。互联网平台常通过滥用数据控制权进行不公平数据信息限制以阻碍竞争对手获取数据，并且通过限制用户与竞争对手的连接阻碍其他企业的正常经营活动，常见的手段有屏蔽竞争对手数据入口、限定消费者选定商品之后的支付方式等。互联网平台还常通过设置不公平的数据准入门槛进行数据信息限制，率先进入市场并建立数据接口以此垄断其他企业进入市场的路径，从而占据市场份额，降低竞争程度，维持自身垄断地位。以上的垄断行为具有较强的隐蔽性，传统的监管手段难以捕捉。除此之外，互联网平台通过算法的技术优势躲避监管，互联网平台利用实时算法博弈形成隐性共谋，并且在取得垄断地位后常采用高垄断价格和多发性限制行为。由于我国平台经济反垄断监管正处于探索时期，尚未形成强有力的算法垄断监测和预警机制，在反垄断监管部门调查取证期间，互联网平台利用垄断地位采用即时性算法通过修改价格、刷新排列顺序等手段逃避监管，给针对算法技术的反垄断监管造成了一定障碍。

3. 垄断策略高度组合增大监管难度

伴随着互联网技术、算法算力的不断超越和颠覆，互联网平台竞争更加激烈，平台淘汰更新的速度远快于传统经济。高竞争性催生了互联网平台垄断策略的高度组合，针对用户的垄断策略主要有“大数据杀熟”、指定支付手段、平台“二选一”以及拒绝协议则不能使用的“强盗式”隐私协议等；针对竞争对手的垄断策略则主要有准入标准歧视、掠夺性低价、屏蔽竞争对手数据接入口，以及大规模横向、纵向兼并以及对角兼并，并且在算法算力支撑下对多种垄断策略进行动态调整，以规避传统经济条件下的垄断标准，给反垄断部门的调查取证带来新的挑战。

4. 反垄断工具落后于垄断实践

近年来，数字技术的高渗透性使得互联网平台的经营范围逐渐扩大，并且呈现生态化的垄断趋势。互联网平台垄断行为愈加复杂，逐渐显现出产品或服务零价格的混淆性、行业界限的模糊性、捆绑搭售行为的难判定性等特性，这给政府监管部门的工具箱储备以及治理能力提出了新要求。尽管近年来国内外反垄断监管机构都高度重视互联网平台反垄断问题，然而由于缺少精准有效的反垄断工具，无法切实地实现反垄断“高悬之剑”的职能，监管效率较低。在法律法规层面，由于互联网平台的运营模式与传统企业有着极大的差别，除了近些年通过的旨在保护用户隐私的通用数据保护法，欧美国家并没有出台专门针对高科技公司等互联网平台的反垄断法规。在我国，针对数字经济垄断领域的立法明显提速，2018 年颁布了《中华人民共和国电子商务法》，2020 年起草了《网络小额贷款业务管理暂行办法（征求意见稿）》，2021 年实施《国务院反垄断委员会关于平台经济领域的反垄断指南》，2022 年通过《关于修改〈中华人民共和国反垄断法〉的决定》，彰显了我国对数字经济领域垄断乱象加强监管的态度和规范治理的决心。这一系列法律法规的出台，对于加强我国互联网平台治理和反垄断监管，促进数字经济健康发展将会提供更合理的工具。然而在具体实践中，现有的数字经济反垄断工具仍然是延续传统的侧重于个案的解决方式，市场监管部门往往在竞争者、消费者举报或重大社会事件发生后才启动反垄断调查程序，尚不能做到及时有效、科学有序。

8.5.5 互联网平台垄断规制治理的对策和建议

针对复杂多变的数字经济垄断行为，可以考虑在现行法律法规及其基本分析框架下，着手从以下几个方面加强垄断治理。

1. 坚持科学的监管理念和监管原则

1）坚持包容创新审慎干预的理念，秉持规范与发展并重的原则

在平台经济发展早期，执行旧的规则会阻碍新商业模式的发展，所以提倡包容的理念，即给予新事物自主发展的空间。经过几十年的发展，平台经济进入成熟期，各种竞争问题涌现出来，竞争秩序和消费者权益受到威胁。包容审慎理念的实质内涵应随着平台经济发展情况的变化而变化，对于一些发展较成熟的平台业务，应该划定“红线”，不再包容其突破底线的行为。因此，包容审慎是指包容创新和审慎干预，而不是指包容平台的一切行为。对此，平台经济反垄断监管应该重视对创新的考虑，同时监管措施需要适时、高效和精准。可见，成长起来的平台应该承担更重的注意义务，需要关注经营行为的合法性边界。同时，监管机构应坚持规范与发展并重的原则，既不能纵容平台“无法无天”，也不能过度干预阻碍平台发展，应实现科学监管、合法监管和精准监管。

2）加强事前预警，提高事中监管的敏捷性

首先，保证监管措施的敏捷性。根据世界经济论坛（World Economic Forum）白皮书的定义，敏捷治理指一种以顾客为中心的、具有适应性和包容性的政策制定过程。实现敏捷治理需要对风险快速响应，尝试实验性临时方案，并进行实时监控与调整。监管机构需要采用新技术提高风险预判能力，并实施前瞻性的监管措施。在平台经济领域，为避免干预的滞后性带来不可逆的竞争损害，监管机构应该增强执法的灵活性和敏捷性，比如采取临时禁令制度，即在确认违法前直接禁止平台的某些行为。

其次，保证监管回应的及时性。我国反垄断执法机构对平台垄断问题的回应规制存在滞后现象，应将监管“关口”前移，具体包括两个方面：其一，强化对平台经济的市场调研和竞争评估工作。《中华人民共和国反垄断法》规定了国务院反垄断委员会具有“组织调查、评估市场总体竞争状况，发布评估报告”的职责。其二，加强对平台并购交易的事前防御。因为历史原因，国内很多涉及可变利益实体（variable interest entity，VIE）架构的互联网企业的并购交易没有经过监管机构

的反垄断审查。过去十几年，头部平台企业发起过数百起并购，平台的力量越来越强，增加了事后监管的难度。为了防止平台的无序扩张，有必要严格审查大平台的收购行为，避免出现“猎杀式并购”，为中小企业和初创企业提供自由发展的空间。

最后，保证精准施策和差异监管。回应性规制理论的一个核心要义在于甄别企业的不同情况，找到恰当的监管措施，并实现差异监管。实现精准施策包括两个方面：其一，对特定行为进行准确定性。比如对频繁出现的强制“二选一”、不合理屏蔽、流量劫持、“大数据杀熟”、算法合谋、“猎杀式并购”等行为应该加强监管，压实平台责任。而对于那些能促进创新、提高效率或有其他合理理由的行为，则应留有观察期。其二，对屡次违规或违反承诺的平台落实法律责任，加大威慑力度，避免出现平台以虚假承诺为“壳”逃避监管的情况。

3)增强政企互动，保证程序正义和信息公开

在目前平台经济领域的反垄断监管行动中，我们很少听到平台企业抗辩的“声音”，监管者与被监管者之间缺乏辩论，而且案件调查和分析的信息不够透明，社会监督不足，这样无法保证监管的科学性，可能加大监管失误的风险。为保证监管的公正性和合理性，应该完善企业抗辩程序，鼓励企业提出合理理由。监管机构也应该提高案件经济分析和裁决理由的信息透明度，引入社会监督。

2. 科学重构互联网平台反垄断标准

针对互联网平台垄断行为与传统企业垄断行为的不同表现，健全互联网平台领域治理体系的关键在于科学重构反垄断标准，科学界定垄断行为，以解决反垄断规制滞后于垄断实践的难题。首先，对于市场垄断地位的认定不能单纯以传统的市场份额为标准，应当综合考虑经营者是否利用市场优势滥用数据和算法，利用技术、资本优势以及平台规则来实施排除、限制竞争的垄断行为。其次，垄断效果的认定不应当以产生垄断高价为唯一标准，互联网平台灵活多样的零价格策略和低价补贴策略也应当考虑在内。再次，在具体的反垄断实践中，针对具体的垄断行为应当充分考虑、综合界定，如在对排他性交易、兼并等行为的违法性进行界定时，通过结合平台企业的主体市场地位、是否存在进入壁垒及替代性交易安排等方面综合界定，多方考虑后科学地进行反垄断规制。

3. 推进数据产权确权并完善数据交易体系建设

数据易复制、易加工的特性使得数据的产权归属较为复杂，正是由于数据产权的不明晰和其他产权主体的相对弱势，数据产权完全归平台企业所有，从而导致互联网平台产生数据资源垄断，损害其他产权主体的权益。因此，建立完善、明晰的数据产权制度是解决互联网平台垄断的重中之重。互联网平台企业的用户作为数据的最初生产主体，对数据的生产具有至关重要的作用，经由平台进行的浏览、点击等行为以及从中显示出的习惯、偏好成了平台的初始化数据。平台通过对初始

数据的脱敏、加工、处理、分析，使得数据形成价值实体并成为新型生产要素。因此，在数据的产权确定方面，应当进行细致划分，针对不同主体划分不同的权益。对于数据生产的第一主体来说，应当规定用户基础的隐私权和合法的数据收益权，保护其合法权益不受侵害。而对于加工、处理数据的平台企业来说，虽然用户已经授权企业收取浏览痕迹、偏好信息、获取位置信息和存储权限等，但平台企业并非数据的完全生产者，其拥有对数据的处置权和部分收益权。另外，针对因数据的可加工性和可流转性而产生的数据共享，对于共享后的数据进行再加工，平台企业的权责利也应当进行具体界定。对数据的垄断是互联网平台最重要的垄断形式之一，互联网平台在通过零定价策略积累了初始用户之后，利用对用户偏好、用户习惯、用户使用记录的存储形成了独属于该平台的数据垄断权。针对数据生产要素的垄断，我国应当进一步完善数据交易体系建设，制定合理、有效的数据交易标准，着力于打破数据垄断，从生产要素反垄断这一源头上预防和遏制互联网平台垄断行为，可考虑采取如下措施：一是完善规范大数据交易平台建设，促进市场化数据交易行为，加快数据的开放共享；二是在数据安全领域基础性法律《中华人民共和国数据安全法》的基础上，加快完善数据交易标准和相关法律法规的制定实施，实现数据交易的有法可依，让数据在法律允许的范围内合理流动；三是建立健全政企数据共享机制，打破政府与互联网平台之间的数据垄断藩篱，以期为政府数字治理能力的提升以及数字经济反垄断规制提供数据信息基础。

4. 创新数字监管制度和反垄断规制工具

针对互联网平台企业算法驱动的隐性合谋行为，应当摒弃传统反垄断实践中事后监管的低效率和时滞性等缺点，立足于反垄断规制的制度创新和工具创新，进行有效监管。首先，创新数字监管制度以约束互联网平台层出不穷、灵活机动的垄断行为。数字监管制度的建立既要全面合理又应科学有效，要针对多发的垄断行为建立普适性的约束制度，充分利用技术手段、数字手段对数字经济垄断行为进行规制，创建多元、动态的监管体制；要针对数字经济政府监管不完全的现象，采取政府监管和市场监管相协调的方式，在推进政府监管转型的同时，积极拓展垄断行为的监督渠道，充分发挥各方主体的积极性，引入市场机制对数字垄断行为进行有效监管。传统的政府监管大多为静态的事后监管，严格依据先界定相关市场再排除竞争行为的顺序进行监管。这种模式不适用于现阶段数字经济反垄断的紧迫需求。当前的反垄断规制应当实行事前、事中、事后相结合的动态监管。对于平台兼并等高风险敏感行为，应事先备案、谨慎审批；对于易出现垄断行为的超大平台，应实时关注经营，精准监管；对于垄断行为发生后的监管，则应改进行政程序、提高监管效率。另外，应当畅通社会主体的监管渠道，健全各地消费者协会的维权渠道，从消费者角度加强监管；完善垄断行为举报制度，建立良性的监管体制，积极鼓励行业内监管；开发第三方监管平台，利用媒体、网络等社会渠道，合理利用大众监管，构建全方位、多角度、高效率的市场监管体制。其次，创新高动态性、高技术含量的反垄断规制工具，构建适应数字经济时代的新型反垄断规制架构。针对算法驱动的垄断行为，完善算法的透明度和可问责性等方面的规定，有针对性地对算法的竞争影响效应进行评估，以约束算法合谋带来的垄断问题。利用技术手段即时追踪平台企业智能定价算法可能导致的“大数据杀熟”、价格歧视、转移消费者福利等行为，对算法进行动态约束。

5. 推动平台经济领域反垄断立法完善

2021 年是我国数字经济反垄断史上不平凡的一年，国务院反垄断委员会制定发布《国务院反垄断委员会关于平台经济领域的反垄断指南》，全国人大常委会通过《中华人民共和国数据安全法》，《中华人民共和国反垄断法(修订草案)》被纳入“初次审议的法律案”。这些重大举措标志着我国在数字经济反垄断体系建设进程中迈出了坚实的一步，但相对于我国复杂的互联网平台垄断现状来说仍需要持续加强。要切实完善互联网平台企业垄断认定、数据收集使用管理、消费者权益保护等方面的法律规范建设，尤其要针对数字市场准入、平台兼并以及数据保护等方面的内容进行研究，发挥法治护航作用以保障数字经济健康发展。另外，我国在依据相关法律法规对反垄断行为进行规制时，应当明确反垄断规制的对象是垄断行为。反垄断的目的是维持市场机制的有效运行，促进平台企业健康有序发展，不能对互联网平台企业进行过度监管而使其公平合理的竞争受到损害。我国数字经济反垄断制度既应有效规制垄断行为，又应维护公平有序的竞争秩序，充分发挥市场在数字经济发展中的决定性作用，引导互联网平台企业健康发展，为经济高质量发展注入新活力。

6. 充实监管力量提升监管效能

1)增加执法预算，扩大监管队伍规模

根据经济合作与发展组织(OECD)的一份报告，2017 年美国联邦贸易委员会拥有 535 名雇员，在该财年花费近 1.342 亿美元，作为另一执法机构的美国司法部拥有 666 名雇员，而且在该财年花费近 1.65 亿美元，美国反垄断监管机构的执法人员整体规模达 1000 多人。而在 2021 年“两会”期间，有政协委员透露“市场监管总局反垄断局执法人员编制不到 50 人”。有人大代表也指出“一些省市监局的反垄断执法人员是个位数，人数最多的江苏、上海也仅有 20 人左右”。相较于国外，我国执法人员严重不足。因此，可以考虑提升反垄断机构的层级，扩充人员编制，吸纳更多技术专家、经济专家和法律专家等，充实执法力量。

2)完善跨区域协作机制，盘活地方执法资源

为了解决中央执法力量有限的困境，国家市场监管总局对省级市场监管机构进行了授权，各个省级市场监管部门在本行政辖区内开展反垄断执法。但是各地

方的执法水平参差不齐，平台经济领域的垄断问题又非常复杂，容易出现执法尺度不一的情况，而且地方监管机构容易受到当地其他因素的影响，影响执法的公正性。以“二选一”为例，有的地方监管机构以反不正当竞争法处理平台，有的地方监管机构以电子商务法处理平台，还有的地方监管机构认为“二选一”不违法，出现了“同案不同判”的情况。为了形成执法合力和对齐执法尺度，国家市场监管总局与各个省级市场监管部门应该形成顺畅的协调沟通机制，特别是在案件线索、适用法律、调查经验等方面进行协作。2020 年 12 月 10 日，北京、上海、浙江、山东等 23 个省级市场监管部门参加反垄断工作座谈会。2021 年 6 月 10 日，京津冀三地市场监管部门签署市场监管执法协作协议。这些举措都是实现各区域间协调的一种尝试，有利于盘活地方执法力量。

3)加大执法人员培训，建立平台经济反垄断监管单位

除了扩充执法力量外，执法人员的专业能力也亟须提升。国家层面的执法人员可以参与办理各种反垄断案件，还有机会到欧盟竞争总司和爱尔兰竞争局等发达反垄断司法辖区进行学习交流。但是地方执法人员参与办理的案件相对较少，专业能力相对欠缺。而查处平台经济的垄断问题需要更专业的知识储备，包括法律知识、经济学知识以及互联网行业的技术能力等，为了提高整体的执法水平和执法能力，需要创新执法人员的培训机制，加强对一线执法人员的培养。同时，为了提高执法的专业性和稳定性，可以考虑设立专门的平台经济监管司局或处室，组建专门的监管力量，重点对平台经济的竞争问题开展前瞻性研究，及时提出监管政策和执法建议。

参考文献

[1] PIGOU A C. The Economics of Welfare[M]. 4th ed. London: The Macmillan Press, 1948.
[2] UTTON M A. The Economics of Regulating Industry[M]. Oxford: Basil Blackwell, 1986.
[3] BREYER S. Regulation and Its Reform[M]. Cambridge: Harvard University Press, 1982.
[4] RAMSEY F. A Contribution to the Theory of Taxation[J]. The Economic Journal, 1927, 37(145): 47-61.
[5] LAFFONT J-J, TIROLE J. A Theory of Incentives in Procurement and Regulation[M]. Cambridge: The MIT Press, 1993.
[6] 植草益. 微观规制经济学[M]. 朱绍文,等译. 北京:中国发展出版社,1992.
[7] NEWBERY A. The Effects of Incentive Regulation in the Telecommunications Industry: A Survey[J]. Journal of Regulatory Economics, 2002, 9(3): 269-306.
[8] HOLMSTROM B. Moral Hazard and Observability[J]. The Bell Journal of Economics, 1979, 10(1): 74-91.
[9] LAFFONT J-J. Toward a Normative Theory of Incentive Contracts Between Government and Private Firms[J]. The Economic Journal, 2004, 97: 17-31.
[10] BARON D P, MYERSON R B. Regulating a Monopolist with Unknown Costs[J]. Econometrica, 1982, 50(4): 911-930.
[11] JOSKOW P L, SCHMALENSEE R. Incentive Regulation for Electric Utilities[J]. Yale Journal on Regulation, 1986, 4(1): 1-49.
[12] BARON D P, BESANKO D. Commitment and Fairness in a Dynamic Regulatory Relationship[J]. Review of Economic Studies, 1987, 54(3): 413-436.
[13] CREW M A, KLEINDORFER P R. The Economics of Public Utility Regulation[M]. London: The Macmilian Press, 1986.
[14] CREW M A, KLEINDORFER P R. Productivity Incentives and Rate-of-Return Regulation[M]//CREW M A. Regulating Utilities in an Era of Deregulation. London: The Macmillan Press, 1987.

[15] SAPPINGTON D E M. Incentives in Principal-Agent Relationships[J]. The Journal of the Economic Perspectives,1991,5(2):45-66.
[16] WEYMAN-JONES T. Recent Development in the Economics of Public Utility Regulation [M]// CABLE J. Current Issues in Industrial Economics. London:The Macmillan Press,1994.
[17] LAFFONT J-J, TIROLE J. Competition in Telecommunications [M]. Cambridge:The MIT Press,2005.
[18] VOGELGSANG I, FINSINGER J. A Regulatory Adjustment Process for Optimal Pricing by Muti-product Monopoly Firms[J]. The Bell Journal of Economics,1979,10(1):157-171.
[19] LISTON C. Price-Cap versus Rate-of-Return Regulation [J]. Journal of Regulatory Economics,1993,5: 25-48.
[20] ARMSTRONG M. Network Interconnection in Telecommunications[J]. The Economic Journal,1998,108(448):545-564.
[21] BERNSTEIN J I, SAPPINGTON D E M. Setting the X Factor in Price-Cap Regulation Plans[J]. Journal of Regulatory Economics,1999,16(1):5-25.
[22] ARMSTRONG M, SAPPINGTON D E M. Recent Developments in the Theory of Regulation[M]//ARMSTRONG M, PORTER R. Handbook of Industrial Organization, Volume 3. Amsterdam: North-Holland, 2007: 1557-1700.
[23] AI C, SAPPINGTON D. The Impact of State Incentive Regulation on the U. S. Telecommunication Industry[J]. Journal of Regulation Economics, 2005,22:133-160.
[24] ARMSTRONG M, COWAN S, VICKERS J. Regulation Reform: Economic Analysis and British Experience[M]. Cambridge:The MIT Press,1994.
[25] VICKREY W. Counterspeculation, Auctions, and Competitive Sealed Tenders[J]. The Journal of Finance,1961,16(1):8-37.
[26] LEVINE P, STERN J, TRILLAS F. Utility Price Regulation and Time Inconsistency: Comparisons with Monetary Policy [J]. Oxford Economic Papers,2005,57(3),447-478.
[27] WILSON R B. Competitive Bidding with Disparate Information [J]. Management Science,1969,15:446-448.
[28] LOEB M, MAGAT W A. A Decentralized Method for Utility Regulation [J]. Journal of Law and Economics,1979,22(2):399-404.
[29] 赵宇,李洪波,张宗益. 垄断行业的进入博弈及管制绩效评价研究[J]. 系统工

程学报,2006,21(6):606-612.
[30] 孟庆春,杨立春.动态博弈在国有垄断行业市场准入中的应用[J].现代管理科学,2009(12):41-43.
[31] 贺新闻,侯光明.民营企业准入国有垄断行业的制度选择与博弈分析[J].中国软科学,2010(S2):173-177.
[32] 殷醒民,刘修岩,贺小海.垄断企业网络外部性产品定价策略研究[J].产业经济研究,2006(6):23-29.
[33] 陈爱贞,刘志彪.中国行政垄断:利益主体的博弈与载体的泛化趋势[J].经济评论,2007(6):49-54.
[34] 张凤兵.自然垄断产业市场化改革与利益集团博弈陷阱[J].经济问题,2009(9):26-29.
[35] 李世新,于左.垄断产业放松进入规制后的博弈与效率分析:以中国发电市场为例[J].山西财经大学学报,2010(6):59-64.
[36] 严雷,刘晴.国有垄断行业改革中的利益集团:20 世纪 80 年代以来盐业管制的演进[J].华东经济管理,2013(1):75-83.
[37] 于良春,杨骞.行政垄断制度选择的一般分析框架:以我国电信业行政垄断制度的动态变迁为例[J].中国工业经济,2007(12):38-45.
[38] 于立,王建林.纵向价格双轨制:"电荒"的经济分析与出路[J].中国工业经济,2008(10):43-52.
[39] 王俊豪.论深化中国垄断行业改革的政策思路[J].中国行政管理,2009(9):7-10.
[40] 乔岳.制度不完善环境下的垄断行业扩展机制[J].经济评论,2012(5):5-14.
[41] 谢地,刘佳丽.国外自然垄断行业政府监管机制研究述评[J].经济社会体制比较,2012(1):224-229.
[42] 戚聿东,柳学信.深化垄断行业改革的模式与路径:整体渐进改革观[J].中国工业经济,2008(6):44-55.
[43] 孙卫平,蒲勇健,杨哲.垄断企业改革方式的对比研究[J].中国软科学,2011(12):141-146.
[44] 范合君,戚聿东.中国自然垄断产业竞争模式选择与设计研究:以电力、电信、民航产业为例[J].中国工业经济,2011(8):47-56.
[45] 冯根福,张舒玮,郑冠群.国有垄断行业引进民资的策略选择与实现社会福利最大化[J].当代经济科学,2012,34(4):1-6.
[46] 汤吉军,郭砚莉.沉淀成本、交易成本与政府管制方式:兼论我国自然垄断行业改革的新方向[J].中国工业经济,2012(12):31-43.
[47] 唐要家.垄断行业管制体制再改革的战略重点[J].浙江工商大学学报,2013(1):13-16.

[48] 张帆,刘新梅,卢兵.基础设施产业行政管制方式的效率比较[J].当代经济管理,2006(6):27-29,33.

[49] 张帆,刘新梅.网络性基础设施产业有限竞争的效率分析[J].管理科学,2004(3):76-80.

[50] 张帆,刘新梅.有限竞争电力市场效率的经济分析[J].系统工程理论与实践,2003(8):100-104,113.

[51] 干春晖,吴一平.规制分权化、组织合谋与制度效率:基于中国电力行业的实证研究[J].中国工业经济,2006(4):23-28.

[52] 姜付秀,余晖.我国行政性垄断的危害:市场势力效应和收入分配效应的实证研究[J].中国工业经济,2007(10):71-78.

[53] 于良春,张伟.中国行业性行政垄断的强度与效率损失研究[J].经济研究,2010(3):16-27.

[54] 谢琳,李孔岳,周影辉.政治资本、人力资本与行政垄断行业进入:基于中国私营企业调查的实证研究[J].2012(9):122-134.

[55] 刘灿,张树民,宋光辉.我国自然垄断行业改革研究:管制与放松管制的理论与实践[M].成都:西南财经大学出版社,2005.

[56] 张帆,刘新梅.互联互通双向接入的利益分配机制[J].系统工程,2007(1):60-65.

[57] 张帆,刘新梅.电信网络单向接入的利益分配关系[J].系统工程理论与实践,2008(9):131-137.

[58] 黄桂田,林卫斌.垄断行业管制改革:国际经验的检讨与启示[J].学习与探索,2009(5):184-187.

[59] 王璐,陈民.民间资本进入下自然垄断行业政府管制:基于可竞争市场理论的探讨[J].中国行政管理,2012(10):57-59.

[60] 王俊豪,等.深化中国垄断行业改革研究[M].北京:中国社会科学出版社,2010.

[61] 张帆,罗雪凡.垄断行业激励性规制改革研究新进展[J].江汉论坛,2017(10):17-21.

[62] BOSE A,PAL D,SAPPINGTON D E M. On the Design and Performance of Piece-Rate Contracts[J]. Economics Letters,2010,107(3):330-332.

[63] AURIOL E,PICARD P M. Government Outsourcing:Public Contracting with Private Monopoly[J]. CEPR Discussion Papers 5643,2006:1-42.

[64] BANERJEE A. Does Incentive Regulation "Cause" Degradation of Retail Telephone Service Quality? [J]. Information Economics and Policy,2003,15 (2):243-269.

[65] BRICKLEY J A,MISRA S,VAN HORN R L. Contract Duration:Evidence

from Franchising[J]. Journal of Law and Economics, 2006:8(3), 173 - 196.

[66] WEISMAN L. Price Regulation and Quality[J]. Information Economics and Policy, 2005, 17(2): 165 - 174.

[67] GIANNAKIS D, JAMASB T, POLLITT M. Benchmarking and Incentive Regulation of Quality of Service: An Application to the UK Electricity Distribution Networks[J]. Energy Policy, 2005, 33(17): 2256 - 2271.

[68] CLARK E, EASAW J Z. Optimal Access Pricing for Natural Monopoly Networks when Costs are Sunk and Revenues are Uncertain[J]. European Journal of Operational Research, 2007, 178(2): 595 - 602.

[69] HART O. Incomplete Contracts and Public Ownership: Remarks, and an Application to Public-Private Partnerships[J]. Economic Journal, 2003, 113 (486): 69 - 76.

[70] ACHARYYA R. Quality Discrimination among Income Constrained Consumers[J]. Economics Letters, 2005, 86(2): 245 - 251.

[71] ROCHET J-C. Monopoly Regulation without the Spence-Mirrlees Assumption[J]. Journal of Mathematical Economics, 2009, 45: 693 - 700.

[72] QIU L D, WANG S S. BOT Projects: Incentives and Efficiency[J]. Journal of Development Economics, 2011, 94(1): 127 - 138.

[73] URI N D. The Adoption of Incentive Regulation and its Effect on Technical Efficiency in Telecommunications in the United States[J]. International Journal of Production Economics, 2003, 86(1): 21 - 34.

[74] DEBANDE O. Deregulating and Privatizing Statutory Monopolies[J]. Journal of Economics and Business, 2001, 53(2 - 3): 111 - 137.

[75] GARELLA P G. Monopoly Incentives for Cost-Reducing R&D [J]. Economics Letters, 2012, 117(1): 21 - 24.

[76] SAPPINGTON D E M. Regulation, Economic Theory of[M]//SMELSER N J, BALTES P B. International Encyclopedia of the Social & Behavioral Sciences. Oxford: Pergamon Press, 2001: 12951 - 12957.

[77] SAPPINGTON D E M. Price Regulation[M]//CAVE M E, MAJUMDAR S K, VOGELSANG I. Handbook of Telecommunications Economics, Volume 1. Amsterdam: North-Holland, 2002: 225 - 293.

[78] SAPPINGTON D E M. The Effects of Incentive Regulation on Retail Telephone Service Quality in the United States[J]. Review of Network Economics, 2003, 2 (4): 355 - 375.

[79] SAPPINGTON D E M, WEISMAN D L. The Price Cap Regulation Paradox

in the Electricity Sector[J]. The Electricity Journal,2016,29(3):1 - 5.

[80] SAPPINGTON D E M,WEISMAN D L. Revenue Sharing in Incentive Regulation Plans[J]. Information Economics and Policy,1996,8(3):229 - 248.

[81] BOUGHEAS S,WORRALL T. Cost Padding in Regulated Monopolies[J]. International Journal of Industrial Organization,2012,30(4):331 - 341.

[82] COWAN S. Optimal Risk Allocation for Regulated Monopolies and Consumers[J]. Journal of Public Economics,2004,88(1 - 2):285 - 303.

[83] JAMASB T,POLLITT M. Incentive Regulation of Electricity Distribution Networks:Lessons of Experience from Britain[J]. Energy Policy,2007,35(12):6163 - 6187.

[84] ROSENAU P V. Public-Private Policy Partnerships[M]. Cambridge: The MIT Press,2000.

[85] WEISMAN D L. Superior Regulatory Regimes in Theory and Practice[J]. Journal of Regulatory Economics,2011,5 (4):355 - 366.

[86] HEYES A G,MAXWELL J W. Private vs. Public Regulation: Political Economy of the International Environment[J]. Journal of Environmental Economics and Management,2004,48(2): 978 - 996.

[87] STIGLER G J. The Theory of Economic Regulation[J]. The Bell Journal of Economics and Management Science,1971,2(1):3 - 21.

[88] 陈富良.垄断行业的效率、改革与规制重构:转型经济中的经验与教训研讨会观点综述[J].中国工业经济,2009(12):147 - 154.

[89] 张昕竹.论垄断行业改革的理论基础[J].经济社会体制比较,2011(3):66 - 72.

[90] 杨波,唐小我,马永开.不完全信息下的垄断企业规制定价研究[J].中国管理科学,2004,12(6):103 - 108.

[91] 刘玉勋.信息不对称条件下垄断企业的最优二级差别定价[J].企业经济,2010(1):10 - 13.

[92] 范合君,柳学信.中国垄断行业改革的全景路径与总体趋向[J].改革,2013(5):33 - 41.

[93] 管乃生.从放松规制到规制重构:国有垄断行业改革的新思考[J].经济体制改革,2016(1):112 - 117.

[94] 刘宇,方雷.政企分开后我国铁路行业改革的困境与出路[J].改革,2018(7):75 - 83.

[95] 刘建丽,李先军.中国铁路行业改革成效、现实问题及高质量发展思路[J].理论学刊,2020(2):71 - 82.

[96] 祝传林,李旭东.石油天然气管网运营机制改革实践与思考[J].当代石油石

化,2022(8):51－54.
[97] 王嘉懿,田磊,付晓晴,等.2021 年我国石油市场形势分析与 2022 年展望 石油行业呈现七个新态势与五方面改革方略[J].中国能源,2022(3):39－43.
[98] 曾雄.论我国平台经济反垄断监管模式的转型:基于对回应性规制理论的思考[J].管理学刊,2022(1):1－12.
[99] 罗丽娟,陈甬军.数字平台反垄断规制的挑战与建议[J].当代经济管理,2021(12):25－30.
[100] 张蕴萍,栾菁.数字经济平台垄断治理策略研究[J].经济问题,2021(12):9－15.